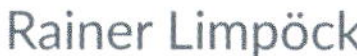
Rainer Limpöck

Magischer Chiemgau & Rupertiwinkel

Ein Tourenbuch
zu den vergessenen und neuen
Kraft- und Kultorten

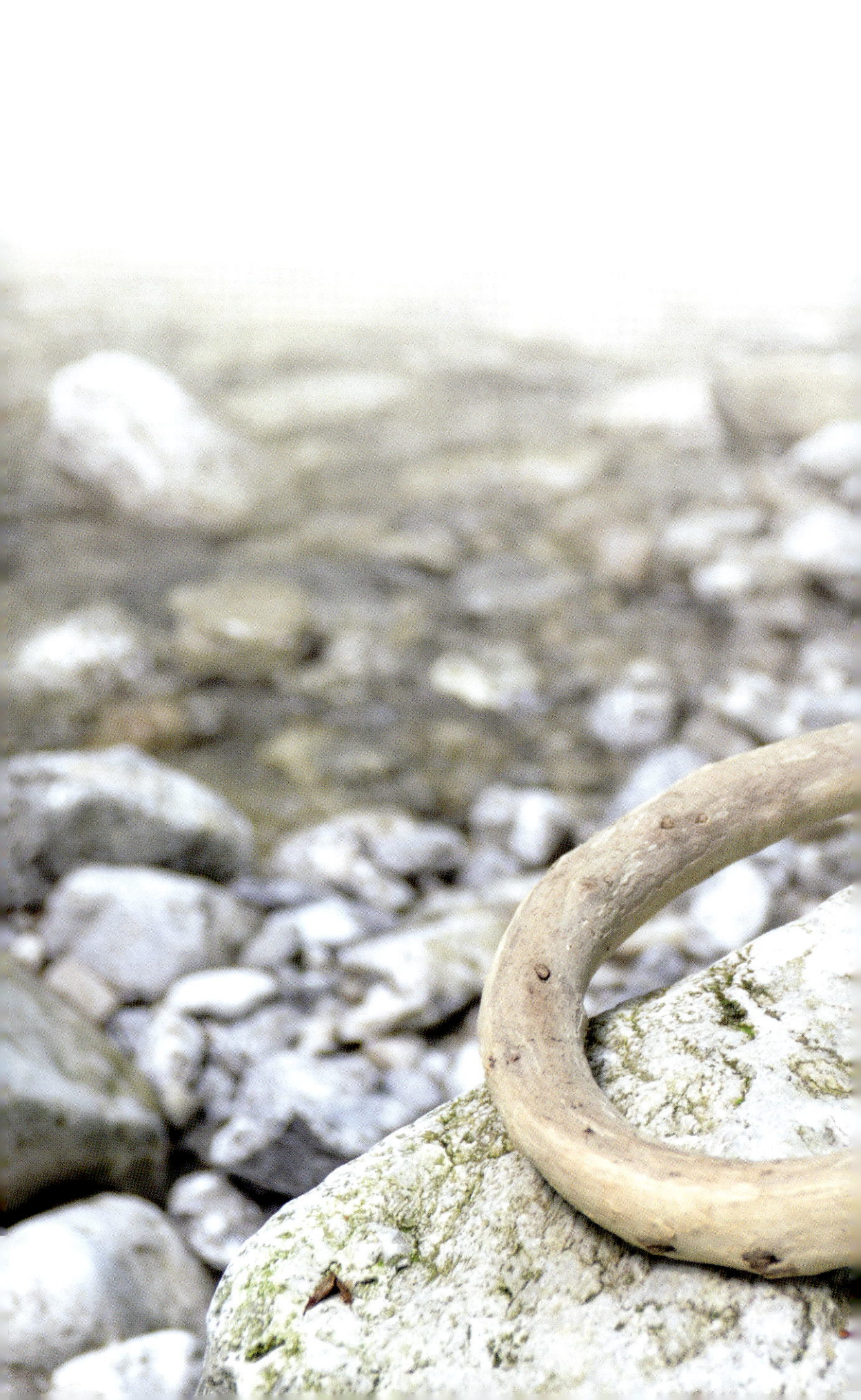

Widmung

Dieses Wanderbuch ist den Wasser-, Berg-, Höhlen- und Baumgeistern gewidmet, die mich auf meinen Wanderungen durch diese Region stets beschützend und inspirierend begleiteten.

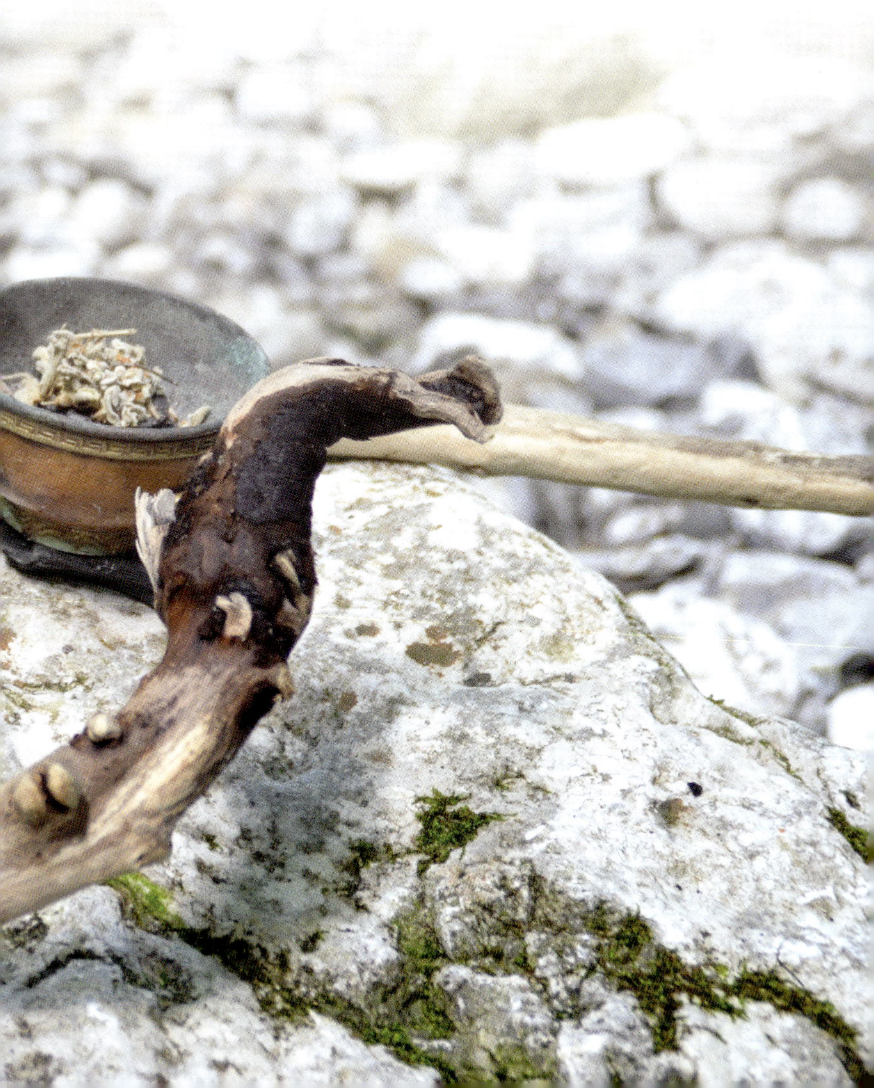

Einleitung

Chiemgau und Rupertiwinkel sind eindrucksvolle und sagenreiche Kulturlandschaften im Südosten Oberbayerns. Zum Chiemgau gehören Gebiete des Landkreises Traunstein und des Landkreises Rosenheim. Er dehnt sich jeweils etwa 50 km in Nord-Süd- sowie in West-Ost-Richtung um den Chiemsee aus. In Richtung Nordosten schließt sich der Rupertiwinkel an, zu denen Gebiete des Landkreises Altötting, Traunstein und Berchtesgadener Land zählen.

Geologisch und geomantisch werden diese Landschaften von den Chiemgauer und Salzburger Bergen sowie von den Gewässern Chiemsee, Waginger See, Abtsdorfer See sowie den Flüssen Salzach, Traun und Inn geprägt. Beim Element Wasser dominiert natürlich der liebevoll als „bayerisches Meer" benannte Chiemsee (80 qkm).

Beim Element Erde verspürt der Sensitive in vielen Bereichen noch den Einfluss des heiligen Untersbergs. Die Überlieferungen von Untersbergmandl u.a. in der Unterwössener Marienkirche oder in der Pinswanger Salvatorkirche weisen noch auf die einstigen Seelenwege zum Ahnenberg mit dem Totenreich der Percht am Untersberg hin. Es finden sich alte Totenkulte aus

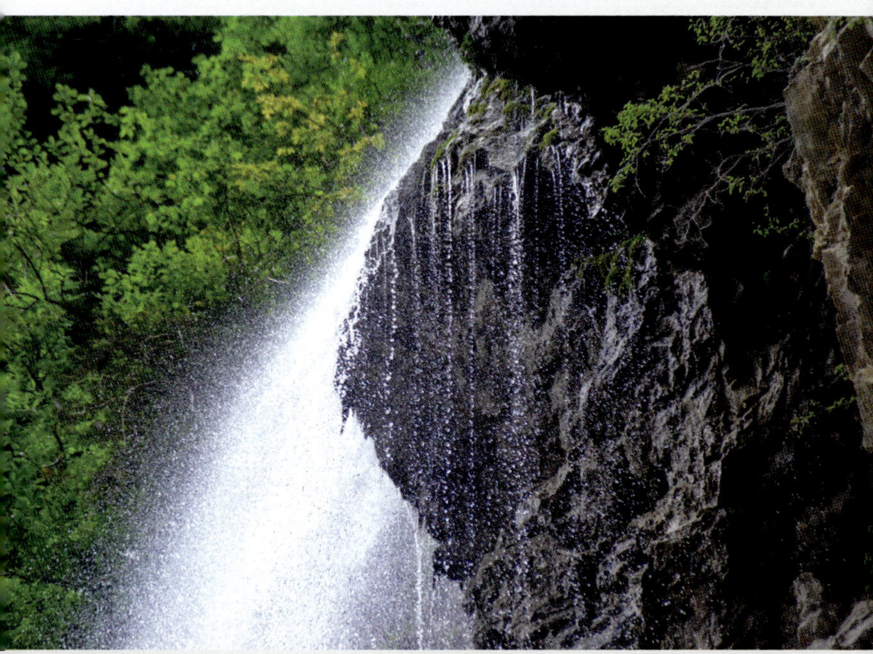

Schoßrinn-Wasserfall bei Aschau.

der Zeit der Kelten (Grabhügel), wie noch lebendige Totenkulte in Form der Totenbretter (auch Leichläden genannt). Die Leylines (Erdenergielinien wie z.B. Berchtesgaden-Fraueninsel-München-Karlsruhe) und Seelenwege markieren die Kraftzentren der Regionen.
Grundlagen für meine Recherchen bildeten wieder mal die Sagenbücher insbesondere von der Sagenforscherin Anna Kroher (1859 – 1943) und der Volkskundlerin und Sagensammlerin Gisela Schinzel-Penth (*1946).[1]
Auch der bekannteste bayerische Hellseher und Brunnenbauer Alois Irlmaier hat in dieser Region seine Spuren hinterlassen. Der elterliche Hof lag bei Siegsdorf-Scharam, wo Irlmaier auch aufgewachsen ist – nahe der, als eine der 12 Untersbergkirchen bekannten, Wallfahrtskirche Maria Eck mit seiner Heilquelle und dem wunderhaften Marienkultstein. 1928 zog Irlmaier mit seiner Familie vom Chiemgau in den Rupertiwinkel nach Freilassing, wo seine Schauungen begannen und seinen Höhepunkt fanden.

Dieser Führer zu den Kraftorten und Kultplätzen des Chiemgaus und Rupertiwinkels beschränkt sich auf die elementare Essenz der Orte als Quell- und Baumheiligtümer, Heilquellen – also Naturkraftorte, Orte mit mythologischen Bezügen, archaische (vorchristliche) Kultorte, Sakralorte und Kraftorte, die durch menschliches Zutun sich entwickelt haben.
Daher sind geschichtliche und geologische sowie geografische Angaben auf das Nötigste reduziert, um sich auf das Wesen des Ortes konzentrieren zu können. Unser menschlicher, missionarischer Eifer hat über die Zeiten hinweg viele Ursprünge der Naturenergien von Erde und Kosmos einfach „getauft“, verdeckt, umgepolt, dem Zeitgeist entsprechend verändert. Heute tun wir uns schwer, ursprüngliche Bezüge wiederzufinden oder gar die Sprache der Natur zu verstehen oder sogar zu erlernen. So bleibt oft nur das instinktive Setzen von Steinmandln oder Steinkreisen, um zu sehen, was in uns oder am Ort passiert, wie es uns erdet, wie es uns wieder ganz macht. Beobachten wir dabei doch einfach die Kinder und Tiere, deren Instinkte und Intuitionen oft noch unverfälscht sind. Blicken wir in ihre Augen und versuchen wir in ihrem Leuchten unser eigenes Licht, unser Selbst zu finden.
Dabei können uns die Mythen eine große Hilfestellung geben. Ich empfehle die alten Sagenbücher wieder hervorzuholen, entweder aus unserer eigenen Kindheit, aus der Hinterlassenschaft unserer Ahnen oder aus den Buchantiquariaten. Hinter jeder Sage steckt ein wahrer Kern und so wird das Kennenlernen der Heimat zu einem neuen, unbekannten Abenteuer, das unsere

1 Gisela Schinzel-Penth – Sagen und Legenden um Chiemgau und Rupertiwinkel, Ambro Lacus Verlag, München 2016
Anna Kroher – Im Bannkreis der großen Ache, Verlag Th. Breit, Marquartstein 1917

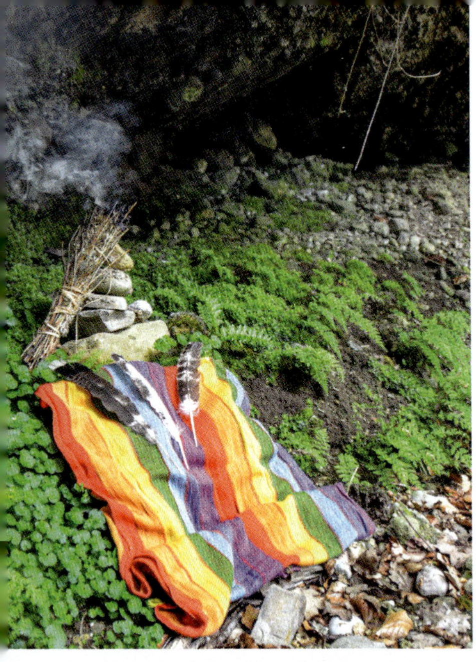

Altar an der Nagelfluhwand bei Tengling.

Sinne bereichert und uns einen Erfahrungsschatz zum (Über-) Leben schenkt.

Die hilfreichen Naturgeister gibt es noch heute und in meinen Büchern habe ich schon über die Rückkehr der Untersbergmandln geschrieben. Doch auch die Wildfrauen, die Kasermandl, die Nixen und Quellgeister wollen wieder entdeckt, besungen, angebetet, geehrt und geschätzt werden.

Und dazu die uralten Kulte und ihre Wirksamkeit, zu denen ich in diesem Handbuch auch immer wieder Tipps gebe.

Der Schleier zur Anderswelt war und ist dünn und lüftet sich mehrmals im Jahreskreis zu den Sonnwendzeiten und den Rauhnächten.

Chiemgau und Rupertiwinkel wird vom großen Untersberggeist, einem Herzchakra der Erde, beschützt und bewacht. Er ist ein heiliger Berg für die Menschen dieser Regionen, der heute in einer Wallfahrt einmal im Jahr (= 14. August) umrundet wird, um die in Stein gebundenen Seelen zu erlösen.

Um das Ausmaß des heiligen Untersbergbezirks zu verstehen und zu überblicken empfehle ich zusätzlich meine Wanderführer „Magisches Berchtesgadener Land“ *(Plenk Verlag 2012)*, „Magisches Salzburger Land I und II“ *(Plenk Verlag 2014 und 2018)* sowie meine Bücher „Mythos Untersberg“ *(Pichler Verlag 2011)*, „Hoch und heilig“ *(Plenk Verlag 2013)*, „Der Untersbergcode“ *(Tredition Verlag 2016)* und „Mythos Untersberg – Die 12 Mysterien des Wunderberges“ *(Plenk Verlag 2019)*.

Die Gebirge und damit unsere Alpen sind die größten Emanationen der Naturwesenheiten. Ihnen gilt Aufmerksamkeit und Ehre. Dies sollte als Ergänzung zum Bergsport und Naturkonsum verstanden werden. Ein stilles Gehen und Verweilen (neudeutsch „Entschleunigen“), ein Blick neben den Weg sollte zum Ziel einer Wanderung werden, nicht (allein) der Gipfel, der Rekord. Das stille Gehen und Beobachten der Natur und ihrer Wesenhaftigkeit wird so zur Gotteserfahrung jenseits aller Konfessionen und Dogmen.

Ich bin in der mystisch-mythischen Region des Berchtesgadener und Salzburger Landes aufgewachsen, hatte meinen Arbeitssitz im Chiemgau (Traunstein) und engagiere mich heute als Heimatforscher, Mythologe, geomantisch und schamanisch Tätiger für das Wiederentdecken der unbekannten heimatlichen Wurzeln.

In diesem Führer zu den Kraftorten und Kultplätzen des Chiemgaus und Rupertiwinkels beschreibe ich diese in einfacher und prägnanter Weise und gehe dabei auf ihre Qualitäten und Charakteristika ein, die jedoch – je nach persönlicher Veranlagung – durchaus unterschiedlich erfahren werden können.

Die meisten Orte sind einfach, über kurze Wanderwege als Spaziergang, teilweise sogar per Auto erreichbar **(grüner Punkt)**. Ein Teil sind mittellange Wanderungen **(gelber Punkt)** und ein weiterer, kleiner Teil anspruchsvolle und nur für Ortskundige oder Bergerfahrene auffindbar **(roter Punkt)**.

Kraftorte und Kultplätze im Chiemgau und Rupertiwinkel:

 **Mythologischer Ort**

 **Kultort**

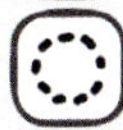 **Kraftort**

 **Sakraler Ort**

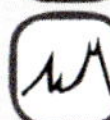 **Naturkraftort**

Geomantische Strukturen im Chiemgau und Rupertiwinkel:

- **der heilige Bergbezirk Untersberg**
- **der Stern der Untersbergkirchen mit seinen Seelenwegen**[2]
- **die Leyline Berchtesgaden – Maria Eck – Fraueninsel – München – Karlsruhe**

2 Rainer Limpöck – Magisches Berchtesgadener Land, Plenk Verlag, Berchtesgaden 2012

Inhalt

Inhalt

Inhalt

Inhalt

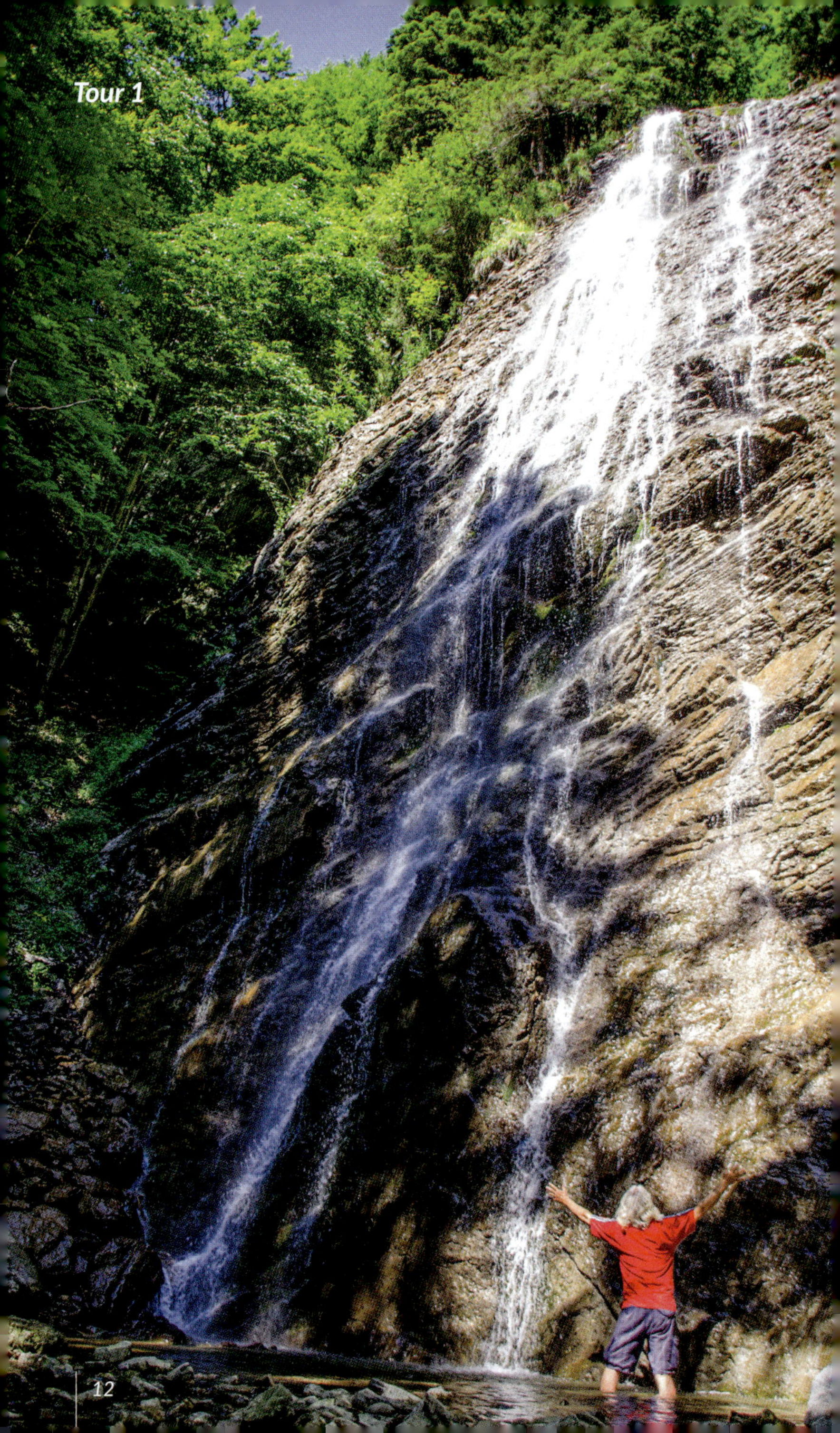

Wasserwandl-Wasserfall im Weißachental

:: Berauschende Erfahrung bei den Wassergeistern ::

Von **Bergen** kommend an der Talstation der Hochfellnseilbahn vorbei führt eine schmale Straße entlang der wildromantischen Weißache in 4 km zum **Wanderparkplatz Kohlstatt**. Über die anschließende Forststraße geht es sanft ansteigend in 50 Minuten gut ausgeschildert zum Wasserwandl-Wasserfall – auch Kohlstatt-Wasserfall genannt. Vom Hauptweg zweigt - wiederum beschildert - ein Steig nach rechts ab. Nach Überqueren einer kleinen Holzbrücke erreichen wir rasch den beeindruckenden Wasserfall.

Beim letzten Anstieg wird das Rauschen des Wasserfalls immer stärker. Schon beim Wandern entlang der Weißache begleitet uns das Rauschen des Wassers. Und hier, an unserem Zielort nimmt es uns nun völlig ein – und beeinflusst unsere Wahrnehmung. Aus der Physik ist das Phänomen des sogenannten Weißen Rauschens bekannt. Es gilt allgemein als äußerst psychoaktiv und trancefördernd und wird schon seit Jahrzehnten in der Trancearbeit und in der Gehirnforschung sowie in der Erforschung paranormaler Phänomene eingesetzt. Das laute Rauschen des Wasser wirkt sich stimulierend auf innere Wahrnehmungsvorgänge aus. Es fördert die inneren Bilder und so wird ein Spaziergang am Bach oder ein Aufenthalt am Wasserfall zu einer übersinnlichen Erfahrung werden. Gezielt kann dort eine Kommunikation mit den Wassergeistern gesucht werden – ein Austausch mit den Wesen der Natur. Jenes Wasserwandl bietet uns möglicherweise tiefe Einsichten, wenn wir uns auf die Einkehr an jenem Kraftort einlassen.

Doch die Naturwissenschaft bietet uns noch eine weitere Erklärung für die positiven Effekte jenes Wasserfalles. Im Sprühnebel von Wasserfällen lässt sich eine hohe Konzentration an elektrisch geladenen Luftmolekülen, den negativen Ionen, nachweisen. Diese wirken sich heilsam auf entzündete Atemwege aus und kräftigen zusätzlich das Immunsystem. So eine Art von Wasserfalltherapie wird heute z.B. bei den Krimmler Wasserfällen im Salzburger Land durchgeführt.
Die hohe Luftfeuchtigkeit in Verbindung mit der hohen Ionenkonzentration sowie dem Bergklima und der Höhenluft haben somit eine therapeutische Wirkung. Indigene aus Indien und Amerika wussten um die Heilwirkung von Wasserfällen, wie z.B. alte Schriften der Yoga-Lehre besagen, wo Körper und Geist durch ein Atemtraining am Wasserfall trainiert und perfektioniert

Im Dialog mit dem Geist des Wasserfalls.

werden soll. Solche Wasserkraftorte führen also zu einer erhöhten Sauerstoff-Sättigung im Blut und erhöhter Vitalität und ermöglichen einen tiefen Entspannungszustand.

Zu bestimmten Zeiten am späten Vormittag bzw. frühen Nachmittag findet das Sonnenlicht durch die Baumwipfel ihren Weg zum Wasserfall und zaubert zusätzlich Regenbögen in die Gischt.
Um dies nachwirken zu lassen, bieten sich am Rückweg das gegenüberliegende Bachbett der Weißache an oder weitere zahlreiche kleine Stichwege an den Bach bzw. das Ufer an – zum Brotzeitmachen, Sonnentanken oder Spielen für die Kinder.

Ausgangsort	Bergen-Kohlstatt Wanderparkplatz
Hinweg	nicht ganz 1 Stunde
Gelände	unschwierig
Jahreszeit	April bis Oktober
Gasthaus	--
Sage	Der Heuschneider von Bergen

SCAN ME

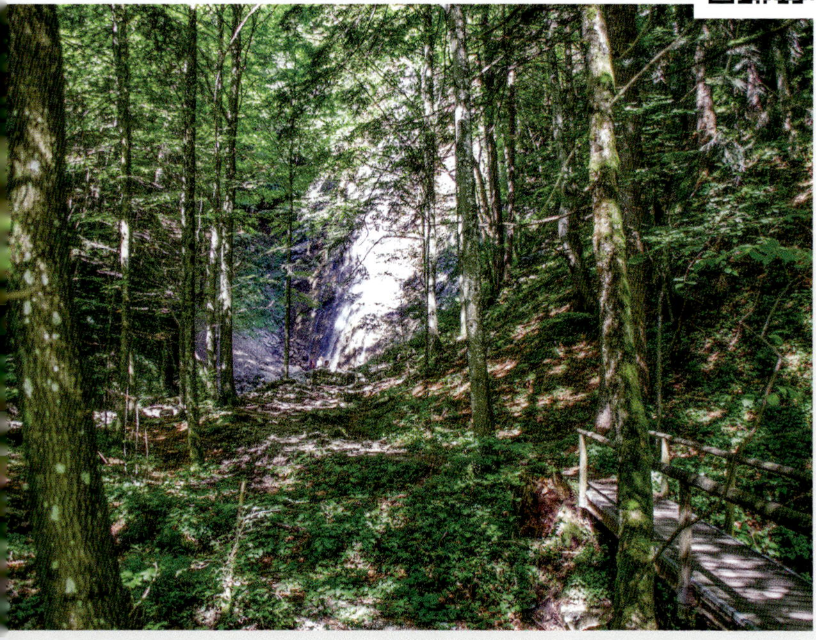

Auf den letzten Metern zum Wasserwandl.

Biberschwell bei Tengling

:: Vergessener Kultort + verstecktes Quellheiligtum ::

Der seltsame Name ist nicht auf das Wirken des gleichnamigen Nagetiers zurückzuführen, sondern besitzt eine keltische Sprachwurzel (= Biber oder Biburg), die auf einen Lagerplatz oder ein verschanztes Lager („bei der Burg") hinweist. Tatsächlich herrschte dort noch bis Mitte des 19. Jahrhunderts das bunte Treiben der Burger Kirchweih. Bemerkenswert in dem keltischen Zusammenhang allerdings ist auch die 3 km Luftlinie südlich gelegene Keltenschanze (Holzhausen/Biburg).

Die **Biberschwell** ist heute jedoch nur auf etwas abenteuerlichen nicht beschilderten Wegen wieder zu entdecken und das stille Sein von kraftvollen Waldquellen macht dies jedoch sehr lohnenswert.

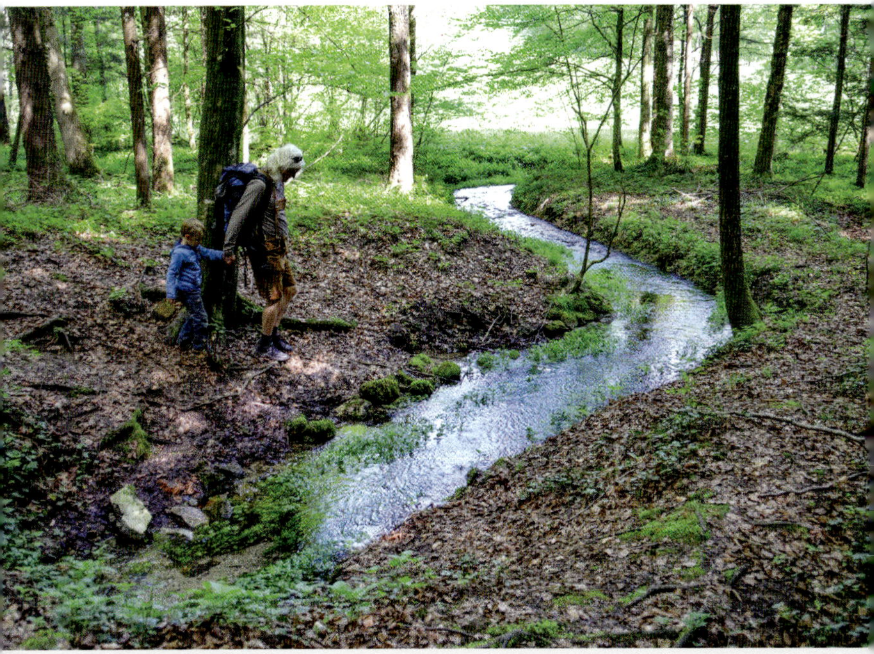

Biberschwell Quelle.

Ausgangsort ist der Parkplatz bei der **Wallfahrtskirche Mariä Himmelfahrt** in **Burg bei Tengling**. Von der idyllisch und einsam auf einer Felsanhöhe gelegenen Kirche, die aus dem Material einer Burg aus dem 11. Jahrhundert erbaut wurde, führt westlich ein kurzer und steiler Treppenweg hinunter ins Dorf. Wir folgen kurz rechts haltend der Straße, gehen dann südlich zwischen den Bauernhöfen hindurch bis zum Ende eines dort ansetzenden Wiesenwegs Richtung Waldrand. Wir haben dabei schon über eine Brücke die andere Seite des Wabachs erreicht, der von den Quellen der Biberschwell gespeist wird. Jetzt können wir nichts mehr falsch machen, auch wenn wir schließlich zunächst weglos den Waldrand erreichen und im Wald bald auf einen Steig treffen, dem wir etwas oberhalb vom Wabach bachaufwärts folgen. Wir passieren dabei auch eine verfallene Kapelle. Nach wenigen Minuten erreichen wir im lichten Waldtal den ersten und größten Quelltopf – und

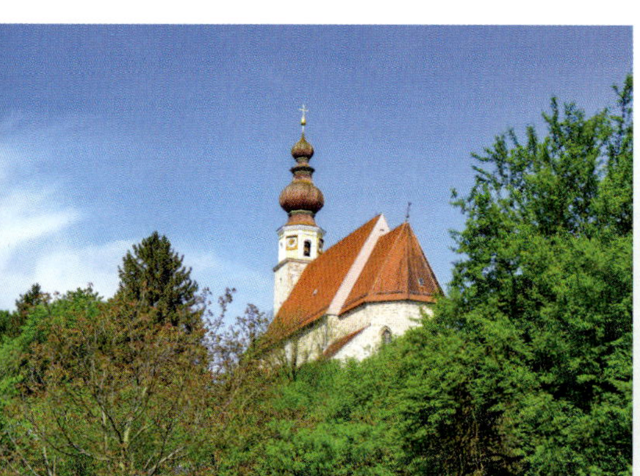

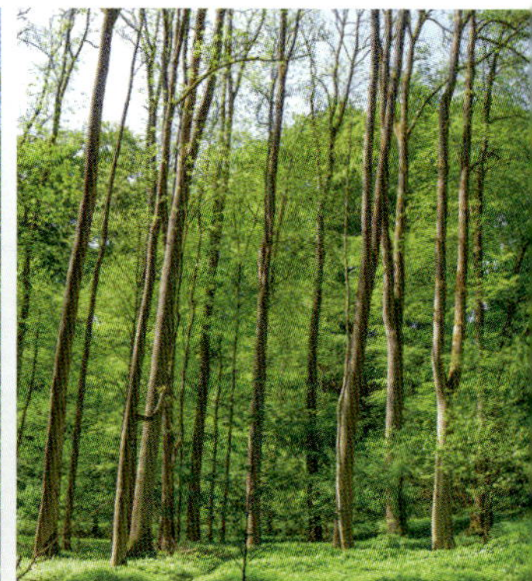

Wallfahrtskirche Mariä Himmelfahrt und Eschenwald an der Biberschwell.

damit den heiligen Bezirk. „Bei der Burg“ schwillt hier das Quellwasser aus der Tiefe empor und lädt uns ein, seine Kraft zu erfahren und mit dem Quellgeist zu kommunizieren. Hier herrscht wundervolle Stille, untermalt von Vogelgezwitscher und leisem Bachrauschen.

Der Weg führt uns nun weiter bis zum Zusammentreffen zweier Bäche, wo wir die Seite wechseln. Links markiert ein lichter Eschenwald mit seinem alten Baumbestand noch den alten Kirchweih- und Jahrmarktplatz. Teilweise durch dichten Bewuchs sich durchkämpfend können wir das Gebiet und die weiteren Quellen noch weiter erforschen ebenso wie die anschließende idyllische kleine Schlucht. Aus dem einstigen heidnischen Kult am Quellheiligtum entstanden im Christentum hier die Kirchweihfeste. Somit besitzt der Biberschwell eine fast kontinuierliche Kulttradition.

Rechts haltend talauswärts bietet uns bald ein kurzer, vom Hauptweg abzweigender Steig den Zugang zu einer Nagelfluhwand. Lange Efeuranken erzeugen ein mystisches Flair und rahmen eine Art Halbhöhle ein, über

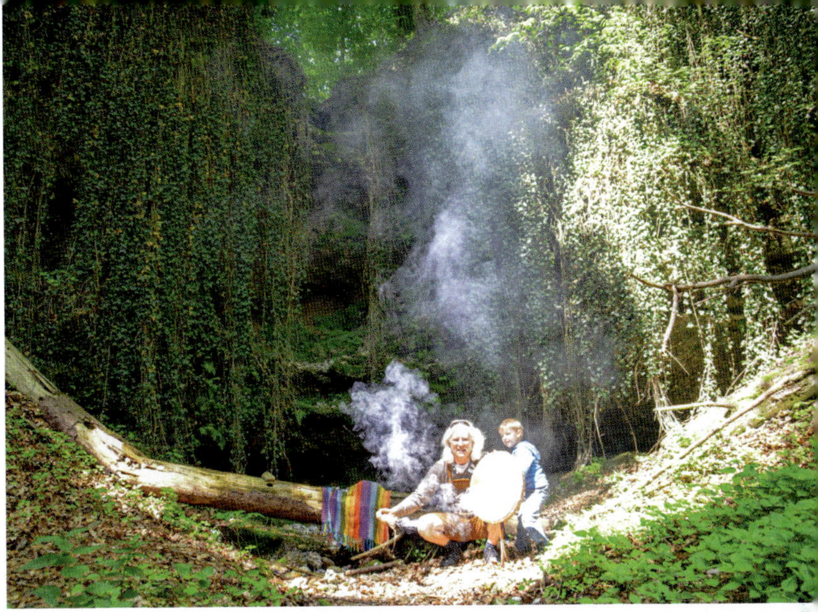

Räuchern und Trommeln an der Nagelfluhwand für die Ortsgeister.

die nur bei entsprechender Witterung und Jahreszeit ein kleiner Wasserfall sich ergießt. Wer nicht schon bei den Quellen den Naturwesenheiten und Wassergeistern geopfert hat, kann dies hier beim Felsen- und Höhlengeist nachholen. Angesichts dieser verborgenen Naturschönheit sollten wir stets unseren Dank an Mutter Erde zeigen. Aber auch ein kleines Gebet oder eine kurze Meditation können dafür ausreichend sein.
Im Tal des Biberschwells finden sich natürliche Abstürze und Aufstauungen, verursacht durch das anstehende Nagelfluhgestein. Der gesamte Bereich ist auch biotopkartiert.

Der weitere Steig bietet uns nun eine Rundwegmöglichkeit und führt bald ansteigend aus dem Tal heraus zu den Feldern der Umgebung. Ein nach rechts Richtung Burg ansetzender Weg bringt uns zu einer kleinen Straße und schließlich zur Abzweigung zum Burghügel mit der Kirche zurück.

Der Burgstall, der im Mittelalter von der Kirche vereinnahmt wurde, ist wohl als (christlicher) Kultplatz in Verbindung mit der (heidnischen) Biberschwell zu sehen. Maria als Kirchenpatronin weist oft auf die christliche Übernahme eines früheren Urmutter-Platzes hin. Schon in den vorhandenen Sagen finden sich die typischen Dämonisierungen von einstmalig verehrten Kraftorten und ihren Wesenheiten hin. Da wird aus der Segen spendenden göttlichen Erscheinung der weißen Frau ein böswilliges Weib. Aus den Schatz hütenden und hilfsbereiten Zwergen (siehe Untersbergmandl) als dienbare

Wesenheiten der Percht werden dunkle Kobolde. Selbst das Relikt eines früheren Eingangs in den Bauch von Mutter Erde soll lediglich der Ausgang eines Ganges von der Burg des Raubritters Heinz von Stein (bei Altenmarkt) gewesen sein.
Es ist nicht leicht hinter den Schleier der Missionierung zu blicken, aber beim Biberschwell hat sich die Natur ihr Reich zurück erobert und das Treiben der Märkte und Feste ist in Vergessenheit geraten. Klopft bei den stillen Bäumen und den Quellgeistern des Biberschwells an und ihr Raunen wird euch ihr ununterbrochenes Wirken und Dasein mitteilen.

Ausgangsort	Parkplatz Kirche Mariä Himmelfahrt *Burg 9, 83373 Taching am See*
Rundweg	2 Stunden
Gelände	unschwierig, teilweise jedoch weglos, an Wabach orientieren
Gasthaus	--
Sagen	Von Zwergen bewachte Schätze in der Höhle am Biberschwell Die weiße Frau und die Frimerdirn Raubritter Heinz von Stein *(Gang von seiner Höhlenburg zur Biberschwell)*

SCAN ME

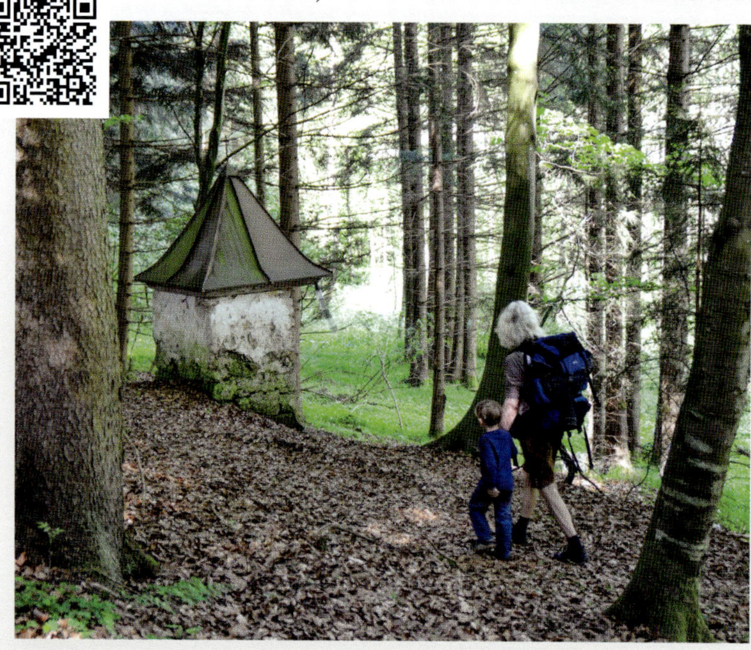

Verfallene Kapelle vor dem Biberschwell.

 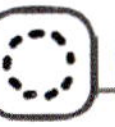 

Keltenschanze bei Truchtlaching

:: Ein keltischer Mythos und ein stiller Kultort ::

Keltenschanzen (auch Viereckschanzen genannt) sind von einer Aura des Geheimnisvollen umgeben. Manche Archäologen bezeichnen sie als Temenos (altgriechisch: einer Gottheit geweihtes Land) oder Nemeton (keltisch: Heiligtum, heiliger Hain). Sie sind in Süddeutschland als Reste eines quadratischen, manchmal auch rechteckigen Areals mit umlaufendem Wall und Graben aus der späten La-Tène-Zeit bekannt. Dies bezeichnet eine Epoche der jüngeren vorrömischen Eisenzeit von etwa 200 v. Chr. bis zur Zeit um Christi Geburt. In ihrer Bedeutung werden Verteidigungsanlagen, Viehpferche, Kultplätze/Heiligtümer oder Wetterharmonisierungsanlagen vermutet. Archäologen bevorzugen heute die Kultstättenthese. Diese wird auch von den meist nahe gelegenen keltischen Grabhügelfelder bestärkt, was auch auf Truchtlaching zutrifft, wo am gegenüberliegenden Ufer der Alz mehrere Grabhügel zu finden sind.

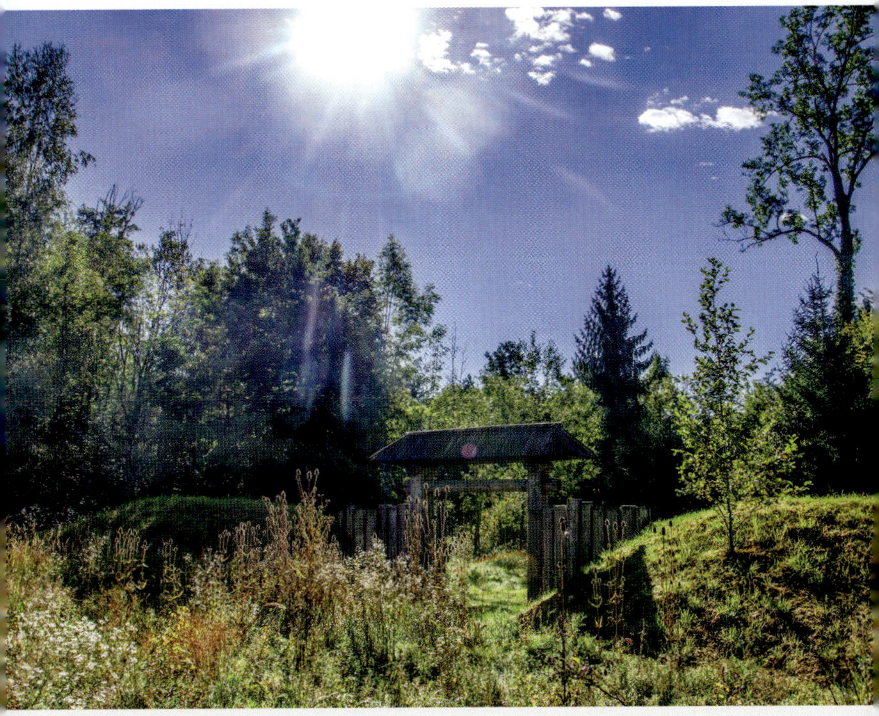

Eingang zur Keltenschanze bei Truchtlaching.

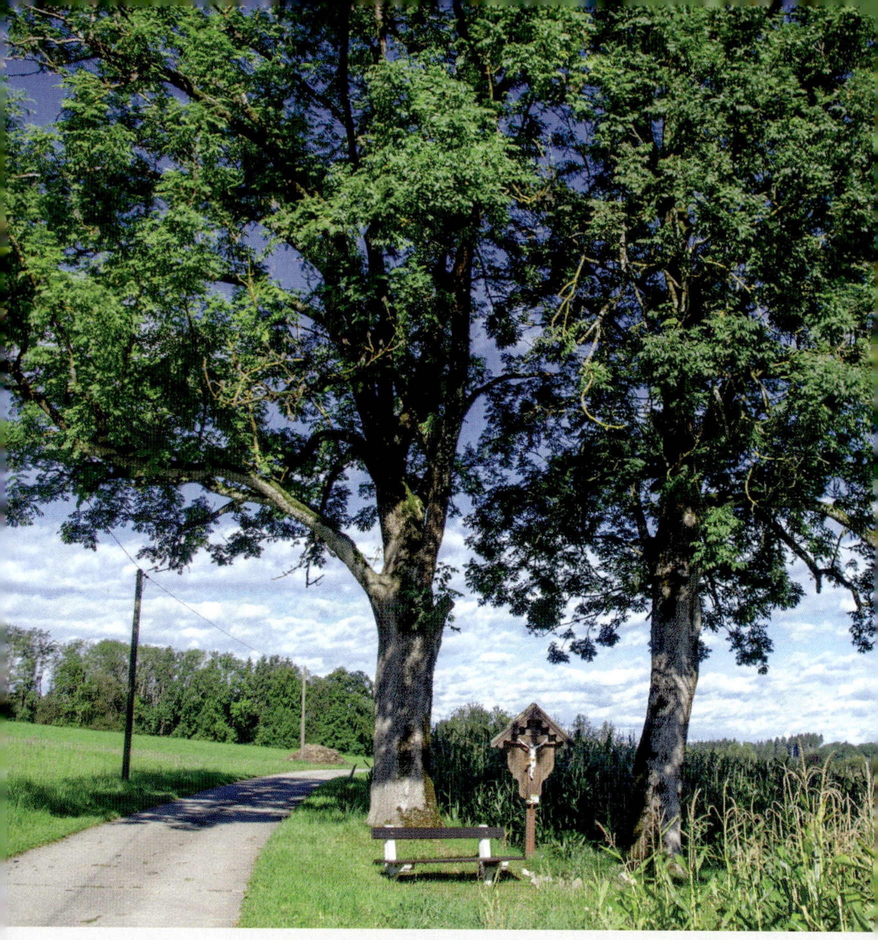

Auf dem Weg zur Keltenschanze bei Truchtlaching.

Im Chiemgau gibt es noch zwei weitere Keltenschanzen in Sondermoning (Gemeinde Nußdorf) und in Holzhausen (Gemeinde Waging am See), die allerdings durch modernen Straßen- und Siedlungsbau stark (nicht nur energetisch) beeinträchtigt bzw. zerstört sind.

Bei der **Keltenschanze Truchtlaching** am **Schlösslberg** handelt es sich um eine fast quadratische Anlage mit 85 x 90 m Seitenlänge in einer Flussschleife oberhalb der Alz gelegen. Im Eingansbereich wurde ein Tor rekonstruiert, hinter dem sich ein eindrucksvoll erhaltenes Schanzenareal erstreckt. Der erahnbare Wallgraben hatte vermutlich eine Tiefe von maximal 50-60 cm. Die Schanzeneingänge sind stets nach Süden, Westen oder Osten ausgericht, jedoch nie nach Norden, was die Spekulationen um eine Sonnenausrichtung unterstützt.

Vor Ort liegt der Eingang im Südosten. Interessierte Forscher könnten hier untersuchen, zu welcher Jahreszeit der Sonnenaufgang den Eingang bestrahlt (vermutlich zwischen Herbst und Wintersonnenwende). Inwieweit kultische Anlagen noch heute ihre Wirkung besitzen wird deutlich, wenn wir durch das Eingangsportal auf die zahlreichen Karden, die hier wachsen, blicken. Weitere Wildkräuter sind über das gesamte Areal verteilt. Das „Empfangskomitee" der Karden ist als Zauber- und Hellsichtigkeitspflanze bekannt und wird heute naturkundlich auch zur Behandlung der Borreliose (nach Wolf Dieter Storl) eingesetzt.
Die Keltenschanze von Truchtlaching hat geomantisch, spirituell und energetisch eine große Bedeutung. Sie liegt auf einem Hügel oberhalb der Alzschleife (nahe den Flussgeistern), versteckt und geschützt im Wald (heiliger Hain). Diese Orte waren heilig und an ihnen wuchsen oft auch besondere, als heilig geltende Pflanzen. Ich vermute, dass zur Zeit der Kelten andere Heilpflanzen dort wuchsen und sich der Schanzenbewuchs nach dem Bedarf der jeweiligen Zeit und Kultur richtet.

Ein absolut magischer Ort, der durch seine positive Energie, Stille und Einsamkeit besticht. Hier tummeln sich noch die Naturwesenheiten! Die besten Besuchszeiten sind daher auch jeweils zum Sonnenauf- bzw. -untergang.

Zugang: Der Wegabschnitt zur Keltenschanze ist Teil des „Archäologischen Rundwanderweges" und beginnt bei der Kirche von Truchtlaching. Am Dorfbrunnen biegen wir in die Westenstraße ein und folgen dem Verlauf der Straße und der Beschilderung „Archäologischer Rundweg" bis zur zweiten Abzweigung auf der linken Seite. Der Weg führt leicht bergauf, in den Wald hinein zum Schlösslberg. Wir umrunden die „Keltenschanze" (Station 4 des Rundwanderweges) und folgen dem Weg bis zum Eingangstor.
Nach dem Verlassen des Waldes haben wir rechter Hand einen herrlichen Blick über die Alz und die Chiemgauer Berge. Wir gehen links über den Bergweg, Hochöderstraße und Aubergstraße zurück zum Ausgangspunkt.

Ausgangsort	Truchtlaching Kirche *(beschildert als Archäologischer Rundweg)*
Rundweg	1 Stunde
Gelände	unschwierig
Jahreszeit	März bis November
Gasthaus	in Truchtlaching (mehrere)
Sage	--

4

Quellheiligtum am Schnappenberg, 1.099 m

:: Vergessener Kraftort und Kultplatz der Frühgeschichte ::

Der **Schnappenberg** liegt 7 km **südlich vom Chiemsee**. Die Ortschaften Marquartstein, Staudach und Egerndach liegen zu seinen Füßen und von dort ist er auch besteigbar. Er ist zugleich ein Vorberg des Hochgerns und von der Rabeneckwand, am Abhang des Schnappenbergs leuchtet die weiße Wolfgangskirche weit ins Achental hinein. Viele Wanderer besuchen ihn wegen der schönen Aussicht auf den Chiemsee. Die knapp zweistündigen Aufstiege sind sowohl im Sommer über schattige Waldwege als auch im Winter gut zu machen.

Doch einige Sagen und eine fast vergessene Heilquelle machen ihn auch energetisch sehr interessant. Schon im 12. Jahrhundert wurde etwas oberhalb der Quelle eine Wolfgangskapelle errichtet und die Brünnlkapelle entwickelte sich infolge vieler Wunderheilungen zu einem beliebten Wallfahrtsziel. Überlieferungen beschreiben sie jedoch auch als eine Art Gedenkkapelle an

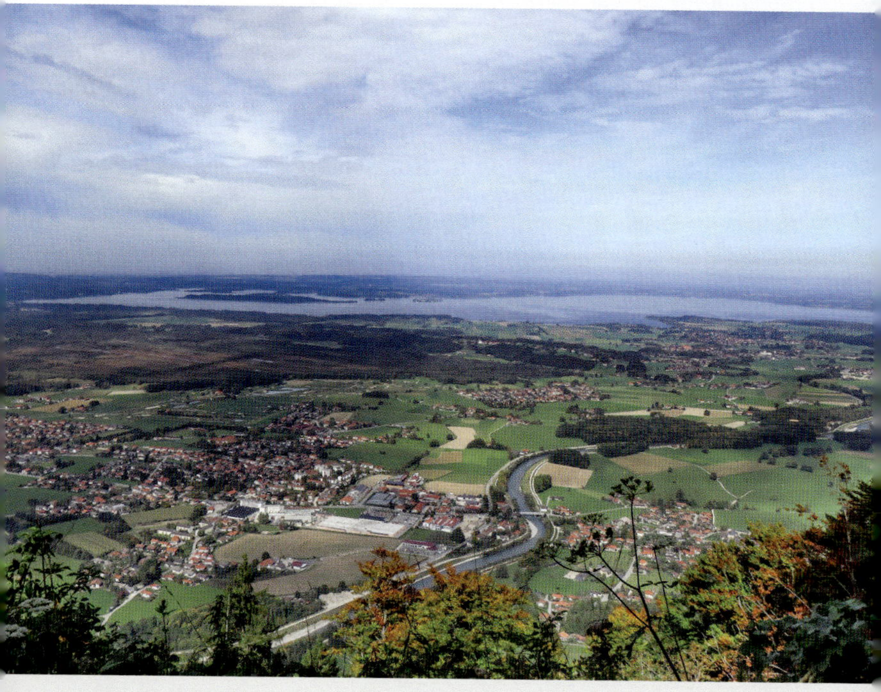

Wunderbare Aussicht von der Schnappenkirche auf den Chiemsee.

einen an dieser Stelle verwundeten und schließlich verstorbenen Ehemann oder an einen ermordeten Sohn namens Wolfgang sowie einem verirrten Ritter mit Namen Wolfgang.

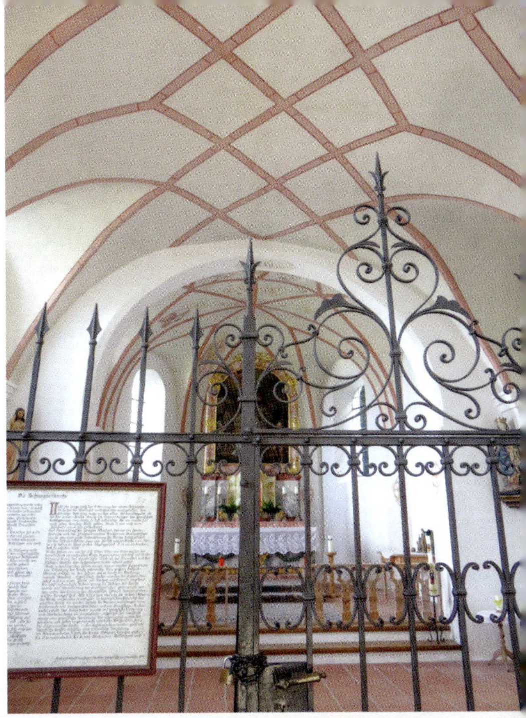

Kircheninneres.

Der heilige Wolfgang gilt als Nachfolger von heidnischen Stein- und Quellkulten, die in und durch seinen Namen christlich missioniert bzw. „besetzt" wurden.

Als im 17. Jahrhundert eine Steinkapelle weiter westlich bei der Rabeneckwand gebaut wurde, war die Absicht klar, den heidnischen Wasserkult zum christlichen Wolfgangskult in die Kapelle zu führen. Allerdings soll dann die Wallfahrt rasch nachgelassen haben.

Auch die Sage von einem Hirschen, der sich bei Unwetter in die Kapelle geflüchtet hat und dort eingeschlossen wurde, birgt Hinweise auf die Bedeutung des Ortes als vorchristlicher Kultplatz und Kraftort. Der keltische Gott Cernunnos (= der Gehörnte) wird als Hirsch dargestellt und steht als Naturgottheit für den Herrn der Tiere oder der Fruchtbarkeit und damit als Begleiter der Erdmutter Percht, was wiederum auf einen Frauenkultort hin-

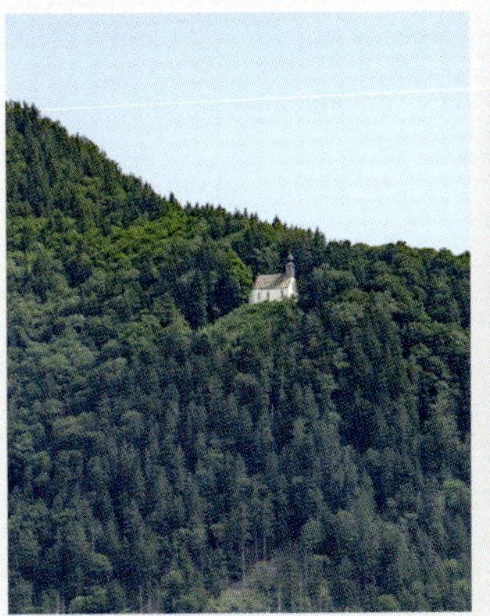

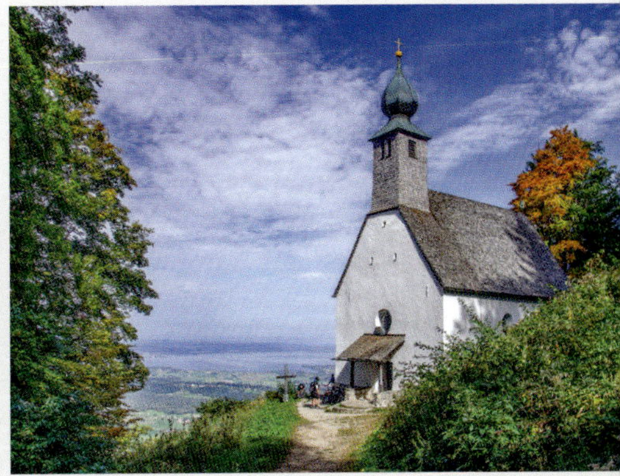

weist. Er verkörpert die Heiligkeit der Natur und die Freiheit der Wildnis, in der der Mensch ein Teil davon ist. Jener heidnische Lichtbringer musste natürlich von den Missionaren dämonisiert – und damit eingesperrt werden.
Der Schnappenberg galt in früheren Zeiten in der Walpurgisnacht als „Brautschauberg", zu welchem junge Leute in der Hoffnung, hier den zukünftigen Lebenspartner zu finden, aufstiegen.

Zugang: Für den **Hinweg** empfehle ich den Anstieg von Marquartstein aus. Die **Variante von Staudach** aus ist steiler und schattiger. Ab dem Wanderparkplatz Burgstraße folgen wir zunächst der Forststraße bis zur beschilderten Abzweigung Schnappenkirche und Staudacher Alm. Erst im oberen Drittel des schattigen Waldweges öffnen sich Ausblicke auf das Achental und es findet sich auch eine gefasste Quelle links unterhalb vom Weg, zu dem auch ein unscheinbarer Steig abzweigt.

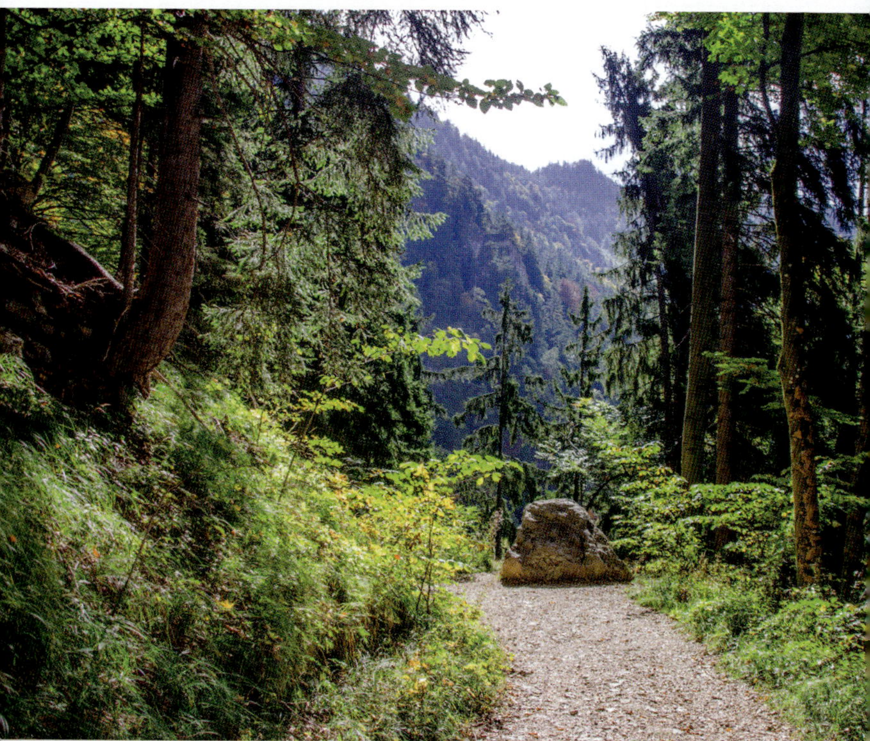

Ein Menhir am Wegrand kurz vor der Schnappenkirche.

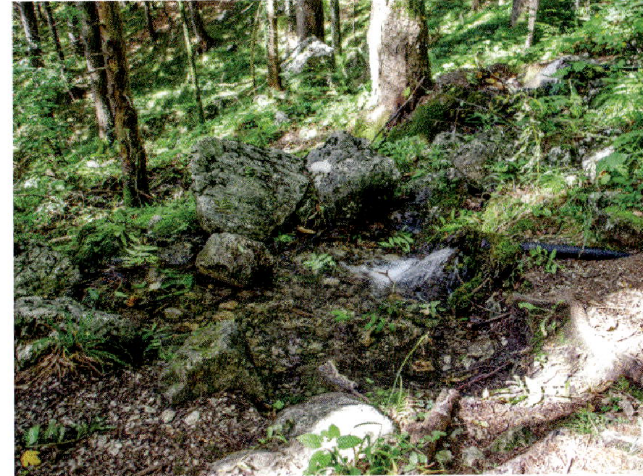

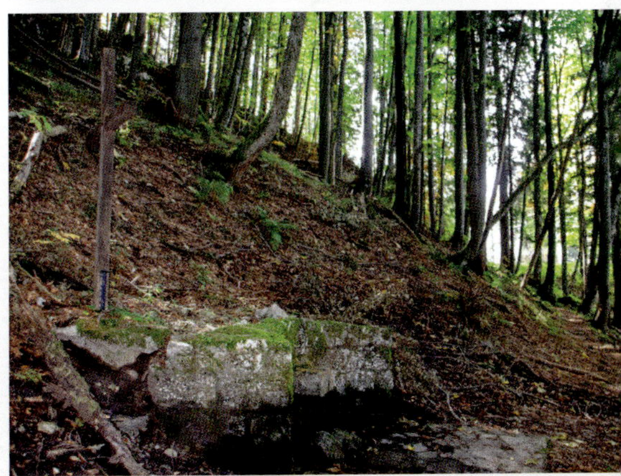

Quelle am Aufstieg zur Schnappenkirche (oben) und darunter Quelle am Abstieg über den ungepflegten schmalen Steig.

Die Schnappenkirche mit ihren Rastbänken erreichen wir nach gut 1,5 Stunden. Von dort bietet sich ein grandioses Panorama auf den Chiemsee und das Voralpenland.

Doch die Idylle der Kirche soll nicht das Ziel sein, sondern die weiter östlich, bereits am Abstieg nach Staudach versteckt gelegene Quelle, der einstige Kultplatz.

Zirka 50 m nach der Kirche leitet ein kaum gepflegter schmaler Steig zum einstigen Quellheiligtum und einer vermoosten Quellfassung. Heute wird der Ort nur noch durch ein einfaches Holzkreuz markiert. Nach dem Wandererrummel an der Kirche ist hier aber als Gegenpol eine kraftvolle Ruhe zu spüren und ein Schluck Quellwasser lässt schnell dessen wunderbare Energie (wieder) erfahren.

Ausgangsort	Wanderparkplatz Hochgern (616 m) am Ende der Burgstraße oberhalb der Burg in Marquartstein
Hinweg	1,5 bis 2 Stunden
Gelände	teilweise etwas steiler, schattiger Waldweg
Gasthaus	mehrere in Marquartstein und Umgebung
Sagen	Die Kapelle auf dem Schnappenberg Die Gründung der Burg Marquartstein Der eingesperrte Hirsch

SCAN ME

5

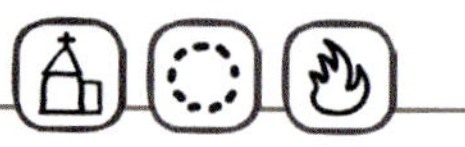

Johannishögl, 705 m

:: Sonnenkultort mit Panoramablick und Alpenschamanen ::

Der langgezogene **Högl** ist den Berchtesgadener Bergen vorgelagert und gut mit dem Auto erreichbar. Der beliebteste Gipfel des Högls ist der nur von Piding auf einer schmalen Bergstraße befahrbare **Johannishögl**, der zudem über mehrere Wanderwege von Piding, Jechling und Hammerau erreichbar ist. Es befindet sich dort der gleichnamige Berggasthof und wenige Meter oberhalb, die dem heiligen Johannes gewidmete Kirche.

Schon vorchristliche Kulturen erkannten und nutzten wohl diese Erhebung des Johannishögls als **Kult- und Opferstätte**.

„Und tatsächlich markieren die Johanniskirchen die Sommersonnenwende.“[1] Das Zusammentreffen der heidnischen Tradition der Sommersonnenwendfeiern mit dem Fest des christlichen Kirchenpatrons Johannes am 24. Juni spricht für eine solche Annahme. Dass es sich dabei um einen Platz der Sonnenverehrung handelte, kann auch der heutige Besucher aufgrund seiner exponierten und dennoch leicht erreichbaren Lage gut nachvollziehen. Die natürliche Fortführung fand dieser heilige Sonnen-Ort im Christen-

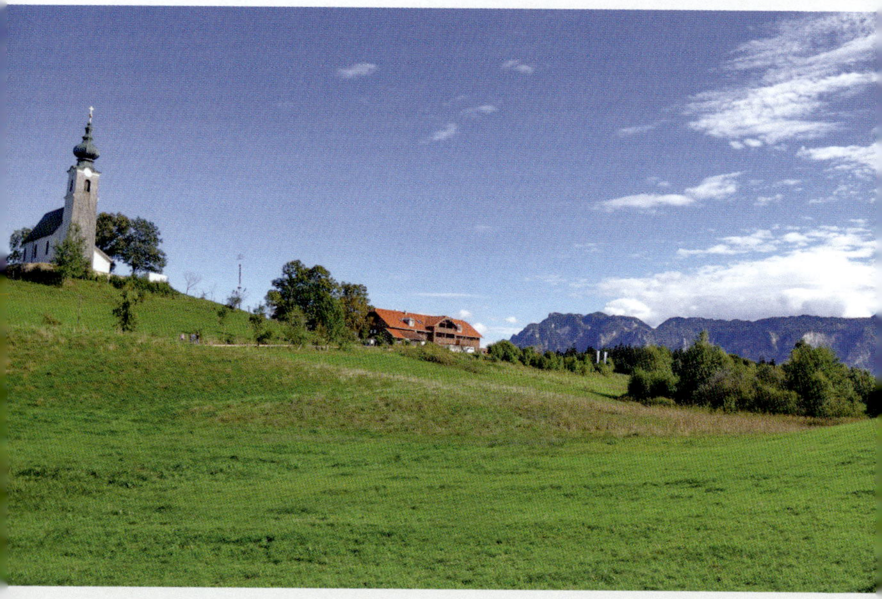

Johanneskirche, Berggasthof und heiliger Untersberg.

1 Heimatkundlerin und Keltenforscherin Inge Resch-Rauter – Auf den Spuren der Druiden, S. 255 tele tool edition, 1999

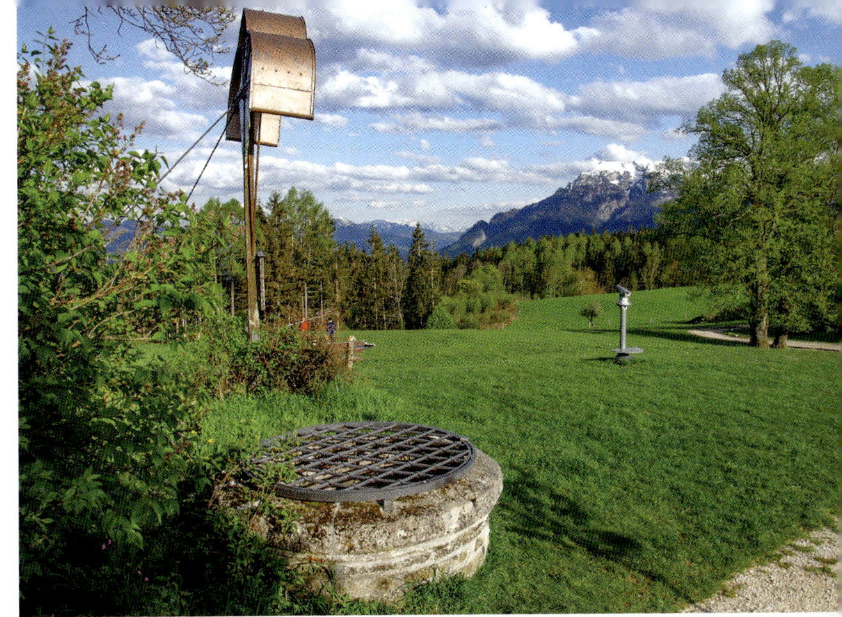

Der keltische Kultschacht.

tum. Erwähnenswert ist auch der um den 1. Mai stattfindende Brauch des Maibaumaufstellens. Ursprünge lassen sich allerdings auch in ferner Vergangenheit erkennen. So sind bei den Germanen Baumriten zur Verehrung von Waldgottheiten bekannt oder auch Fruchtbarkeitsriten sowie Kultpfähle zur Verehrung der Erdmutter.

Für die Kelten begann mit dem 1. Mai die Sommerzeit und ihr Maibaum fungierte als Opferbaum. Im Rahmen der Christianisierung hat sich bei den heidnischen Kulten viel verändert, so kennt man Maibäume in einigen Gegenden auch als Marien- oder Pfingstbäume. Am Fuße des Johannishögls, am sogenannten Auhögl, befand sich eine Siedlung der Jungsteinzeit um 1800 v. Chr., aus der auch große Bronzefunde stammen. Die keltischen Alaunen (500-15 v.Chr.) haben aufgrund des Salzvorkommens hier im Reichenhaller Becken gesiedelt. Ein Relikt jener Epoche finden wir bei dem gemauerten Brunnenschacht – einem vermutlichen Kultschacht – der sich wohl daher auch außerhalb der Kirchenmauern, direkt rechts vor dem Eingang der Kirchenumfriedung, befindet.

Auf dem Johannishögl, wo seit vielen Jahren um den 24. Juni und seit 2007 auch wieder zum 21. Dezember die Sonnwendfeuer lodern, wurden in vorchristlicher Zeit an den wichtigen Jahreseinschnitten des Sonnenjahres, den beiden Tag- und Nachtgleichen und an den beiden Sonnwendpunkten, Feuer entzündet. Es bietet sich an, den öffentlichen Sonnwendfeiern beizuwohnen und die einzigartige Atmosphäre gleich gegenüber dem heiligen Untersberg zu erfahren. Seit einigen Jahren treffen sich hier auch jährlich die Alpenschamanen, die Kulte der Frühzeit und die Besinnung auf die Kraft dieses Ortes wieder bewusst zelebrieren.[2]

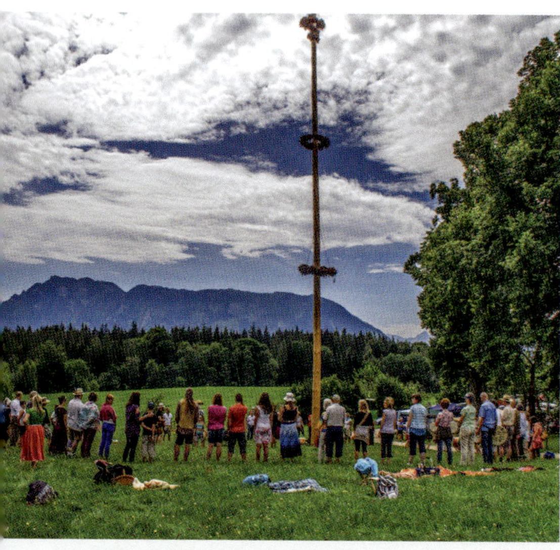

Alpenschamanentreffen.

Eine Besuchsmöglichkeit bietet auch der nördlich, geschützt in der Talsenke gelegene Permakulturgarten einer Genossenschaft. In diesem Gebiet stand einst auch der regionale Galgen und zeigt hier eine seltsame Symbiose aus Sonnenkult, Fruchtbarkeit und einstigem Vollstreckungsort auf.

Eine weitere, nahe gelegene Örtlichkeit, der **Bannhögl** (nördlich vom ehemaligen Hotel Neubichler Alm), macht das Spannungsfeld zwischen dunklem Wald und hellem Lichtkultort erfahrbar, zumal der Bannhögl von dem erst in jüngerer Vergangenheit (2007) angelegte Ainringer Kreuzweg „durchkreuzt" wird. Es wird überliefert, dass der Bann einst von Jägern über ihr Revier ausgesprochen wurde, um Besucher und Wanderer von ihrem „Reich" fern zu halten.

Ausgangsort	Parkplatz am Berggasthof Johannishögl
Hinweg	5 Min.
Rundweg	30 Minuten, vom Berggasthof den nördlich ansetzenden Kiesweg folgen, an der ersten Abzweigung nach links (Marterl mit Ruhebänken) und dann dem schmalen Wiesen-/Waldweg rund um das Biotop folgen.
Gelände	unschwierig
Gasthaus	Berggasthof Johannishögl
Sage	--

2 Nähere Infos wie Termine und Programm siehe www.alpenschamanismus.de

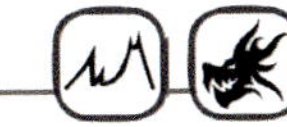

Falkenstein bei Inzell
:: Ein keltisches Kultzentrum + Sonnenheiligtum ::

Achtung: Dieser Berg bleibt erfahrenen Bergsteigern und Ortskundigen vorbehalten und ist nur in leichter Kletterei erreichbar. Die Aufstiege sind nicht beschildert und einige abzweigende Steige können einen irreführen. Interessierte Bergsteiger sollen sich an die entsprechende Kletterliteratur halten. Aber auch zu Füßen des Falkensteins im Tal gibt es wiederum Kultiges zu finden. Der **Inzeller Falkenstein** besteht aus zwei Gipfeln, auf denen Gipfelkreuze stehen. Das südlichere Gipfelkreuz besteigt man vom Gasthof Zwing aus, das nördlichere am besten vom Inzeller Eislaufstadion. Eine Überschreitung ist ebenfalls möglich.

Besonders erwähnenswert ist die dortige **Sage von den drei Frauen** (Hinweis auf die keltische Muttergöttinnentrinität) und dem **Frauenloch**:

In dem Staufen, dem Falkenstein gegenüber 1, ist eine theils von natur, theils durch kunst gebildete felsenhöle, welche man das Frauenloch heisst. am fusse des Staufen, nahe bey dem Frauenloch, fliesst der Lettenbach, welcher in dem Nagelloch entspringt, sich mit der Schwarzachen bey dem Nagel vereiniget und dann Weissbach heisst. in dem Frauenloch wohnten in frühesten zeiten drei frauen, wilde frauen genannt. die leute in dem thale sahen öfter die aufgehängte schöne wäsche am Frauenloch, und sagten dann: jetzt wird es schönes wetter, die wilden frauen haben ihre wäsche aufgehängt. - eine der wilden frauen war halb schwarz und halb weiss; die beiden anderen waren weiss. vor der höle sass ein schwarzer hund mit glühenden augen. in derselben ist ein grosser schatz verborgen. auch wurde früher das krähen des hahns aus dem Frauenloch gehört. wurde in den nächstgelegenen dörfern ein kind geboren, so kamen die wilden frauen in das haus und sangen; solchen kinderns prophezeite man glück. bey hochzeiten, wenn die braut aus dem hause der eltern gieng, wurde der gesang der wilden frauen gehört; dieses geschah aber nur bey leuten, welche sie auszeichnen wollten. als vor zeiten der Becker von Hausmainig eine frau von ausgezeichneter schönheit heirathete, kamen die weissen frauen zur hochzeit.*

** der Falkensee liegt unter dem Frauenloch. In frühesten zeiten sahen die leute öfter nachts ein schwarzes ross von dem Falkensee bis zur gemauerten brücke über den Lettenbach langsam gehend, aber auf dem rückweg von dieser brücke nach dem Falkensee immer im schnellen lauf.*

Quelle: Friedrich Panzer, Bayerische Sagen und Bräuche: Beitrag zur deutschen Mythologie 1848, S. 11

---

1 Die Ortsangabe „in dem Staufen, dem Falkenstein gegenüber" ist definitiv falsch, was jedoch bei Überlieferungen häufig vorkommen kann. Richtig müsste heißen: „... im Falkenstein gegenüber dem Staufen".

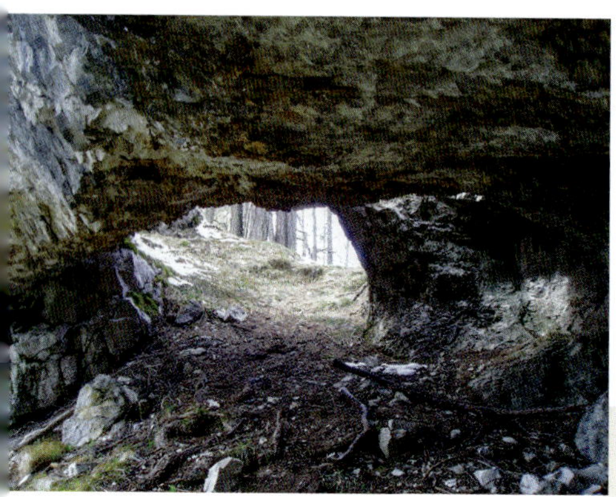
Das Frauenloch am Falkenstein.

Die drei Wildfrauen wirkten also segnend bei Geburten und das Frauenloch soll einen Schatz bergen. Ein weiterer interessanter Aspekt ist das häufige Vorkommen von Schätzen in Verbindung mit den drei Wildfrauen. Das Frauenloch am Falkenstein soll so einen Schatz beherbergen!

Erni Kutter[2] schreibt:
„In diesem Zusammenhang passt (...) die Überlieferung, dass die Schlüssel, mit denen die unterirdischen Schatzkammern geöffnet werden können, am Haselstrauch hängen, d.h. die als Wünschelruten verwendeten Haselzweige sind. Das würde bedeuten, dass die Schatzkammern der Dreifrauensagen jenes geheime, gehütete und nur bestimmten eingeweihten Personen zugängliche Wissen um die verborgenen Kräfte der Erde und ihrer Wasser enthalten bzw. diese Kräfte selbst damit gemeint sind.“

Ist dieser Schatz nicht auch als Metapher für die segensreiche Wirkung eines Sonnenlochs zu verstehen? Dieses Frauenloch ist möglicherweise ein Sonnenloch, auch Sonnenauge genannt (Forschungen über betroffene Orte und Zeiten sind noch ausstehend) – vergleichbar dem nahen Teufelsloch[3] im Lattengebirge. Dort habe ich die Zusammenhänge zwischen Sonnendurchgangsphänomen, jahreszeitlicher Bedeutung und Sonnen-/Ahnenkult bereits entschlüsselt. Erni Kutter weist weiters daraufhin, dass die Sommer- und Wintersonnenwende in vielen Dreifrauensagen vorkommen und wichtig im sogenannten Bethenkult waren. Als kosmische Wandlungsgöttinnen wurden sie an gerade jenen heiligen Tagen aktiv. Dazu assoziiere ich den Tag der (Ur-)Mütter = Heiligabend und damit auch die Zeit der Rauhnächte und die Wildfrauensage vom Inzeller Falkenstein.

Der zu Füßen des **Nordgipfels** gelegene etwas längliche, große **Burgstallhügel** (= Sonnenhügel) *(Anfahrt: Inzeller Ortsteil Burgstall, Wanderparkplatz Falkensee-Rundweg, der Burgstallhügel liegt gut sichtbar nördlich vom Wanderparkplatz und ist weglos über die umliegenden Felder zu erreichen)* ist exakt zum Sonnenuntergang der Sommersonnenwende ausgerichtet und könnte somit

2 Erni Kutter – Der Kult der Drei Jungfrauen, Verlag Kusel, 1997
3 Rainer Limpöck – Magisches Berchtesgadener Land, Plenk Verlag. 2012

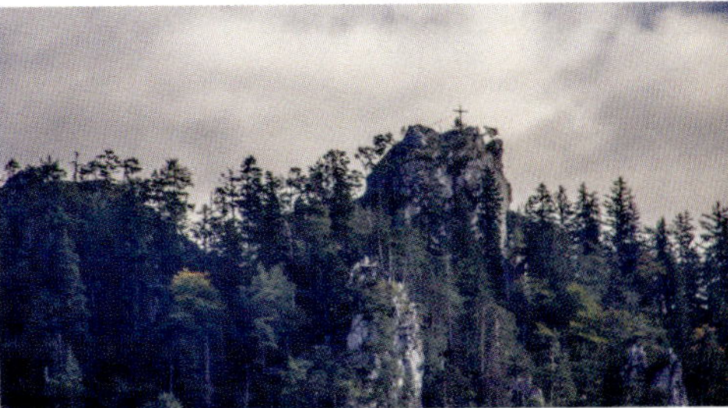

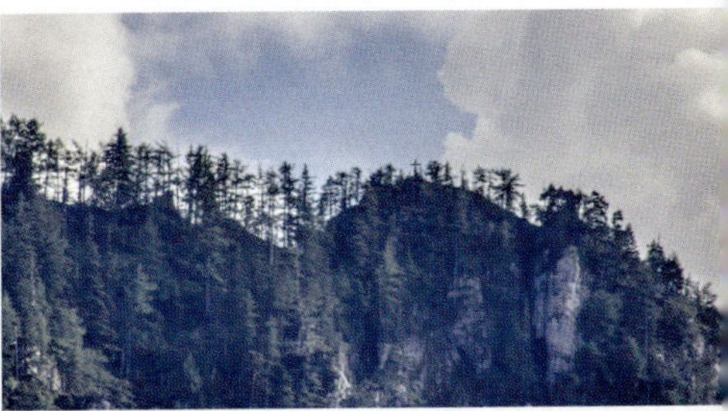

Westgipfel (oben) und Ostgipfel (unten) Falkenstein.

ein Bethen- und Sonnenkultort gewesen sein. Die dortigen Erlebnisse verschiedener Personen und meine geomantischen Recherchen bestätigen die spirituelle Bedeutung und Kraft jener beiden Hügel.
Der kleinere, nördliche Burgstallhügel (= Mondhügel) ist geomantisch noch nicht erforscht – hier ist noch Nachholbedarf.
Der Inzeller Burgstall am Falkenstein ist kein (!) nachgewiesener Burgplatz. Es wurde noch nie archäologisch gegraben und es gibt nur vage Spekulationen über eine mittelalterliche Burg. Aber warum an diesem Platz? Nichts deutet auf einen besonders geeigneten Platz für eine Burgfeste. Auch ist sie vom Durchgang zum Weißbachtal als Schutz zu weit entfernt. Und was sollten die beiden ungewöhnlichen Erdhügel, die noch dazu ca. 100 m voneinander entfernt sind und außerdem durch einen Bach (Falkenseebach) getrennt sind. Die davor befindliche, deutlich erkennbare **Wallanlage** hat auch eine sonderbare Form.

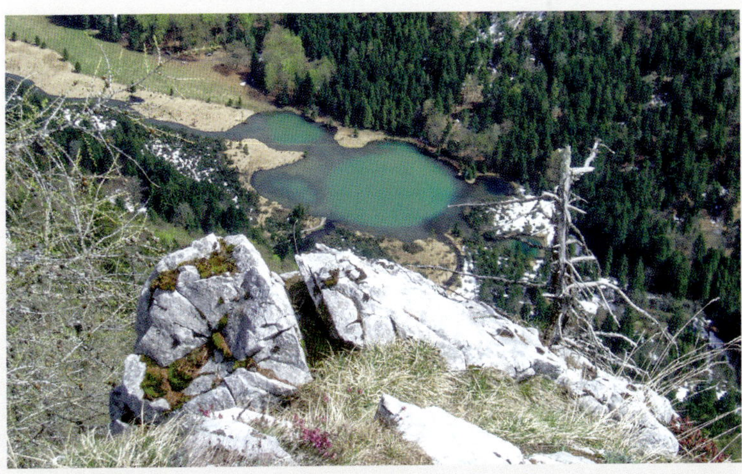

Blick vom Falkenstein auf den Falkensee.

Zusammen mit einem Geologen fand ich im Jahre 2004 am großen Burgstallhügel seltsame, künstlich bearbeitete Steine, die ich dem Heimatpfleger zur weiteren Verwahrung übergab. Ein Hinweis auf eine frühere Besiedlung, eine Burg oder einen Tempel? Insgesamt wirkt das ganze Areal und die Lage eher als ein vorgeschichtliches (keltisches ?) **Heiligtum**.

Dafür spricht eben auch die **Nähe zum Falkenstein**. In der Nähe von vielen Falkensteinen finden sich Heilquellen, keltische Kultplätze, Kirchen, Kapellen, Burgen. Geomanten, Radiästheten und Schamanen berichteten mir von den starken dortigen Energien. Eine Inzellerin bezeichnete die beiden Burgstallhügel sogar als **keltische Zeremonialhügel**, wie sie es von alten Inzellern einst gehört hatte. In ca. 1 km Luftlinie nordöstlicher Entfernung von den Burgstallhügeln liegt der Ort **Einsiedl** mit einer Nikolauskirche. Nikolauskirchen haben stets einen Bezug zu den **drei heiligen Madln** (drei Bethen, drei Wildfrauen, drei Saligen). *„Wo heute in den Ostalpen Nikolauskirchen stehen, waren ursprünglich Kultplätze, bei denen es um Fruchtbarkeit und ewiges Leben ging."*[4] In der Kirche finden wir entsprechende Motive! Und am Falkenstein finden wir die bereits erwähnte Frauensage vom **Frauenloch** und den Drei Wildfrauen, weiterhin Mystisch-Mythisches vom Falkensee und der Weißbachquelle (siehe S. 33), das ungelöste Rätsel um die Burgstall-Hügel und ein potentielles Sonnenauge (Frauenloch). Auch die Setzung eines weißen Kreuzes unterhalb des Südgipfels am oberen Ende einer steilen Rinne in einer Art Erosionshöhle bleibt rätselhaft.

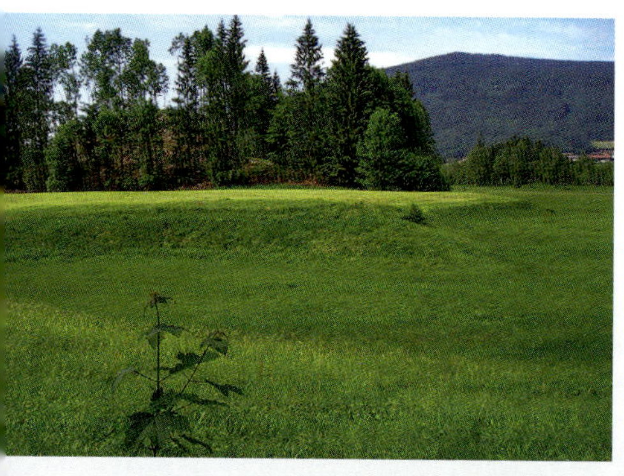

Südliche Burgstallhügel (Sonnenhügel) mit Wall.

Ausgang	Wanderparkplatz Inzell-Burgstall am Falkensteinweg
Hinweg	10 Minuten
Gelände	unschwierig, zu den Kulthügeln jedoch Weidefläche!
Jahreszeit	ganzjährig
Gasthaus	Gaststätte Café Hummelsberger
Sagen	Der geheimnisvolle Falkenstein und das Frauenloch Der Burgstall am Falkenstein

SCAN ME

4 Dr. Georg Rohrecker, Die Kelten Österreichs, Pichler Verlag, 2003, S. 143

Weißbachquelle bei Inzell / Zwing, 736 m

:: Entdecken des Wassergeistes durch die Jahreszeiten ::

Der Zugang zu dieser ungewöhnlichen **Quelle** (736 m) am Fuße des Scharnkopfes – auch als Wasserloch bekannt – ist auf den letzten Metern steil und rutschig und sollte mit einiger Vorsicht begangen werden. Im Frühjahr ist die Schneeschmelze ein imposantes, donnerndes Naturschauspiel und wird uns ehrfurchtsvoll auf Distanz halten. Hinter dem kleinen Quelltopf verbirgt sich eine enge Karsthöhle, ein Quellschacht, der bei extrem niedrigem Wasserstand auf kurze Strecke begangen werden kann.

Erzählungen aus längst vergangenen Zeiten berichten von Menschen, die an diesem geheimnisvollen Wasserloch spurlos verschwunden sein sollen.

Am Westrand dieses grünen Quelltopfes kann man sich auf bemooste Steine setzen und meditieren. Das mineralhaltige Wasser lädt nicht nur zum Erfrischen und Durststillen ein, es wird auch zu einer heilsamen Erfahrung, wenn dabei der Geist der Quelle befragt wird. Grundsätzlich ist vor dem Wasserschöpfen an Quellen empfehlenswert, sich mit dem Elementarwesen zu unterhalten, das Wasser zu erbitten und ein kleines Geschenk (z.B. selbst

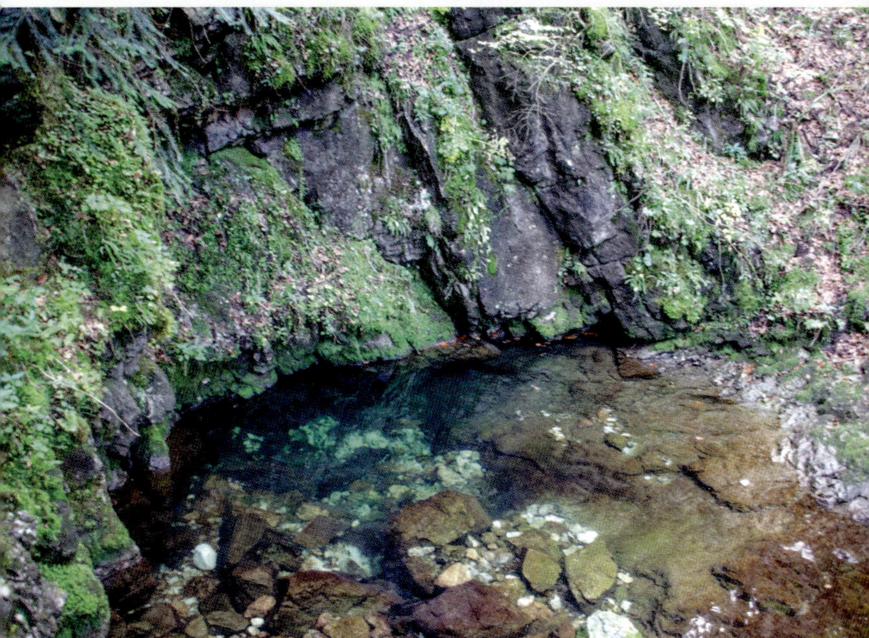

Quelltopf der Weißbachquelle.

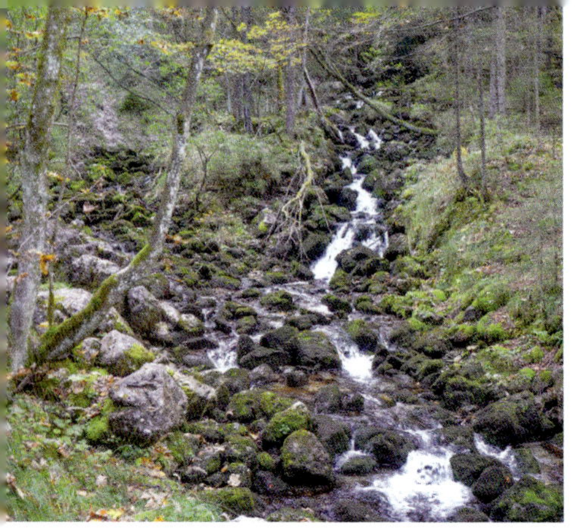

Der wildromantische Ablauf der Weißbachquelle.

gepflückte Blumen oder kleine, am Weg gefundene Steine) zurückzulassen.
Bei einer Weggabelung bietet sich auch der Weiterweg zum idyllisch gelegenen stillen Falkensee unterhalb des Falkensteins und des Frauenlochs an. Laut Überlieferung soll sich hier ein schwarzes Ross gezeigt haben. Jene Sonnenrösser galten als Fruchtbarkeitsboten und waren heilige Tiere der Götter. Die Göttin der Alpen, die Percht, zog mit einem Rappen aus, um die Armen Seelen aufzusammeln und sie in ihr unterirdisches Reich zu holen. Die Überlieferungen von den verschwundenen Menschen/Seelen am Wasserloch und dem schwarzen Ross am Falkensee mögen noch einen Hinweis auf jene Anderswelt geben.
Das Pferd steht der Erd- und Sonnensymbolik (das Frauenloch ein Sonnenloch? - siehe S. 29) nahe sowie der Lebenskraft und stellt eine seelische Verbindung zum Göttlichen her. Hoch oberhalb des Falkensees thront das Reich der Berggöttin Percht, der Falkenstein mit seinem Frauenloch und erinnert an die einstige Bedeutung der Erdmutter. Am Ufer des Falkensees herrscht wundervolle Stille und bietet uns Möglichkeiten zur Verbindung mit der Götterwelt und den Wassergeistern. Tatsächlich können uns am Weg heute noch Pferde mit ihren Reitern begegnen.

Zugang: Von **Weißbach an der Alpenstraße** kommend folgt man der Bundesstraße 305 in Richtung Inzell bis zum ehemaligen Gasthof Café Zwing. Am dortigen Wanderparkplatz unterquert man in einer Fußgängerunterführung die Straße und folgt der Beschilderung zur Weißbachquelle, die man nach ca. 20 Minuten erreicht hat.

Ausgang	Wanderparkplatz Inzell / Zwing, Reichenhaller Str. 100
Hinweg	20 Minuten (bis zum Falkensee weitere 20 Minuten ab Weggabelung)
Gelände	unschwierig, jedoch Vorsicht geboten beim Anstieg zur Quelle auf den letzten Metern
Gasthaus	--
Sagen	Vom Wasserloch und den verschwundenen Leuten Das schwarze Ross am Falkensee

SCAN ME

Höglwörth

:: Insel der Elfen und Geister ::

Der Elfenstein und die Seerosen im Höglwörther See

In der Geistermühle am Höglwörther See lebte vor langer Zeit ein alter, 90-jähriger Müller, der in frühen Jahren sein Töchterlein Hildeburg, das beim Pflücken von Seerosen beim Elfenstein, einem im See liegenden kleinen Felsen, ertrank, verloren hatte, worüber er sein ganzes Leben über trauerte. Oftmals fuhr der alte Müller mit seinem Kahn zum Elfenstein, um in Erinnerung an die Ertrunkene Seerosen zu holen.

Als dann der Müller starb, wollte ihm die Enkelin Roswitha, der Sonnenschein des Hauses, die der Ertrunkenen sehr ähnlich war, nachts eine Seerose bringen, damit er sie seiner geliebten Hildeburg mitbringen könne, wenn er sie im Paradies fände. Roswitha fuhr nachts heimlich zum Elfenstein, aber am anderen Morgen fand man den Kahn leer auf dem Wasser treibend, und zog das ertrunkene Kind, das eine Seerose wie ein Heiligtum in ihrer Rechten eng umschlossen hielt, aus dem See. Ein altes Stück Papier, mit verblaßter Tinte beschrieben, hat davon erzählt, und am Rand des Blattes war mit grüner, weißer und gelber Farbe eine schwimmende Seerose gezeichnet und in ihrem Blütenkelch stand das Wort „Roswitha".

Gehst du aber in einer Sommernacht am See spazieren, so siehst du beim Elfenstein über dem Wasser zwei Lichter tanzen.

So berichtet die Sage vom Elfenstein[1].

Jener mystische Stein galt lange Zeit als verschollen. Wir entdeckten ihn wieder am Nordwestufer des Sees – also auf halber Rundwegstrecke, versteckt im Schilf gelegen, vermoost und von Sträuchern und Bäumen bewachsen. Der Seerundweg geht hier nur wenige Meter entfernt vorbei, jedoch wird der Stein nur im Spätherbst und Winter sichtbar. Ein Marterl mit einer Schutzmantelmadonna neben einer Ruhebank gibt einen guten Anhaltspunkt, das Seeufer an dieser Stelle genauer zu inspizieren. Tatsächlich wachsen dort – wie in der Sage beschrieben – auch Seerosen. Deren magische Schönheit und Entrücktheit strahlt Ruhe aus und verbreitet eine friedliche lichtvolle Atmosphäre. Die Seerose ist eine Pflanze, die die Wassergeister sehr lieben. Ihr botanischer Name ist Nymphaea. Nymphen und Elfen galten als weibliche Natur- und Zaubergeister, die so manchen Neugierigen verführten, betörten und die Sinne verwirrten. Meist büßten diese Unvorsichtigen ihre Neugier mit dem

1 Dekan W. Lechner – nach W. Lossen, 1952 aus „Sagen, Märchen und Geschichten um Karlstein im Landkreis Berchtesgadener Land" gesammelt von Dr. Alfred Dieck

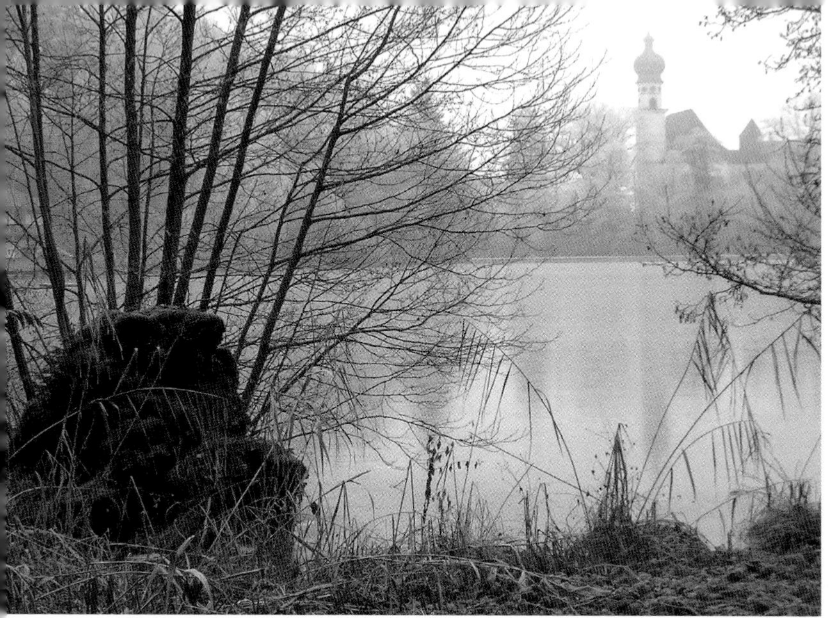

Elfenstein mit Kloster Höglwörth im Nebel.

Leben ein (siehe Sage). 100 m weiter südlich am Uferweg liegen zudem nahe dem Mühlbach die Grundmauern der Bäckermühle (1701-1922), die hier vor 100 Jahren noch in Betrieb war, bald aber schon als Geistermühle verrufen war. Wo Geister und Elfen ihr Reich hatten, galt es vorsichtig zu sein und sich nicht von den Rufen der Anderswelt in den See ziehen zu lassen.

Der See ist 13,5 Hektar groß und bis zu zehn Meter tief. Wörth ist ein altdeutscher Name für Insel und früher war die heutige Halbinsel noch eine richtige Insel. Die Verlandung des Sees schreitet allerdings voran.

Einen besonders eindrucksvollen christlichen Kult können wir in der 40-tägigen Fastenzeit bei Höglwörth erleben. Rund um den See führen wunderschöne Kreuzwegtafeln und laden den Besucher ein, sich vom Alltag zu erholen – in Stille und in Besinnung. Aufgestellt werden die Tafeln alle drei Jahre vom Verein zur Erhaltung des Heiligen Grabes von Höglwörth[2]. Das imposant ausgeleuchtete Heilige Grab kann von Karfreitag bis Ostersonntag in der Klosterkirche des ehemaligen Augustinerchorherrnstiftes besucht werden und gilt als eines der größten und schönsten Heiligen Gräber in Bayern. Das Augustiner-Kloster ist St. Peter und Paul geweiht und wurde 1125 vom Salzburger Erzbischof Konrad I. gegründet. Insel und Kloster sind heute im Privatbesitz der Brauerei Wieninger.

2 Zuletzt 2017 nach einer Unterbrechnung des Zyklus in folge von Renovierungsarbeiten an der Kirche

Auch zur Adventszeit dürfen wir uns heute wieder am See verzaubern lassen. Die Schützengesellschaft Höglwörth-Anger lädt alljährlich am 1. Adventswochenende ein, symbolisch mit Maria und Josef zu gehen und Herberge zu suchen – seit 2011 für Groß und Klein ein ganz besonderes Ereignis in der staden Zeit. 800 Kerzen/Laternen beleuchten den Seerundweg an dem es immer wieder stimmungsvoll gestaltete Stationen aus der Weihnachtsgeschichte zu bewundern gibt.

Die Magie von Höglwörth liegt heute zunächst in ihrem landschaftlichen Reiz und offenbart sich zu bestimmten Jahreszeiten besonders: im Herbst und Winter, wenn der Elfenstein sichtbar wird; zur Adventszeit, wenn das Laternenzauber-Wochenende ansteht; zur Osterzeit (im 3-Jahreszyklus), wenn das Heilige Grab in der Klosterkirche zu besuchen ist; im Sommer, wenn die Bademöglichkeiten rund um den See zur Erfrischung einladen; im Winter, wenn der See gefroren ist, beim Eislaufen und ganzjährig bei einem Spaziergang in landschaftlicher Seeidylle.

Neben dem versteckten „Elfenstein“ gibt es jedoch noch weitere steinerne Geheimnisse zu ergründen: den „Mithrasstein“ und den „Tropfenden Stein“. Einst wurde in Höglwörth noch dem Sonnengott Mithras gehuldigt. Davon zeugt ein „Mithrasstein“, ein marmorner Weihealtar, der 1834 bei Umbauarbeiten im Stift gefunden wurde und den der Brauereibesitzer Wieninger 1891 der Archäologischen Staatssammlung in München schenkte. Dort wurde er leider im Krieg stark beschädigt und ist heute nur noch als dreiteiliger Torso erhalten. Sonnenkulte wurden einst also sowohl oben am Johannishögl

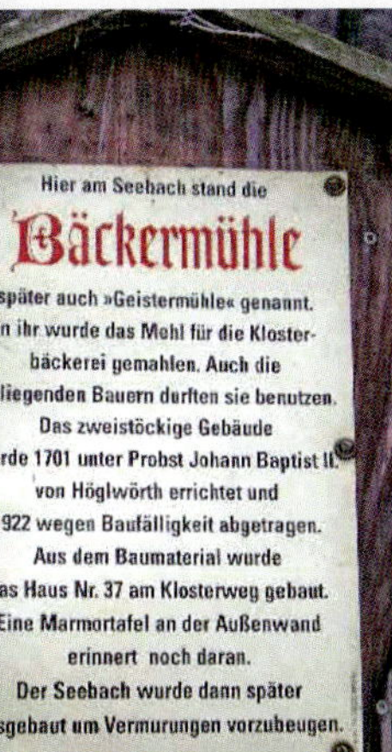

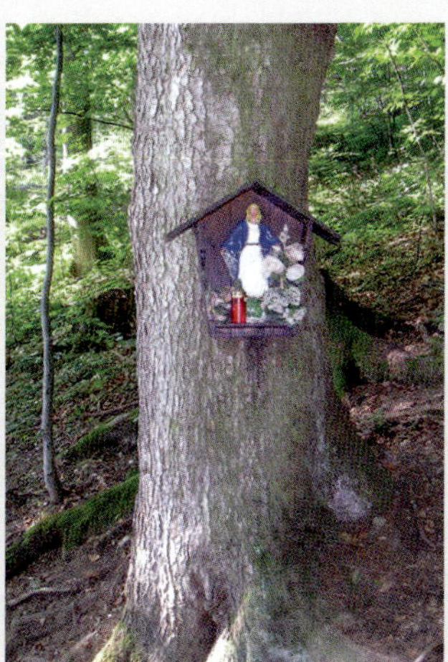

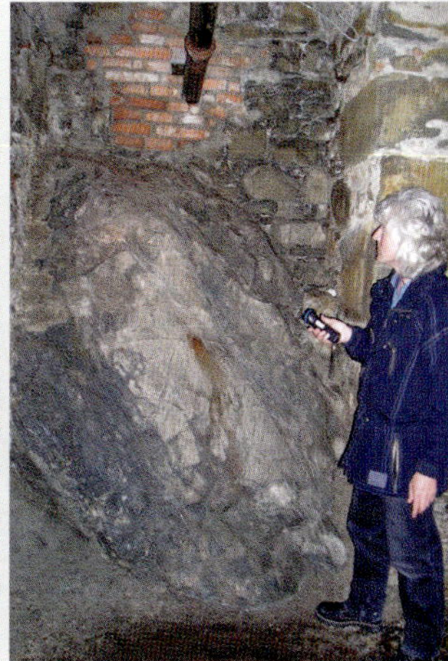

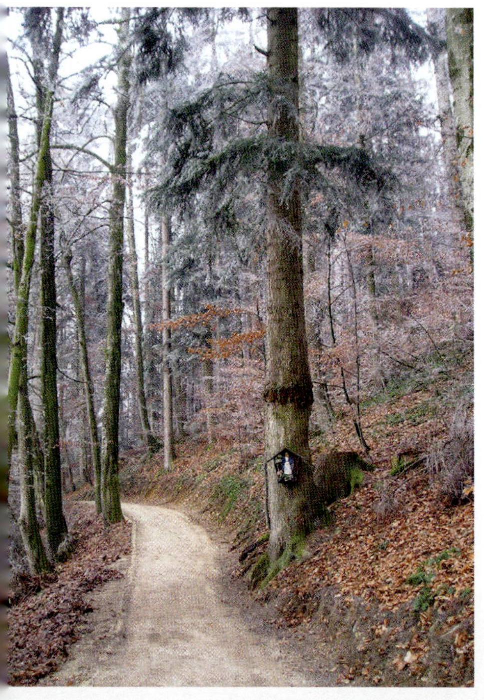

Am Weg rund um den See, kurz vor dem Marterl liegt der Elfenstein am Seeufer.

(siehe S. 26) als auch zu seinen Füßen in Höglwörth zelebriert. Die Gegend ist archäologisch belegtes Siedlungsgebiet seit der Hallstattzeit.

Während der Mithrasstein jedoch nicht mehr vor Ort ist, findet sich im Keller des Nordtraktes, der an die Klosterkirche angrenzt, ein geheimnisvoller Stein. Eine frühere, heimatkundlich interessierte Bewohnerin zeigte uns dort den großen „Tropfenden Stein" und äußerte die Vermutung, dass er der Grund für den Klosterbau darstellt und ein heidnisches Quellheiligtum war.[3] Der Heimatpfleger von Anger, Erhard Zaha, ist sogar der Ansicht, dass der „Tropfende Stein" der eigentliche mythologische Elfenstein ist.

Solche Quellheiligtümer wurden einst zahlreich durch die Kirchen vereinnahmt, um den unchristlichen Kult zu unterbinden. Die drei Kultsteine in Verbindung mit der geomantischen und landschaftsmythologischen Lage Höglwörths und den Überlieferungen lassen auf ein bedeutendes einstiges Kultzentrum schließen, in dem tatsächlich Elfen und Geister noch das Sagen hatten.

Ausgangsort	Parkplatz Höglwörth
Rundweg	45 Minuten
Gelände	unschwierig
Gasthaus	Klosterwirt Höglwörth
Sagen	Der Elfenstein und die Seerosen im Höglwörther See Die Geistermühle von Höglwörth Der Mithrasstein von Höglwörth

SCAN ME

3 Frei zugängig ist nur die Klosterkirche und der Klosterinnenhof

Bitterstein

:: Einsames Steinwesen im stillen Wald ::

In einem Wald zwischen **Traunreut** und **Waging** liegt der historisch bedeutende sogenannte Bitterstein (Gemeindegebiet von Waging). Er ist geologisch gesehen ein erratischer Block aus Wettersteinkalk. Dieser altbekannte Findling (auch Irrblock) wurde durch den Salzachgletscher in der Eiszeit hierher verfrachtet. Er soll früher drei Mal so groß gewesen sein wie heute. Durch den jahrhundertelangen Abbau des Gesteins zur Kalkgewinnung wurde er immer kleiner, daher erfolgte 1953 die Deklarierung zum Naturdenkmal.

Die Lage des Monolithen nahe der alten Salzstraße, wo sich immer wieder keltische Kultstätten fanden, seine einstige Größe und die zahlreichen archäologischen Funde rund um den Felsen sowie Reste zweier römischer Häuser lassen einen einstigen Kultort bzw. keltischen Opferplatz vermuten, der möglicherweise schon in der Megalithzeit[1] seinen Ursprung hatte. Der Heimatforscher Karl Schefzik hat aus dem Namen Bitterstein die Ableitung

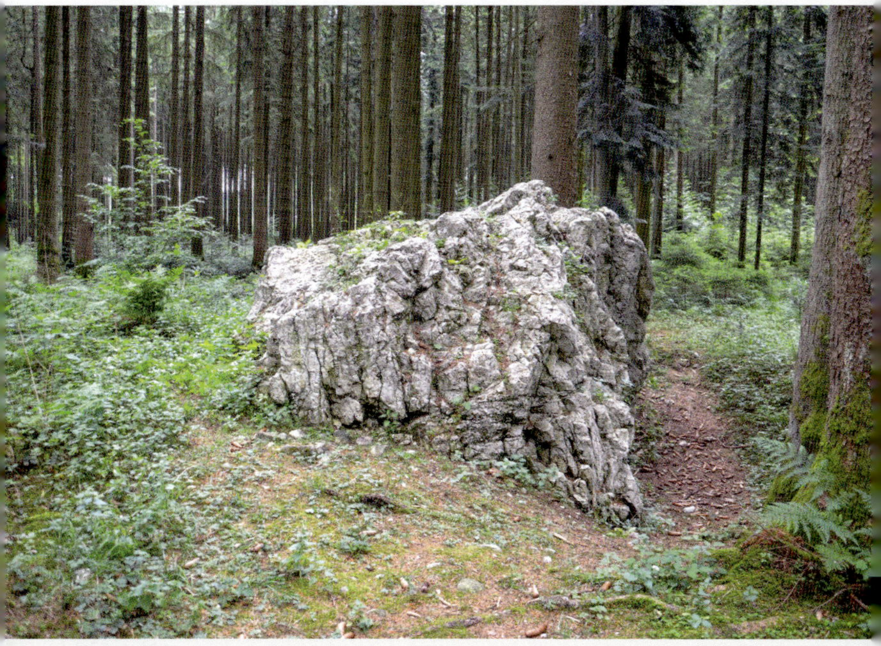

Bitterstein.

1 Megalith, griechisch = großer Stein

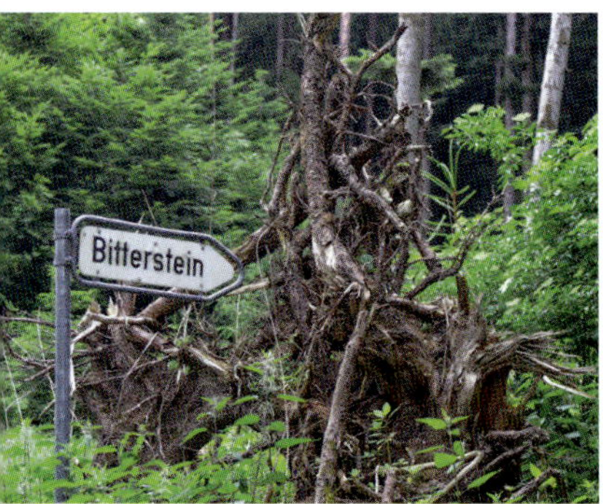

Wegweiser.

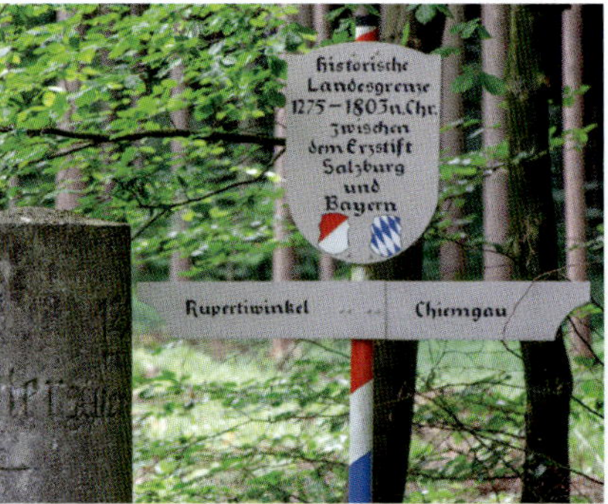

Hinweis zur mittlerweile längst vergessenen Landesgrenze.

Bid = Bedaius (Name des meist verehrten Gottes) dieser Landschaft herausgefunden. Auch der Name des römischen Kastells in Seebruck „Bedaium" soll sich daraus ableiten.

Zugang: Von Traunreut kommend auf der Staatstraße 2104, östlich von Pierling, knapp 1 km nach dem Kreisverkehr Hurtöst am Beginn einer markanten Rechtskurve zweigt links ein Waldweg ab, der vor einigen Jahren noch mit einem Schild zum Bitterstein ausgewiesen war. Wir können hier das Auto abstellen oder den schmalen Waldweg noch 400 m geradeaus bis zu einer Informationstafel fahren. Dort zweigt der Weg zu dem bereits sichtbaren Stein ab. Der lange Zeit verwilderte Felsen wurde vor einigen Jahren gereinigt und ist jetzt wieder gut erkennbar.

Sensitive werden in dem stillen Waldgelände und bei der Kontaktaufnahme mit dem Steinwesen rasch eine starke Energie verspüren. Der menschliche Raubbau an jenem Felsen erfordert einen sehr behutsamen Umgang mit ihm. Es bieten sich Rituale und Opfergaben an, die dieser elementaren Naturwesenheit wieder gerecht werden. Dies soll jeder Besucher für sich entscheiden, in welcher Form die Opfer erbracht werden. Es finden sich heute dort immer wieder kleine, von Menschen gestaltete Naturkunstwerke. Das Steinwesen wird gern von seiner früheren Blütezeit erzählen oder seine noch vorhandene Kraft an Heilsuchende weitergeben.

Ausgangsort	Informationstafel am Waldweg
Hinweg	5 Minuten
Gelände	unschwierig
Gasthaus	--
Sage	--

Chiemgauer Steinkreis in Unterwössen, 555 m

:: Auftanken am Ortseingang ::

Steinkreise galten einst als Versammlungsorte, heilige Orte, Kultplätze. In jüngster Zeit entstehen solche elementaren Objekte, um Menschen zusammenzuführen, um ihnen die Kraft und Bedeutung der Natur vor Augen zu führen und sie fühlen zu lassen.

Im Sommer 2020 installierte der Besitzer eines großen Blumenbaubetriebs am **Ortseingang von Unterwössen** einen Steinkreis – den Chiemgauer Steinkreis. Die Steine mit Quarzadern wurden nach dem Prinzip des Goldenen Schnittes geordnet. Unter den Steinen befinden sich Kristalle, die dadurch ein natürliches Magnetfeld entstehen lassen. Über 3 Steinportale durchschreitet man/frau die Steinkreise um zum Menhir (=langer Stein) als Zentralstein zu gelangen.

Infotafeln neben der Steinkreisanlage geben Auskunft über die Kraft der Steine und wie sie erkundet werden können. So heißt es dort unter anderem: Die modernen Labyrinthe wurden und werden von Einzelpersonen initiiert und gebaut, ebenso wie von Initiativen innerhalb der katholischen und evangelischen Kirche.

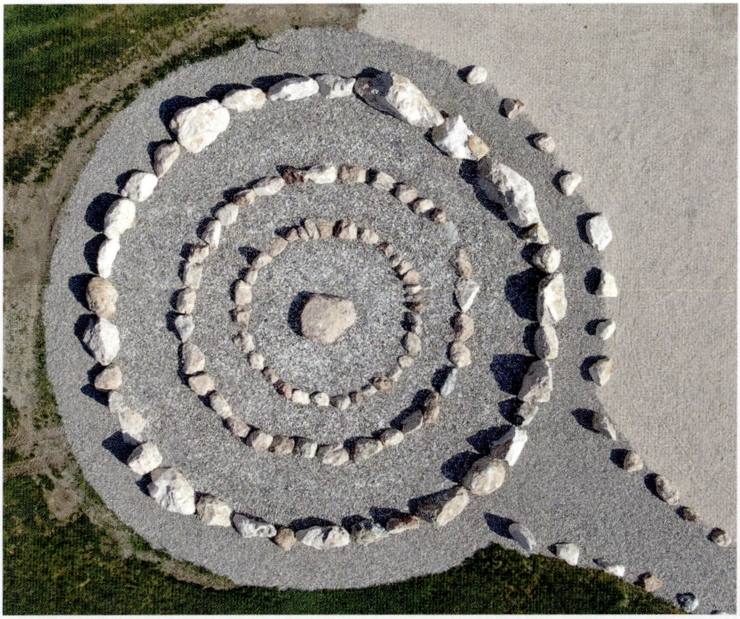

Steinkreis aus der Vogelperspektive.

Zwischen den drei Kreisringen sind verschiedene Kiesarten in aufeinander abgestimmten Mengen eingebracht worden. Die Kieselsteine unterscheiden sich in Farbe, Form, Information und mineralischer Zusammensetzung und wirken im Steinkreis wie ein Filter vor einem Scheinwerfer, der eine bestimmte energetische Färbung einbringt. Auf diese Weise wird das Angebot an Energien, Frequenzen, Informationen etc. im Steinkreis vervollständigt. Unser Körper kann diese natürlichen Energien aufnehmen und verwerten. Er kann quasi seine Zellakkus damit aufladen. So lässt sich u.a. sein Energieniveau anheben und die natürliche Ordnung in ihm stärken. Die verschiedenen Bereiche unseres Körpers schwingen in unterschiedlichen Frequenzen.

Im Chiemgauer Steinkreis wird durch die verschiedenen Kiesarten in dieser Hinsicht ein recht breitgefächertes Spektrum angeboten, sodass durch einen Aufenthalt alle Körperbereiche unterstützt und gestärkt werden können. Bei meinem Besuch legte ich mich rücklings auf den Zentralstein und kam rasch zu einer inneren Ruhe und fühlte mich nach dem Verlassen des Steinkreises gestärkt und erfrischt. Es empfiehlt sich ein Besuch zu den frühen Morgen- oder Abendstunden. Der Steinkreis ist täglich von 6 bis 21 Uhr geöffnet. Die nahegelegene Pfarrkirche St. Martin soll den Überlieferungen nach früher von den Untersbergmandl besucht worden sein. Auch berichten die Sagen von einem heidnischen Pferdekult, bei dem ein Pferd als Gottheit verehrt worden ist. Ebenso wird das Wirken einer Wetterhexe überliefert.

Ein weiterer Kraftort liegt genau gegenüber des Steinkreises auf der anderen Seite der Hauptstraße auf einem kleinen Hügel. Dieser kann über den Außenbereich des Blumenbaubetriebs erreicht werden. Oben steht eine Kriegergedächtniskapelle und mächtige Bäume, die die guten Erdenergien dort verdeutlichen.

Zugang: Direkt neben dem großen Hauptparkplatz von Blumen Glanz vor den Gewächshäusern auf der östlichen Seite der Hauptstraße.

Ausgangsort	Parkplatz Blumen Glanz 83246 Unterwössen, Hauptstr. 28
Hinweg	--
Jahreszeit	ganzjährig geöffnet von 6 bis 21 Uhr
Gelände	leicht
Gasthaus	mehrere in Unterwössen
Sage	Die Untersbergmandl in der Unterwössner Kirche Die Wetterhex` von Unterwössen Der Pferdekult von Unterwössen

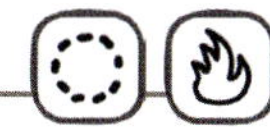

Das Labyrinth von Grassau

:: Selbstfindung + Wunschbaum im Ortszentrum ::

Labyrinthdarstellungen sind schon aus der Steinzeit bekannt und sind bis heute in verschiedensten Erdteilen und Kulturen zu finden, von kleinen Zeichnungen, Felsritzungen bis hin zu großen Plätzen.

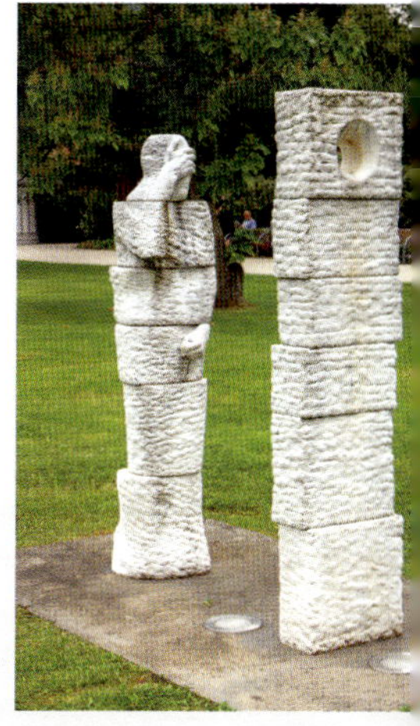

Das Christentum nahm das Labyrinth sehr bald als Symbol auf und wurde eigenständig gedeutet und gelebt. Das Begehen eines Labyrinths glat im Mittelalter auch als Ersatz für Pilgerfahrten nach Jerusalem oder Santiago de Compostela.

Ein Labyrinth bezeichnet ein System von Linien oder Wegen, das durch zahlreiche Richtungsänderungen ein Verfolgen oder Abschreiten des Musters zu einem Rätsel macht. In ihren Ausführungen finden wir sie als Bauwerk, Ornament, Mosaik, Pflanzung, als Zeichnung oder Felsritzung. Im Chiemgau gibt es mehrere begehbare Labyrinthe als Pflanzungen auf öffentlichen Grundstücken. Weitere sind auf privatem Gelände vorhanden und nach Absprache mit dem Grundbesitzer oder Erbauer zu besuchen. Diese und viele in den letzten Jahren in ganz Deutschland entstandenen Labyrinthe sind im Internet zu finden unter www.begehbare-labyrinthe.de Die modernen Labyrinthe wurden und werden von Einzelpersonen initiiert und gebaut, ebenso wie von Initiativen innerhalb der katholischen und evangelischen Kirche.

Labyrinthe gibt es in sehr unterschiedlichen Ausprägungen. Als typisch gelten heute die beiden in Europa am häufigsten angelegten:

- Das klassische oder kretische Urlabyrinth mit sieben „Umgängen".
- Das sogenannte Chartes-Labyrinth miti elf Umgängen und zwei ausgeprägten Kreuz-Achsen. Der Chartes-Typ ist das klassische Labyrinth des Christentums.

Die christliche Mystik unterscheidet zwischen drei Phasen des Labyrinth-weges:

- Der Weg zur Mitte – via purgativa – der Weg der Läuterung, des Loslassens,
- die Mitte – illuminatio – der Ort der Erleuchtung,
- der Rückweg – via activa – der Weg in das aktive Leben, den Alltag zurück.

Labyrinthe werden heute u.a. in der Psychotherapie eingesetzt und mit Kontemplation, Körpergebet und Tanz verbunden, sowie im Qi Gong und im Schulunterricht verwendet. Ein Labyrinth besteht aus einem einzigen gewundenen Weg, der ohne Sackgassen und Irrwege stets weiter bis in die Mitte führt. Als ein Zeichen, das zutiefst mit dem menschlichen Leben zu tun hat, spiegelt das Labyrinth die Sehnsucht und die Suche nach Sinn wider, nach Ankommen, nach Erkenntnis. Das Labyrinth ist ein Bild für den verschlungenen Lebensweg, den wir auf dieser Suche zurücklegen, ein Symbol für den lebensweg des Menschen bis zu seinem Tod. Es fordert dabei auch zum Überdenken des eigenen Lebensweges auf. Es wird so auch zu einer tiefgehenden spirituellen Erfahrung, in allen – manchmal unverhofften – Wendungen des Weges darauf zu vertrauen, am Ende des Ziel zu erreichen und in der Mitte anzukommen. Es gilb im Labyrinth keien Entscheidung zu fällen, welcher Weg zu beschreiten ist, es gilt einzig, dem Weg zu folgen, welche Wendungen er auch nimmt. Und ebenso, wie uns der verschlungene Pfad ohne Irrungen zur Mitte führt, er uns auch wieder heraus.

Die geheimnisvolle Kraft und Ausstrahlung der Labyrinthe erschließt sich am besten durch die direkte Begegnung/Begehung. Ein Labyrinth kann alleine, mit dem Partner oder in der Gruppte begangen werden. Die Achtsamkeit kann im Begehen selbst liegen, in der Wahrnehmung, was dabei passiert. Die Konzentration kann auch auf ein Problem gelenkt sein, das auf dem Weg vielleicht eine Lösung findet. Begehen mehrere Menschen das Labyrinth, fügen sich Aspekte der Begegnung, Nähe und Distanz hinzu. Ein Miteinander thematisiert Gemeinschaft und Individualität.

Im Jahre 2006 baute Armin Folker Schindlmayr das klassische Labyrinth im Dorfzentrum von Grassau, wenige Meter westlich vom Parkplatz Kurpark, direkt in der Südwest-Ecke des Kurparks. Bemerkenswert ist hier auch der Wunschbaum – eine Rotbuche, der wenige Meter südlich vom Labyrinth von einer Wirtschaftsklasse der Mittelschule Grassau entwickelt und realisiert wurde zum Jubiläum „50 Jahre Markterhebung Grassau“. In Verbindung mit der Begehung des Labyrinthes und einer persönlichen Zentrierung können im Anschluss daran vielleicht Wünsche verwirklicht werden.
Das Labyrinth hat einen Druchmesser von 23 m, eine Weglänge von 275 m und eine Wegbreite von 80 – 100 cm.

Ausgangsort	Parkplatz am Kurpark in der Dorfmitte (Kirchenweg 10)
Hinweg	2 Minuten
Gelände	unschwierig
Gasthaus	zahlreiche in Grassau
Sage	--

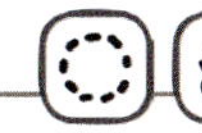

Das Labyrinth von Marquartstein

:: Selbstfindung im Ortszentrum ::

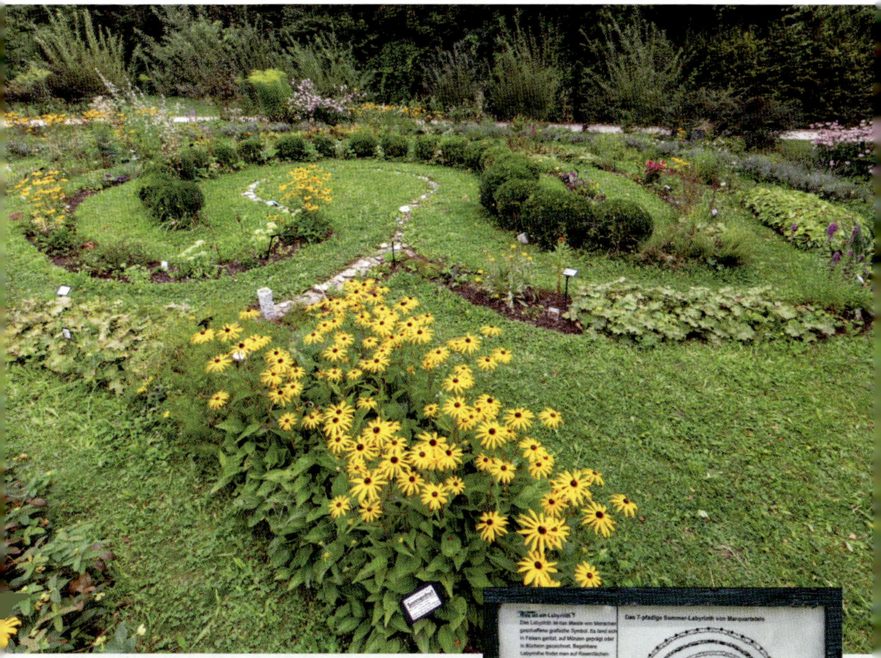

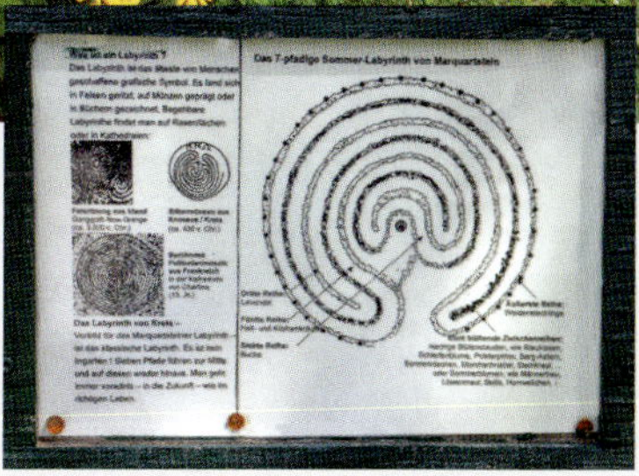

Im Jahre 2004 baute die Künstlerin Helga Finsterle mit ihrem Team das klassische Labyrinth im Dorfzentrum von Marquartstein, wenige Meter westlich vom Parkplatz Rathausplatz. Sieben Pfade führen zur Mitte und aus diesem wieder hinaus. Man geht 365 Schritte, eine Jahreslänge immver vorwärts – und in die Zukunft – wie im richtigen Leben. Ein Team um Friederike Brandl betreut das Labyrinth.

Ausgangsort Parkplatz am Rathausplatz in der Dorfmitte (Rathausplatz 1)
Hinweg 2 Min.
Gelände unschwierig
Gasthaus zahlreiche in Marquarstein
Sage --

 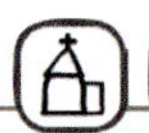 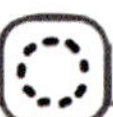 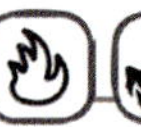 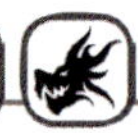 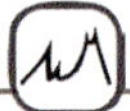

Klobenstein, 817 m

:: Bethenwallfahrt zum Kraftort- und Frauenkultplatzareal ::

Die Natur hat in dem engen Tal der **Tiroler Ache** an der tiroler-bayerischen Grenze eine zauberhafte Symbiose aus Fels und Wasser entstehen lassen. Unten bei der **Entenlochklamm** tummeln sich Rafter, Kajakfahrer und die Schmugglerwegwanderer, die die Ache über eine imposante Hängebrücke überqueren und ca. 100 m weiter oberhalb treffen sich Pilger und Wirtshausbesucher rund um den **Klobenstein** (= gespaltener Stein). Ein riesiger Felsbrocken ist vor langer Zeit einmal von den Bergen oberhalb herabgestürzt, zerbrochen und hier liegengeblieben. Still wird es erst im Winter, doch auch zu dieser Zeit lässt es sich am Stein, in der Wallfahrtskirche und im Wirtshaus (Geheimtipp! Wegen speziellen Winteröffnungszeiten vorher nachfragen.) einkehren.

Schon der Name Klobenstein lässt Geomanten aufhorchen. Jene zerklobenen Steine besitzen seit Urzeiten Kultstatus. Die Erdenergien in diesen zerbrochenen Monolithen weisen eine besondere Kraft auf, die beim Durchschlupfen für Segens-, Reinigungs-, Heilungs- oder Initiationskulte verwendet wurden und infolge zur Mythenbildung führten.

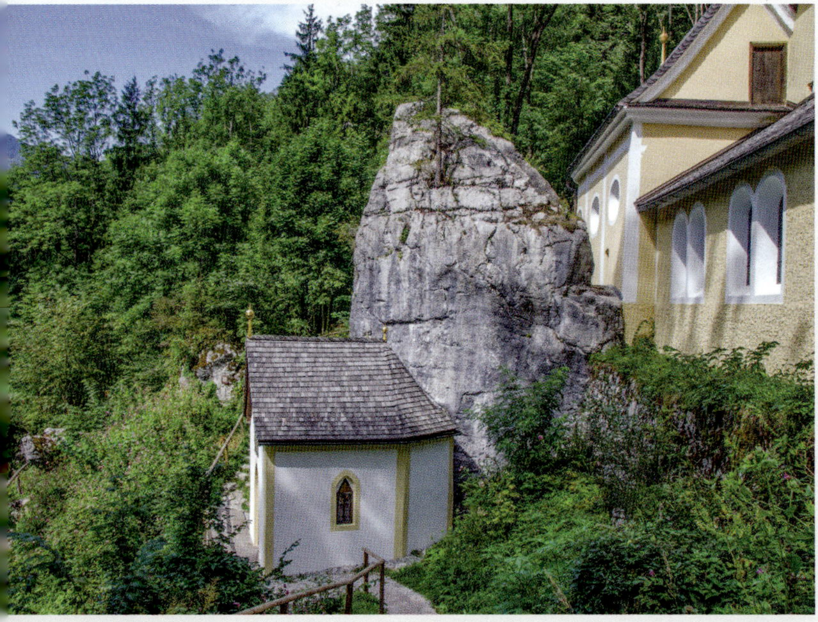

Der Klobenstein.

Eine Sage von der Entstehung des Naturphänomens erzählt von einem Wunder, dass der Sprung im Stein genau dann passiert ist, als eine Bäuerin von Kössen nach Marquartstein gerade dort unterwegs gewesen war.

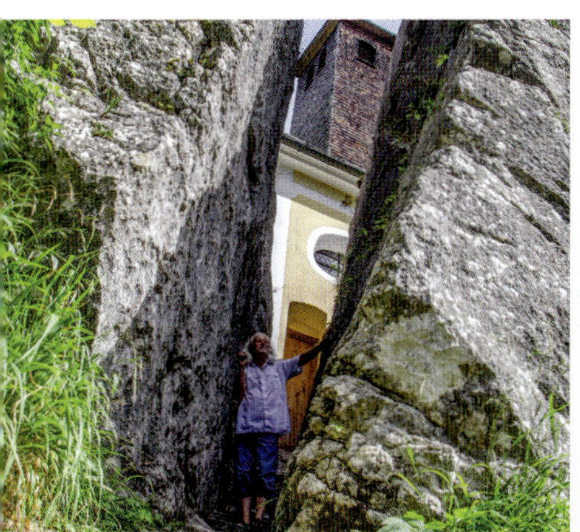

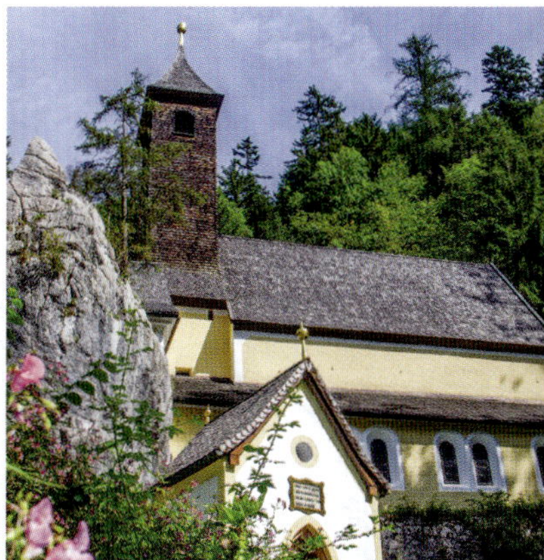

Klobenstein und die Schwarze Madonna in der Klobensteinkapelle.

Sie wurde von einer Mure überrascht und nach einem Gebet zur Mutter Gottes spaltete sich der herabstürzende Felsen und gewährte ihr so Schutz: *„Es springt der g'waltig Stoa netta mitdurch, und die Oa steht frei am Weg - herent und drent liegen die gsprungana Felsenwänd."*

Die frühesten urkundlichen Aufzeichnungen über diesen Ort stammen aus dem Jahre 1696. Damals wollte ein gewisser Johannes Holzner an dieser Stelle eine Klause errichten, u.a. „zur besseren Aufsicht über den Opferstock" dort. Dieser seltsame gespaltene Felsblock war offenbar schon länger bei dem Menschen des Umlands bekannt, war mit einem Marienbild versehen worden und wurde gerne aufgesucht.

Es entstand zuerst eine „Waldkapelle", dann eine Lorettokapelle, 1886 kommt dann noch eine Lourdeskapelle hinzu. Bemerkenswerterweise findet sich überhaupt kein Hinweis auf irgendwelche kultischen Handlungen rund um den Klobenstein im „Wallfahrtsbüchlein", das dort noch heute verkauft wird. Sollte es wirklich derartiges nicht gegeben haben? Oder wird auch hier ängstlich vermieden, darauf hinzuweisen, weil das „Durchschlupfen" amtskirchlich vielfach nur auf Ablehnung gestoßen ist, ja sogar mit Strafsanktionen bedroht worden ist.

Trotzdem, ganz konnte man die „Magie" dieses Ortes doch nicht zum Verschwinden bringen. Die Lorettokirche rückt ganz nah an den Riesenfelsen heran, so dass zwischen Felsen und Kirche nur ein schmaler Durchgang mög-

lich ist. Wer dem östlichen Weg zur Kirche folgt, kommt beim Passieren der Kirche zu einer Verzweigung. Nach rechts geht es auf steinbelegten Stufen hinunter durch den Felsspalt, nach links öffnet sich eine schmale Türpforte in der Kirchenmauer, die ziemlich genau die Breite der natürlichen Schlucht hat und somit darauf Bezug nimmt. Beim Durchgang streift man unwillkürlich die Felswände. War hier wirklich kein Brauchtum damit verknüpft?
Wer von der unterhalb des Felsens liegenden Quelle kommend den Durchschlupf zelebriert, hatte wohl einst die Möglichkeit, nach seinem „unchristlichen Kult" wieder in den Schoß der Kirche aufgenommen zu werden – auch wenn es nur einen schmalen Einlass dort gibt.
Der Klobenstein muss in Zusammenhang mit der wenige Meter unterhalb liegenden Quelle gesehen werden. Auch sie ist mit einer Marien- bzw. Lourdeskapelle überbaut. Noch heute wird das heilsame Quellwasser besucht, getrunken und abgefüllt – ein elementarer Heilungs- und Reingungsprozess mit Fels und Wasser, der wohl ewig Bestand haben wird.

Die Schwarze Madonna in der Klobensteinkapelle deutet noch auf eine frühere Anbetung der heidnischen Mutter-Gottheit hin, wie es auch von vielen anderen Marienkultstätten (Altötting) bekannt ist. Es ist davon auszugehen, dass es sich bei allen Orten, an denen heute Menschen zur schwarzen

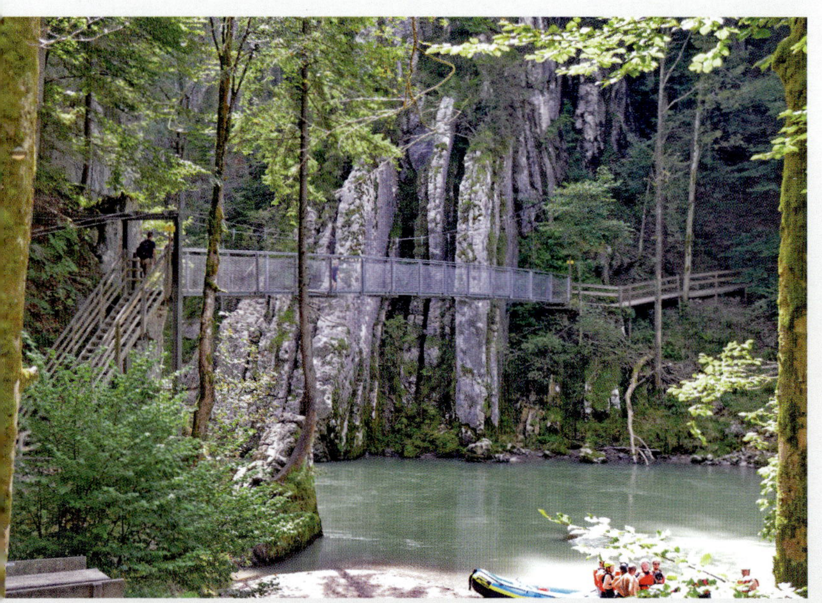

Hängebrücke über die Entenlochklamm hinüber zum Schmugglerweg.

Madonna beten um sehr alte Kultstätten aus heidnischen Zeiten handeln. Die Klobensteinkapelle besteht eigentlich aus zwei, mit einem überdachten Gang verbundenen Kapellen, der Marienkapelle und der Loretokapelle, die sich oberhalb des Klobensteins anschließen, während die Lourdeskapelle mit der Heilquelle am unteren Ende des Klobensteins steht.

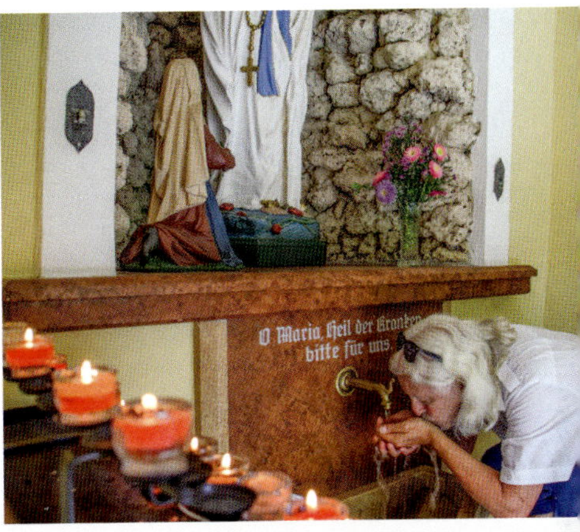

In der Brunnenkapelle.

„Eine echte Bethen-Wallfahrt – samt Schliefstein, Heiliger Quelle usw. – hat in Klobenstein in einem sehr dünnen katholischen Mäntelchen die Jahrhunderte überdauert. Im Zentrum – in der Loretokapelle steht eine zur „Schwarzen Madonna" uminterpretierte „Dunkle Urmutter" nach Art der keltischen Borbeth, wie sie sich rundum im ehemals keltischen oder keltisch beeinflussten Europa im Mittelpunkt vieler bedeutender Wallfahrten – von Loreto bis Altötting, von Chartres bis Tschenstochau, von Montserrat bis Einsiedeln – findet, mit Analogien, die bis nach Afrika und Asien reichen."...Die „Gnadenstatue" in der anschließenden „Maria-Hilf-Kapelle" ist eine besondere Zeugin für die Ironie der Geschichte in Bezug auf prähistorische Frauenkultplätze: Sie wurde erst im Jahr 1916 aufgestellt, weil sich damals herausstellte, dass die bislang dort verehrte „Schwarze Madonna", die im Volksmund „die Bayrische" genannt wurde, um auf die Verbindung zum uralten (Borbeth-) Heiligtum in Altötting hinzuweisen, gar kein Abbild der Maria war! Unter den barocken Kleidern des Gnadenbildes steckte „Urmutter" Anna mit einer ihrer angeblich „Drei Marien" auf dem Arm. Die bislang wundertätige Figur galt ab sofort als zu „derb" und verschwand „in Verwahrung"! So wirkt heute eine „echtere" Maria ihre Wunder!"[1]

Um die ganze Kraft und Magie jenes Ortes zu erfahren, empfehle ich zuerst die Quelle aufzusuchen, sich dort zu reinigen und zu stärken – gegebenenfalls das Wasser in seiner Heilkraft zu nutzen und – natürlich – dem Quellgeist Dank zu sagen (Opfergabe). Danach geht es hinauf zum mächtigen gespaltenen Felsen, dem Klobenstein. Vor dem Durchschreiten (Durchschlupfen, Durchschliefen) nochmals innehalten und Kontakt mit dem Felsgeist auf-

1 Dr. Georg Rohrecker zum Kraftplatz Maria Klobenstein auf seiner früheren Website www.diekelten.at/klobenstein, die nach seinem Tod im Jahre 2009 nicht mehr aktiv ist

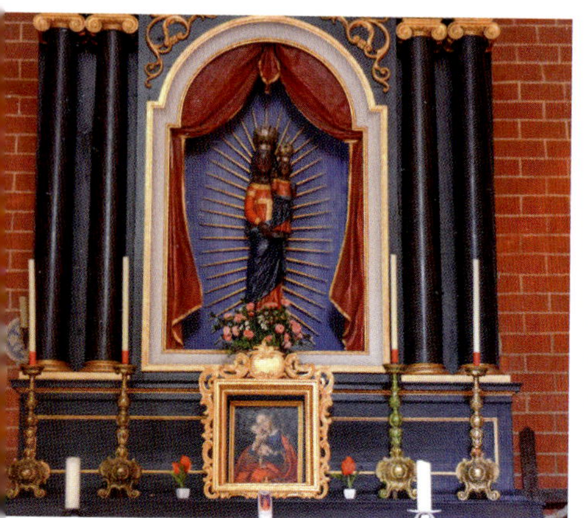

Schwarze Madonna.

nehmen und ihm sein Anliegen, seine Sorgen und Wünsche anvertrauen. Schließlich gilt es langsam im Spalt nach oben (Richtung Kapelle) aufzusteigen, in der Mitte des Spaltweges innehalten, mit beiden Händen Kontakt durch Berührung des Kultfelsen herstellen, meditieren, beten, singen o.ä. und schließlich nach oben aussteigen.

Nun führt uns der weitere Weg in zehn Minuten hinunter an das wilde Wasser der Tiroler Achen. Eine breite Kiesbank lädt zum Verweilen ein. Hier am Ufer sucht man sich einen ruhigen Platz und lässt den elementaren Stein- und Wasserkult nachwirken. Das Wasserrauschen der engen Entenlochklamm, das Raunen der mächtigen Bäume zu beiden Seiten der Ache, das lebendige Treiben der Wassersportler und die eindrucksvolle Hängebrücke bieten ein komplexes visuelles und auditives Erleben an. Die Anderswelt liegt ja nur 100 m höher.

Und zum Abschluss bietet sich eine Einkehr im wildromantischen Gasthaus Klobenstein, einem kulinarischen Kraftort, an. In diesen historischen Mauern lebte einst ein Einsiedler und das heilsame Wasser des benachbarten Gnadenbrünnleins wird auch hierher geleitet.

Zugang: Von Schleching aus fahren wir über die B 307 vier km Richtung Kössen (Tirol) und parken 400 m nach der bayerischen Grenze auf der rechten Seite unterhalb der Straße. Es gibt insgesamt zwei kleine Parkplätze entlang der Straße. (Klobensteinerstraße 73, A-6345 Kössen/Österreich).

Ausgangsort	Parkplatz Klobenstein
Hinweg	10 Minuten, Weiterweg bzw. Abstieg zur Entenlochklamm weitere 10 Minuten
Gelände	unschwierig
Gasthaus	Gasthaus Klobenstein, Öffnungszeiten vorher erfragen
Sage	Die Entstehung des Klobensteins *(verschiedene Sagen)*

SCAN ME

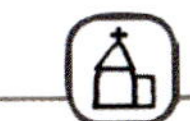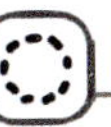

Schlupfstein Sankt Wolfgang

:: Ein Zauberstein schenkt Kinder ::

Wieder einmal hat sich die Kirche einen heidnischen Kultort angeeignet, in dem sie einen Stein in ihr Innerstes brachte und dem heiligen „Steinerweicher" Wolfgang überschrieb. Schließlich, so besagt die Legende, hat hier einst der Teufel gewirkt. Die Wolfgangskirche war einmal die letzte Station auf bayerischem Boden des mittelalterlichen Pilgerweges, der von Franken über Velburg in der Oberpfalz, Regensburg und St. Wolfgang bei Dorfen zum größten Wolfgangi-Wallfahrtsort an dem nach dem heiligen Bischof von Regensburg benannten Wolfgangsee im Salzkammergut führte.
Während es von der kleinen gotischen Kirche heißt, sie wäre im 13. Jahrhundert erbaut worden, wird in den Wallfahrtsüberlieferungen ersichtlich, dass sie bereits im 10. Jahrhundert existierte.
Der heilige Wolfgang findet sich als Figur in der Mitte des Hochaltars sowie auf den Tafelbildern an der Emporbrüstung wieder und scheint über den eigentlichen Kultgegenstand zu seinen Füßen zu wachen. Ein – vermutlich durch Gletscherschliff – ausgehöhlter großer Stein mit roter dreiteiliger Marmorbrüstung vor den Stufen zum Hochaltar verrät die lange Tradition des Glaubens an den heiligen Wolfgang.

Eine Inschrift lautet:
„Wahrer Ort und Merkhmal so allhier H. Bischoff Wolffgangus in einer Durchreiß bey genohmender Rasst in den Stein als ein Zeichen unterlassen hat."

Nicht die Kraft der Natur soll also den Stein geformt haben, sondern der Bischof bei einer Rast auf einer seiner zahllosen Reisen. Im Kirchenführer von Kloster Baumburg, das die Kirche betreut, ist wie folgt nachzulesen:
„Diese Brüstung umschließt einen Felsbrocken im Kirchenboden mit seltsamen Schrunden und Löchern. In der rechten Seitenwand der Balustrade ist über dem Boden ein halbkreisförmiges Loch, durch das ein schlanker Mensch gerade noch kriechen kann. Es ist ein sogenannter Schlupfstein, der nach altem Volksglauben jedem Pilger bei Kreuzschmerzen half, wenn er hindurchkroch."

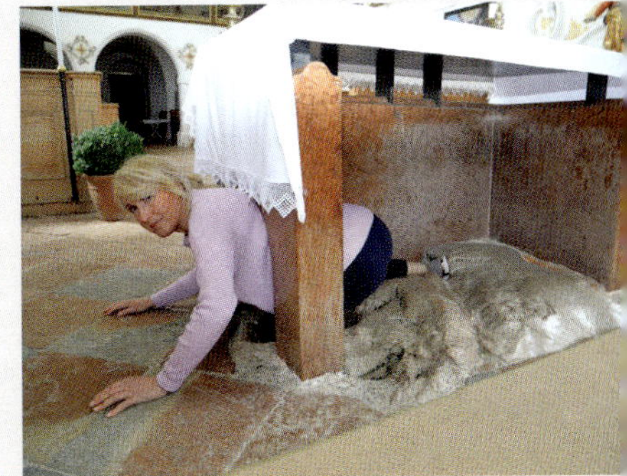

Mesnerin Barbara Schleifer beim Durchschlupfen. (©Erzbistum München-Freising)

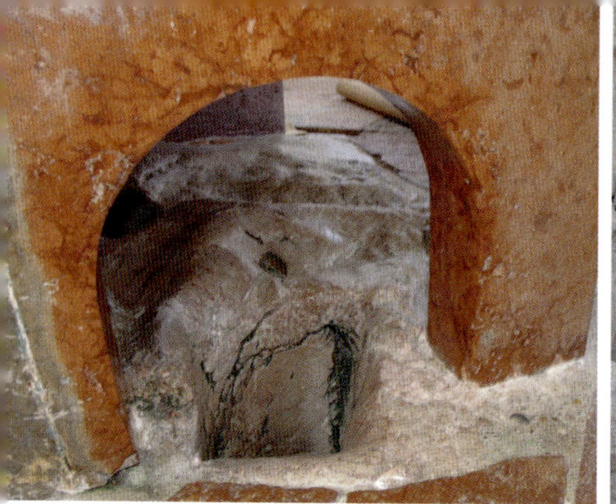
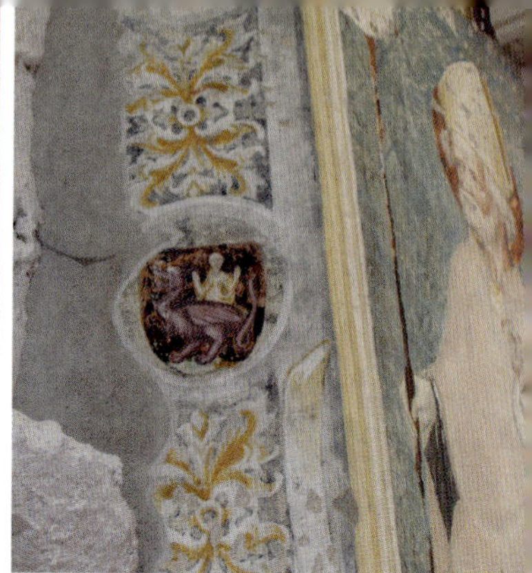

Der Durchschlupf am Altar, altes Fresko im Kircheninneren.

Heilung wurde an diesem Ort immer schon erfahren, was an den zahlreichen Votivbildern zu erkennen ist. Leider haben viele Votivbilder die Zeit der Aufklärung und der Säkularisation nicht überdauert.
An der rechten Seite des Marmors ist ein kreisrundes Loch, ein sogenannter Schlupfstein zum Durchkriechen bei Rückenleiden, Kinderwunsch und sonstigen Beschwerden. Den Durchschlupf gibt es seit dem frühen 18. Jahrhundert. Es gibt Hinweise, dass die Kirche bereits in vorchristlicher Zeit ein Kultort war. Wir haben bei unserem Besuch in der St. Wolfgangs-Kirche das Glück gehabt, die Mesnerin, Frau Barbara Schleifer, anzutreffen, die uns sofort sehr bereitwillig das „richtige Durchschlupfen" zeigte und uns nochmals über die Kraft des Steines erzählte. Insbesondere als Fruchtbarkeitsstein sei er sehr geeignet:
„Ich kenne bereits drei Familien, die erst nach diesem Durchschlupfen mit einem Kindersegen belohnt wurden. Alle drei Damen waren schon an die 40 Jahre alt und waren vorher unglücklich kinderlos. Und Männer könnten diesen Schlupfstein zum Abstreifen von Kreuzschmerzen und Rückenleiden nützen.Manche Menschen sitzen stundenlang in der Kirche. Sie meditieren und beten und schlupfen anschließend durch. Viele erzählen, sie fühlen sich anschließend leichter und besser."
Durch das Durchschlupfen oder Durchkriechen in gebückter Haltung durch diese Öffnung wird die Heilkraft des Steines auf den Menschen übertragen. Natürlich ist mit der Berührung des Steines auch die Erwartung einer Heilung verbunden. Weiters erzählte uns Frau Schleifer, dass Wünschelrutengeher/Radiästheten eine besondere Kraft an diesem Stein bestätigen können.
In dem Buch „Sagen aus dem Chiemgau"[1] findet sich noch eine andere, interessante Deutung für den Schlupfstein: „In früheren Zeiten galten Schlupfsteine als Zaubersteine, bei denen Menschen beim Hindurchzwängen ihre körperlichen Mängel gleich einer Schlangenhaut abstreifen konnten."

1 Gisela Schinzel-Penth – Sagen aus dem Chiemgau, Ambro Lacus Verlag, München, Seite 188

Ein weiterer Steinblock mit Vertiefungen befindet sich in der Vorhalle der Kirche im Turm-Erdgeschoss. Dieser ebenfalls muldenartig verformte Stein nahe dem Eingang soll ein weiterer Fußabdruck des Heiligen Wolfgang sein. Ähnliche Steine gibt es auch in anderen dem heiligen Wolfgang geweihten Wallfahrtskirchen. Sie stehen in einem engen Zusammenhang mit der Wolfgangslegende, die berichtet, dass sich der Heilige eines Tages als Bußübung die Hände an einem Felsen blutig schlagen wollte, wobei der Stein wie Wachs nachgegeben habe, so, dass Vertiefungen in diesem Stein entstanden seien.

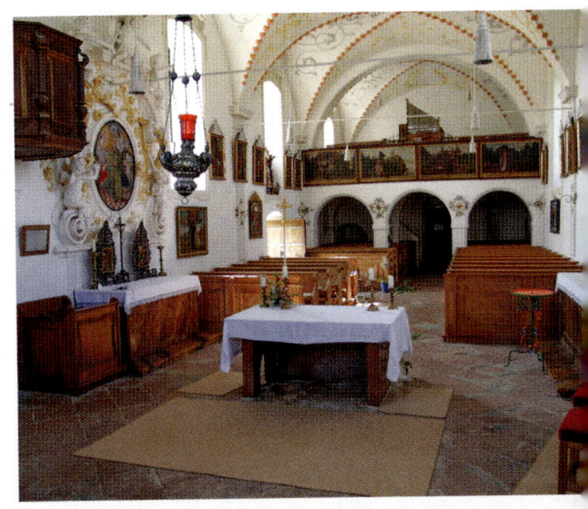

Der marmorne Altartisch verbirgt den Schlupfstein.

Von den vielen Wallfahrerzügen der Vergangenheit blieb nur einer bis heute bestehen: Die im Jahre 1675 wegen einer Viehseuche gelobte Fußwallfahrt der Pfarrei Aschau wird noch jedes Jahr an Pfingsten durchgeführt.

Das Durchschlüpfen ist nur mit fachkundiger Anleitung im Rahmen einer Führung möglich, da Verletzungsgefahr besteht.

Zugang: Wenn man auf der Bundesstraße 304 von Altenmarkt nach Obing/ Rabenden fährt, sieht man etwa nach fünf Minuten schon von weitem auf dem Höhenzug rechts der Straße die kleine gotische Kirche mit ihrem schindelgedeckten Steildach. Rechts abzweigend folgen wir dem Wegweiser nach „Berg, St. Wolfgang“ und fahren kurz hinauf auf den Höhenzug, der die alte Salzstraße – die heutige B304 – begleitet.

Ausgangsort	Parkplatz Kirche, St. Wolfgang 5, 83352 Altenmarkt an der Alz *(Im Mesnerhaus daneben um Kirchenöffnung bitten.)*
Hinweg	1 Min.
Gelände	unschwierig
Gasthaus	--
Sage	Der Schlupfstein in Sankt Wolfgang Der Teufel in Sankt Wolfgang

SCAN ME

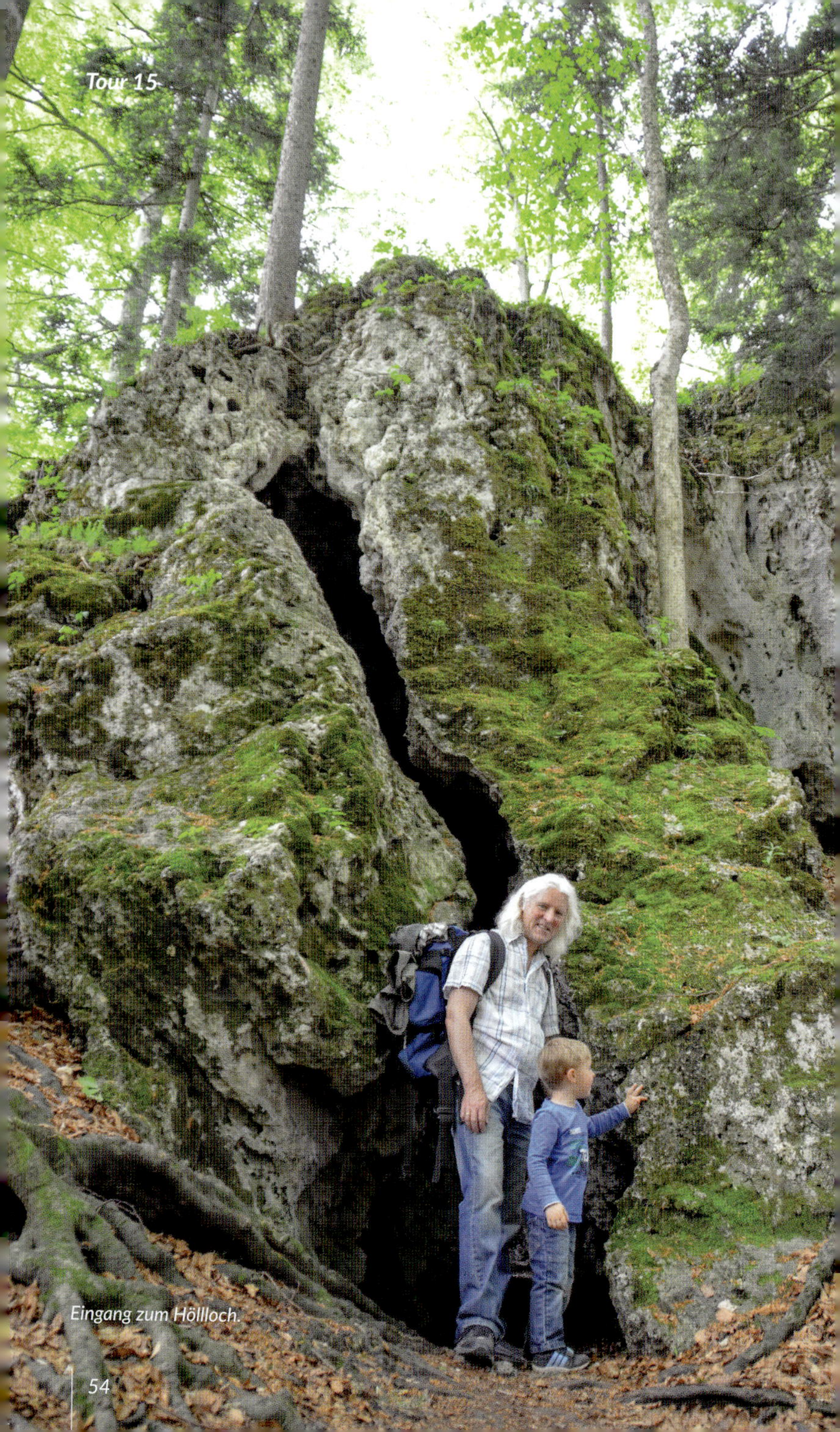

Eingang zum Höllloch.

Das Höllloch am Engelstein, 860 m

:: Lager- und Wirkstätte der Wildfrauen ::

Östlich des Engelsteins ragt auf dem Rücken des Waldes eine Art Zwillingsfels aus dem Waldboden, in dem sich das Höllloch (links halten) versteckt. Der Höhleneingang gleicht einem Durchschlupffelsen. Es ist ein ca. acht Meter langer Felsspalt, eine Art Canyonrest durch den wir leicht absteigend in das Höllloch kommen und zugleich zur Kirche, wie der größte Raum der Höhle mit Himmelsblick genannt wird.
Die Höhle selbst befindet sich meist in einem sauberen Zustand und lädt mit seinem idyllischen Lagerfeuerplatz zum Verweilen ein.
Der Höhlenraum öffnet sich Richtung Hochfelln in einer Art Balkon, durch dicke Baumstämme in Bodenhöhe geschützt, welcher der Sonne Einlass bietet und am steil anschließenden Graben eine weitere Höhle, wenige Meter unterhalb erkennen lässt und über einen steilen Pfad erreichbar ist.

Wildfrauen, deren Namen mit Engela (vermutlich Namensgeberin für den Engelstein), Hatzige und Willibirga überliefert werden, sollen hier in einem Schloss gewohnt und ihre Schätze bewahrt haben. Sie ließen sie durch eine Schlange (Symbol für Sexualität, Verführung und Heilkunst) und einen schwarzen Hund (der Höllenhund als Wächter der Unterwelt) bewachen. Wie in unzähligen Sagen beschrieben, war es auch hier wohl wieder das Sagenmuster um die Heilkraft weiser Frauen, die sie hüteten. Dank ihrer besonderen Verführungskünste bei den Männern der Region galten sie zudem als böse Hexen.
In den griechischen Heiltempeln, die dem Gott Asklepios geweiht waren, wurden einst Schlangen gehalten und gelten bis heute als Symboltiere für die Heilkunst. Weltweit wurden Schlangen in vielen Kulturen auch mit Göttern in Verbindung gebracht. An diesem alpinen Ort sollten wir daher an die Bergmutter Percht denken, für die die Wildfrauen als Priesterinnen tätig waren. Vielleicht fanden die Heilsuchenden bei den Wildfrauen vom Engelstein ihren Heilschlaf in diesem Höhlentempel, wie es von dem griechischen Asklepiosritual überliefert wird.
Und wie wir es von vielen anderen Kultorten kennen, wurden insbesondere im Mittelalter heidnische Riten und deren Anwender verdammt und dämonisiert. Im Berg der Engela wurde also verführt und geheilt – das konnte also nur ein höllisches Gebaren sein.
Ich kann mir gut vorstellen, dass dieser luftige und energetische Ort der Unterwelt mit entsprechender therapeutischer Begleitung eines Heilsuchenden – vielleicht durch einen Schamanen – wieder zu seiner ursprünglichen Erd-

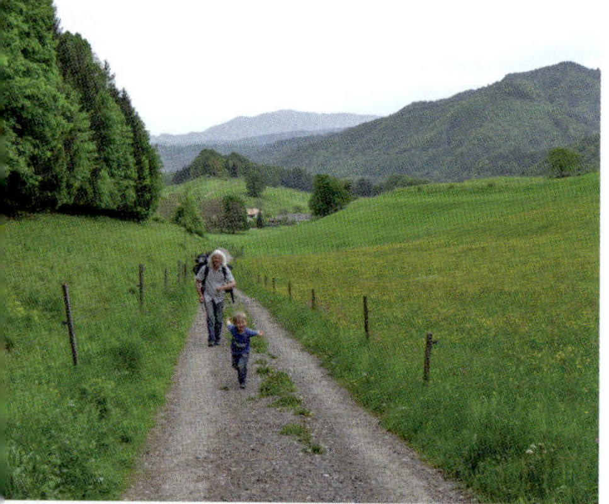

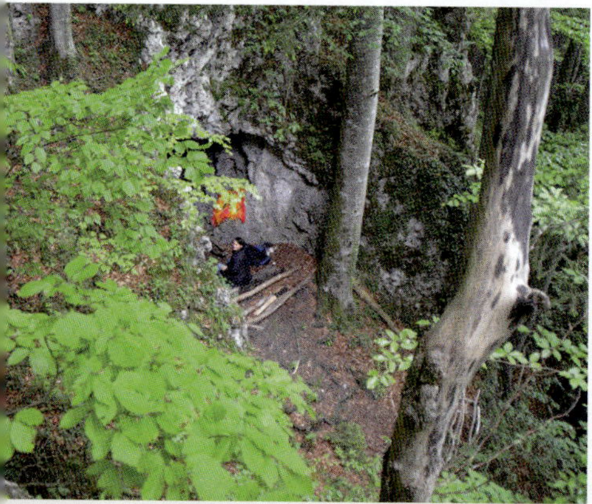

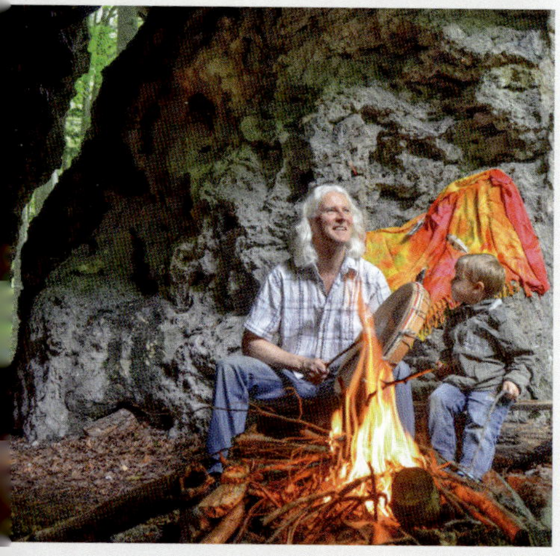

mutterkraft erblüht, in der dunklen Unterwelt mit lichtem Blick in den Himmel und in die Berge. Von einem dreistämmingen, teilweise ausgehölten Baum am Fuße des Engelstein heißt es, er sei ein Wunschbaum. Steinkult und Baumkult liegen unmittelbar nebeneinander. Viele Abenteurer und Alpenindianer suchen offensichtlich das Höllloch regelmäßig auf, wie entsprechende Naturkunstwerke dort bezeugen. Ein wunderbarer Ort zur Einkehr in die Unterwelt, zur Verbindung mit Erde und Himmel, zum Gebet und zur Meditation. Der Engelstein selbst bleibt den Klettersportler überlassen.

Zugang: Von Bergen kommend an der Talstation der **Hochfellnseilbahn** zweigt kurz darauf eine beschilderte schmale und steile Straße nach **Pattenberg** ab. Im Weiler Pattenberg beim ehemaligen Berggasthof parken. Am Gasthof links vorbei dem beschilderten Weg Nr. 12 zum Engelstein folgen. Neben dem Damwildgehege aufwärts bis zum Waldrand, jetzt links immer dem Forstweg folgen bis zum Schluss ein kleiner Steig in den Wald hinauf zum **Engelstein** führt.

Von oben nach unten: Im Anstieg von Pattenberg, Höllloch und Trommel und Gesang im Höllloch zu Ehren der Wildfrauen.

Sage von Friedrich Panzer:

Der Engelstein bey Bergen in Oberbayern — mündliche Überlieferung

Engelstein heisst ein schöner Felsen mit zwei Spitzen von welchen vor vielen Jahren eine abgebrochen worden ist. In diesem Felsen sind tiefe Hölen. Den Eingang in dieselben bildet eine tiefe abwärts gehende Höle, welche man das Hölloch heisst. Einige Stufen waren noch sichtbar. Ein Raum 7 fuss lang, 5 fuss breit und ziemlich hoch heisst die Kirche. Nahe bey dieser ist eine Küche mit dem Herdstein. In diesen Hölen, weiss die Sage, wohnten vor undenklichen Zeiten drei Fraülein welche die wilden Frauen genannt wurden. Von einer Felsenspitze zur anderen spannten die wilden Frauen ein Seil, auf welchem sie spielten und tanzten. Das sahen alte Leute sehr oft.

Eine der wilden Frauen liebte den Gieselbauer auf dem Battenberge welcher einen Gürtel hatte. Die wilde Frau sagte ihm er soll seiner Frau den Gürtel umbinden. Da aber der Bauer Unheil ahnte, so band er den Gürtel zuvor um einen Baum, welcher von demselben sogleich zerrissen wurde.

Eine der wilden Frauen verstand die Heilung der Kranken. Bisweilen hörte man aus der Tiefe schönen Gesang. Wenn die Bauern mit der Heuerndte beschäftiget waren, hörten sie einen Hahn aus der Tiefe krähen und sie glaubten es sey eine Hühnersteige in den Hölen. In denselben liegt ein grosser Schatz in einer eisernen Kiste verborgen. Auf dieser lag eine Schlange mit einem Schlüssel im Maul. Vor dem Hölloch sass ein schwarzer Hund mit grossen feuerigen Augen. Auch sah man häufig nachts ein grosses schwarzes Pferd mit weisser Bläss aus dem Hölloch kommen und auf die Weide gehen.

Ausgang	Weiler Pattenberg *(beim ehemaligen Gasthof Pattenberg)*
Hinweg	30 Minuten
Gelände	unschwierig
Jahreszeit	April bis Oktober
Gasthaus	--
Sagen	Der Engelstein bei Bergen Die wilden Frauen vom Engelstein Frau Engela vom Engelstein Der Schatz im Engelstein Das schwarze Ross beim Höllloch am Engelstein

SCAN ME

16
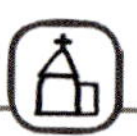
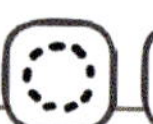

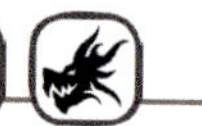

Heilquelle bei der Abendmahlkapelle Bucha

:: Ein Quellheiligtum auf 725 m ::

Ein Bilderbuchszenario für Legendenbildung und einen in der menschlichen Kulturgeschichte gewachsenen Kraftort und Kultplatz:
Aus Dankbarkeit für die Genesung der Pferde eines Bauern aus der Aschauer Gegend hat dieser im 17. Jahrhundert eine Votivtafel mit Abendmahlmotiv an einem Baum neben der Quelle angebracht, die schließlich für die im selben Jahrhundert erbaute Kapelle als Altarbild Verwendung fand. Grund für den Sakralbau sei darüberhinaus die Heilung eines schwerverletzten Schlossergesellen gewesen, was wiederum zur Entstehung einer Wallfahrt führte und in der Neuzeit zum Kreuzwegbau.
Die Wallfahrer hätten sich stets an der Heilquelle gelabt und ihr wundersames Wasser abgefüllt und mit nach Hause genommen. Wieder einmal sei das Wasser insbesondere zu Augenheilzwecken verwendet worden – ein Hinweis darauf, dass von der umfassenden Heilkraft des Wassers und dem Pilgerziel als solches abgelenkt und die Besucher in die Kapelle zum Gottesdienst geleitet werden sollten.
Vermutlich schon zu Zeiten der keltischen Besiedelung des Chiemgaus war diese besondere Quelle bekannt. Der Ortsname Bucha lässt sich aus dem Keltischen für ein gebirgiges Waldgebiet ableiten.

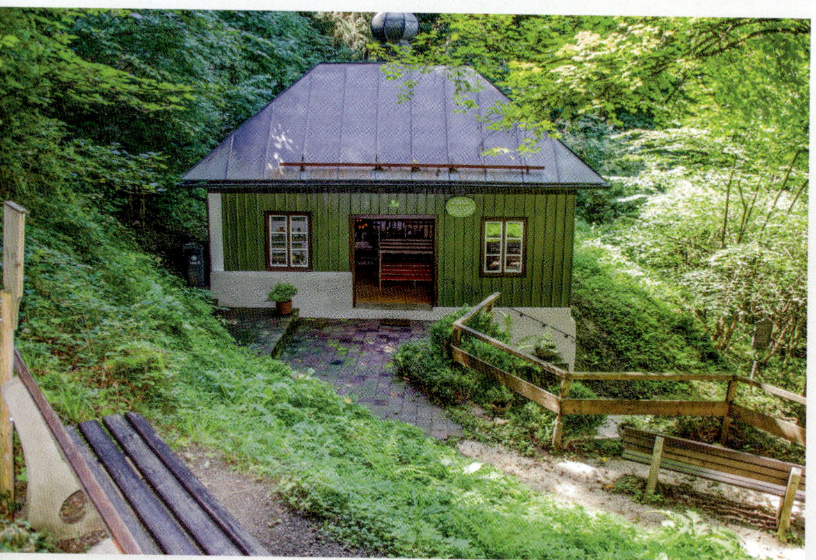

Abendmahlkapelle

Zugang: Vom Aschauer Ortsteil Bucha (Parkmöglichkeit entlang der Dorfstraße) führt ein zunächst sehr steiler schattiger Forstweg hinauf zu der Anhöhe mit der Abendmahlkapelle. Ein sogenannter Kreuzweg leitet mit seinen Kreuzwegstationen den Wanderer zum Ziel. Die waldige Anhöhe, als Nordausläufer des Haindorfer Berges (einem Vorberg der Kampenwand) wird in manchen Karten auch als Abendmahlberg bezeichnet und macht die christliche Einnahme eines heidnischen Kultplatzes und Kraftortes deutlich.

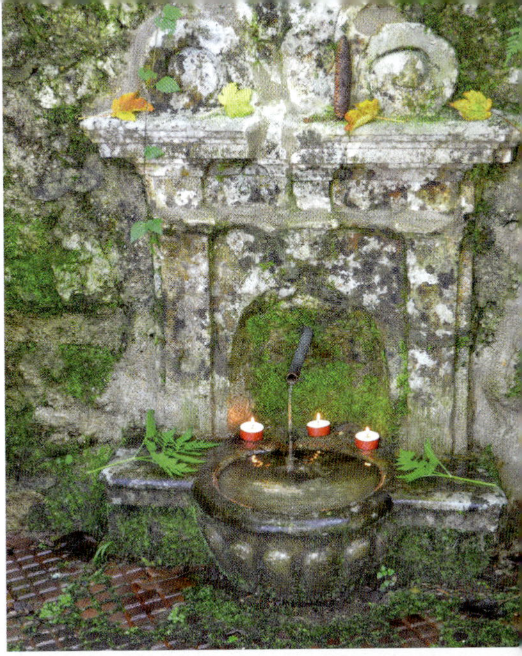

Quelle am Vorplatz der Abendmahlkapelle Bucha.

Die eigentliche Quelle befindet sich linksseitig kurz vor der Kapelle in einer ansprechenden Marmorfassung aus dem Jahre 1620. Die Kapelle selbst ist noch mit einer Lourdesgrotte ausgestattet. Viele Votivtafeln im Inneren zeugen von wundersamen Heilungen an diesem Ort, der durch die Kraft des Quellwassers bestimmt wird. Einige Ruhebänke oberhalb der Quelle laden ein, sich auf das Wald- und Wasseridyll einzulassen und sich mit dem Ortsgeist vertraut zu machen, was in der Stille des Waldes rasch gelingt. Ein Schluck des kostbaren Wassers erfrischt nicht nur, sondern kräftigt und wirkt auf unseren Organismus heilsam. Daher empfehle ich an solchen Orten stets – nach der geistigen Kontaktaufnahme – ein Dankesgeschenk zurückzulassen. Kurz unterhalb der Quelle/Kapelle zweigt ein lohnenswerter Weg zum Seiserhof ab, der von hier bequem in einer guten halben Stunde erreichbar ist. Das dortige Restaurant und Café bietet von der großen Terrasse einen wahrhaft atemberaubenden Blick auf das „Bayerische Meer" – den Chiemsee.

Ausgangsort	Bucha (Ortsteil von Aschau)
Hinweg	40 Minuten, Abstecher zum Seiserhof zusätzliche 40 Minuten
Gelände	unschwierig, aber anfangs steiler Forstweg
Gasthaus	Seiserhof
Sage	Die Abendmahlkapelle bei Aschau

SCAN ME

 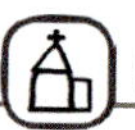 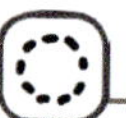   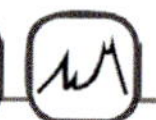

Klobenstein bei Traunstein

:: Magischer Kultstein am Flussufer ::

Manchmal scheint die Natur der menschlichen Vereinnahmung von Kraftorten und Kultplätzen einen Strich durch die Rechnung zu machen. Diese Beobachtung machte ich u.a. bereits vor vielen Jahren (2008) beim Durchschlupffelsen vom Falkenstein am Wolfgangsee, der von einer Wolfgangskapelle überbaut wurde. Ein mächtiger Felsen stürzte damals durch das Kapellendach und kam knapp neben dem Eingang zum Altarraum zu liegen.

Im Herbst 2018 stürzte eine imposante Kiefer neben dem **Klobenstein** infolge eines Sturmes auf die Marienkapelle, die oben am Felsen thront und zerstörte große Teile des Sakralbaus. Die Kapelle wurde direkt in den Nagelfluhfelsen eingebaut. Ihre Rückwand bildet der Felsen, aus dem eine mit Nagelfluhplatten ausgekleidete Altarnische ausgebrochen wurde.

Die Kiefer fungierte bis zu diesem Zeitpunkt als Wächterbaum, der mit dem gespaltenen Felsen eine Symbiose eingegangen war und zunächst prüfte, wer sich dem besonderen Ort näherte. Was mag ihn dazu veranlasst haben, sich zu opfern und die Kapelle zu zerstören und damit gleichzeitig den Zugang für die christlichen Gläubigen zu versperren? Vielleicht mögen die Besucher

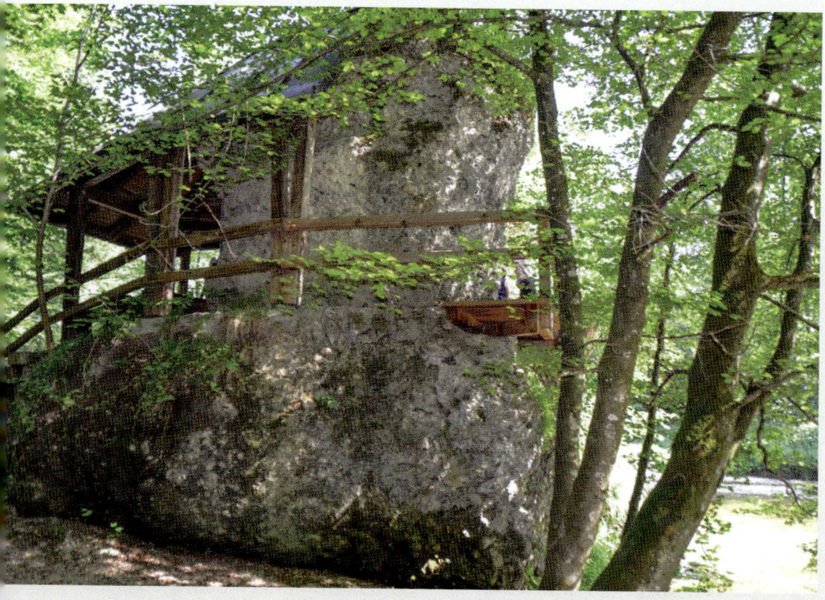

Der Klobenstein mit der Marienkapelle am Traunufer gelegen.

wieder ihren Fokus auf das „Wesentliche" richten – den mächtigen gespaltenen Felsen mit seiner einzigartigen Naturkraft, der einlädt zur Einkehr, zur Inspiration, zum Heilwerden, zur Initiation – je nach Bedarf.

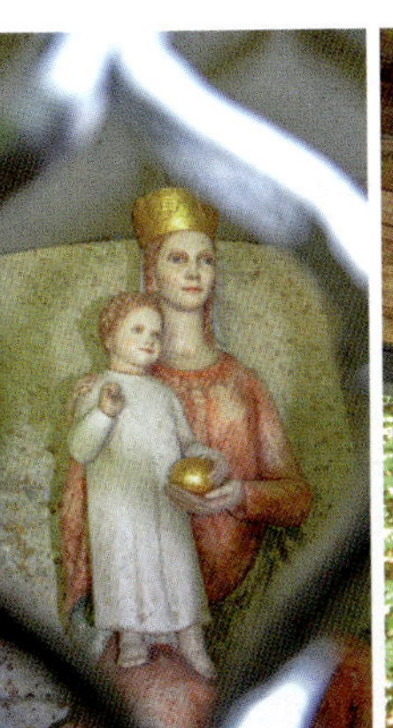

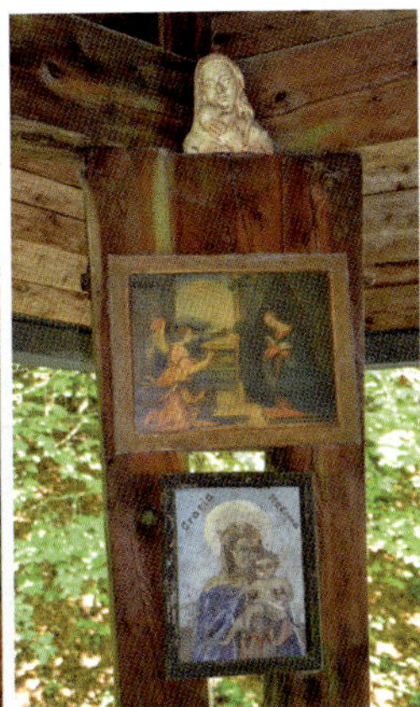

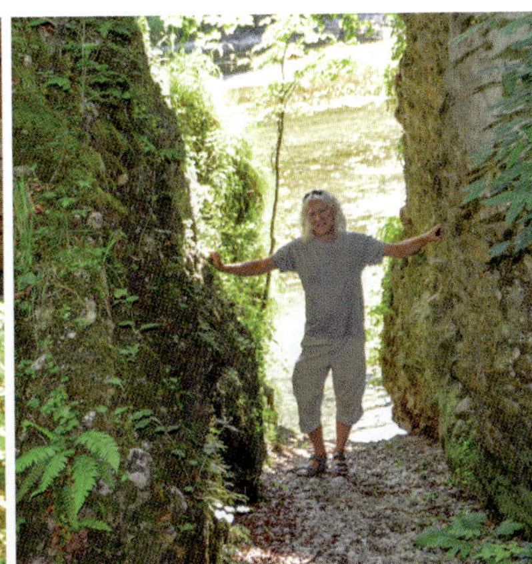

Impressionen vom Klobenstein. Rechts der Autor in der Felsspalte.

Der Klobenstein ist vermutlich aus der oberhalb befindlichen Felswand ausgebrochen und in zwei Teilen am Fluss zu liegen gekommen.Eine in den Stein gehauene Treppe führt auf den Größeren der beiden Felsen, von wo sich von einer Plattform aus eine schöne Aussicht über die Flusslandschaft und die Wälder bietet. Am zweiten Felsblock wurde mit einer Marienkapelle ein christlicher Kultort geschaffen. Doch zwischen den beiden Felsen zeigt sich im Spalt der ursprüngliche Naturkraftort mit seiner Durchschlupfmöglichkeit. Der breite Felsspalt führt vom Wanderweg kommend aus von Westen nach Osten – also Richtung Sonnenaufgang. Der frühe Morgen mag daher die geeignetste Zeit für Rituale/Kulte sein.

Die Klobensteinsage (s.u.) eines wundersam erretteten Ritters versucht wieder einmal besondere Naturkräfte im christlichen Gewand als religiös begründet zu interpretieren, um nicht Magie und Kultentstehung erklären zu müssen.

Im 19. Jahrhundert wurde eine erste hölzerne Einsiedlerklause am Fuße der nahen Felswand errichtet und im 20. Jahrhundert eine weitere neu erbaut. Die Klause war nur zeitweise von einem Einsiedler (Klausner) bewohnt und wurde 1944 komplett abgerissen.

Zugang: Wir spazieren vom Parkplatz bei den Empfinger Schrebergärten nordwärts, passieren bald die Kläranlage und kommen flussabwärts entlang der Traun in ein Waldstück. Am Hinweg ist schon bald in der Ferne der Klobenstein am Ufer zu sehen, den wir nach 600 m schließlich bequem erreicht habe. Der mystische Spaltfelsen liegt unterhalb einer hohen Nagelfluhwand direkt am linken Traunufer. Hier ansetzende Altwasserarme unterstreichen die wildromantische Flusslandschaft. Es bietet sich der Weiterweg flussabwärts als Rundweg entlang der ehemaligen Panzerstraße an. Leider hat hier die Ortsumfahrung von Traunstein mit der gewaltigen Trauntalbrücke viel von dem einstigen Naturidyll zerstört. Auf Höhe der Brücke geht es in einer Schleife nach links hinauf und auf Forstwegen ebenfalls links haltend oberhalb der Traun zurück. Es empfiehlt sich, dann die beschilderte Steiltreppe zum Klobenstein wieder hinab zu steigen und vom Klobenstein den schmalen Weg entlang des idyllischen Altwassers mit seiner unberührten Natur Richtung Empfing-Parkplatz zurück zu gehen.

Die Wanderung zum Klobenstein lässt sich gut mit den Touren 41 und 47 zur Empfinger Augenkapelle und zum Kalten Brunnen kombinieren bzw. erweitern.

„Ein Ritter kam einmal auf der Flucht an dieser Stelle vorüber. Das Ross trug ihn kaum mehr, schon hörte er die Verfolger hinter sich herausstürmen. Da warf er sich in höchster Not vor einem Muttergottesbild nieder, das hier an der Steilwand des Ufers befestigt war. Plötzlich löste sich hoch oben ein Felsblock und stürzte donnernd herab. Ein paar Schritte vor dem zu Tode erschrockenen spaltete sich der Stein in zwei Teile, so dass der Ritter unversehrt in der Lücke kniete. Als die Verfolger kamen, sahen sie wohl den geklobenen Fels, ahnten aber nicht, daß hier der Gesuchte verborgen war. So wurde der Ritter gerettet."

Infotafel am Klobenstein zur Sage aus dem Pfarrarchiv Heilig Kreuz, Traunstein

---

Ausgangsort	Parkplatz Empfing Schrebergärten
Hinweg	30 Minunten
Rundweg	1,5 Stunden
Gelände	unschwierig
Gasthaus	--
Sage	Wie der Klobenstein bei Traunstein entstand

Schoßrinn-Wasserfall bei Aschau

:: Ein Blick hinter den Schleier ::

Wasserfälle üben oft eine magische Anziehungskraft aus. So sind es einerseits die negativen Ionen in seinem Umfeld, die ein besonderes Heilklima erzeugen, andererseits ist es eine Naturkraft, die alle Sinne anspricht. Der Anblick eines mächtigen Wasserfalls lädt ein zum Verweilen, zum Krafttanken und Meditieren. Der fast 100 m hohe, frei fallende Schoßrinnwasserfall gehört zu den besonderen Wasserkraftorten im Chiemgau. Er gilt als bedeutendes Geotop und Frauenkraftort.

Vom markanten Vorgipfel der Kampenwand, dem Tauron, der vom Schoßrinntal aus im Westen sichtbar ist, heißt es, dass dort schon die Kelten eine Art Almwirtschaft betrieben haben.

Der Name Schoßrinn soll sich aus der Schussrinne eines Wasserrades ableiten lassen. Bei der landschaftsmythologischen Betrachtung seines Umfeldes wird jedoch eher deutlich, warum hier das Wirken der Priesterinnen der Percht sich nicht nur ethymologisch manifestiert hat. Zwischen Weißenberg mit dem Weißenbach im Süden und dem Weiler Schwarzenstein am Schwarzensteinbach im Norden finden wir wieder das alpine „Schwarz-Weiß-Szenario“, in dem die schroffen Wasserfallwände genau in der Mitte den Schoß der Bergmutter öffnen. Diese Schwarz-Weiß-Symbolik ist wiederum ein Hinweis auf das Wirken der Wildfrauen – auch drei Bethen, Saligen und erklärt die bis heute andauernde Bedeutung als Frauenkraftort.

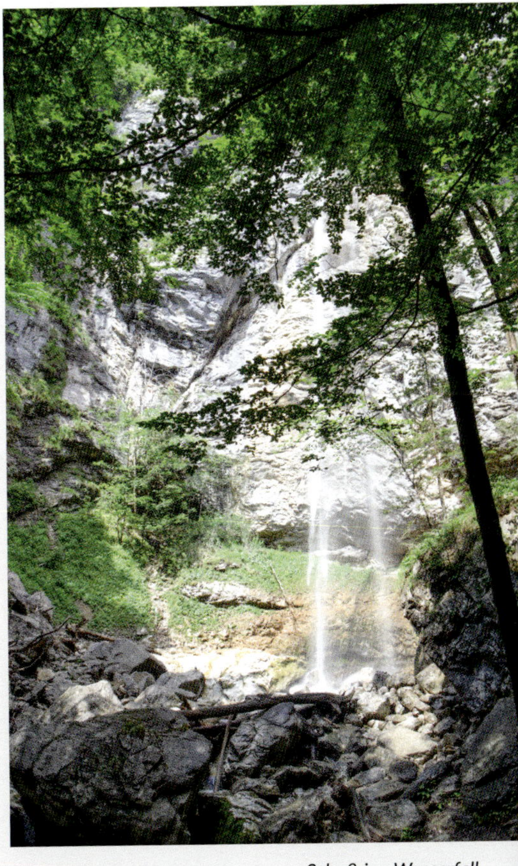

Schoßrinn Wasserfall.

„Und so wie die Percht der Alpenländer immer eine helle und eine dunkle Seite hatte, so werden auch den Saligen und Wildfrauen sowohl freundliche als auch unerbittlich strenge Züge nachgesagt. Dementsprechend spielt in vielen Sagen die Schwarz-Weiß-Symbolik eine Rolle (...) durch die Erwähnung weißer „Kindstüchel" und eines schwarzen Baches."

Erni Kutter

So verkörperte für die Menschen der Frühgeschichte ein Wasserfall den Urquell des Lebens, aus dem neues Leben geboren wird und an dessem Fuß die Frauen um Fruchtbarkeit baten und dem Quellgeist huldigten.
Um den archaischen Kult noch intensiver zu begehen, ermöglicht die Schoßrinn einen Blick hinter den (Wasser-) Schleier jener göttlichen Anderswelt. Umhüllt von Wasser und Fels, eingehüllt vom (weißen) Rauschen kann der

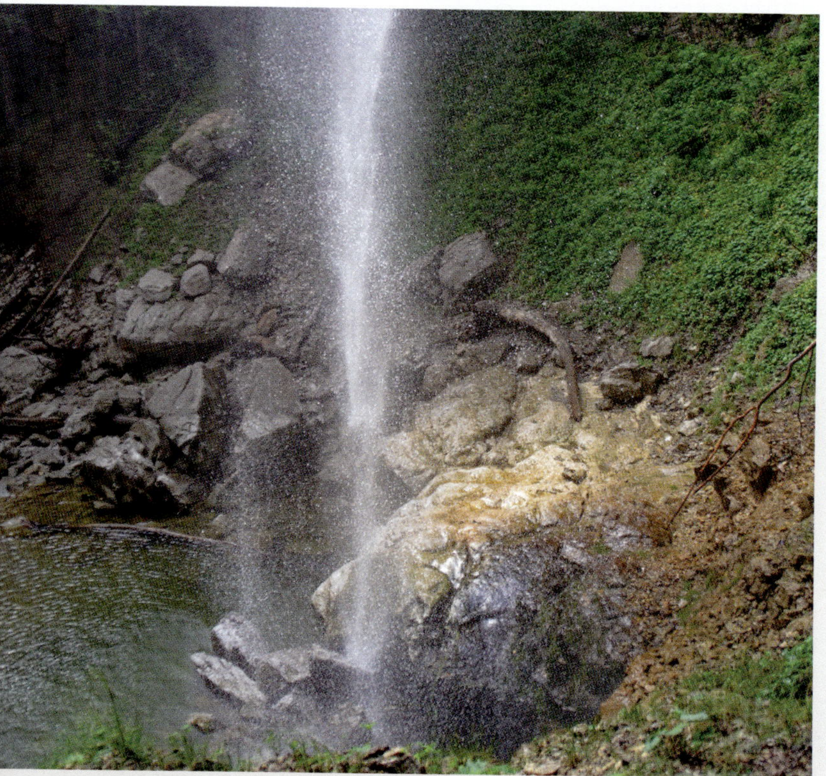

Blick durch den (Anderswelt-) Wasserfallschleier.

Besucher tief in jene nichtalltägliche Realität eintauchen – wie die Schamanen die Anderswelt bezeichnen. Hier ist die weibliche Energie der Urmutter gut zu erspüren und lässt Kraft tanken. Um jene wundervolle Erfahrung ungestört machen zu können, sollte der Wanderer/die Wanderin entweder den Vormittag erwählen, wenn der Sonnenaufgang zwischen Kampenwand/Tauron und Geigelstein den Wasserfall ins Licht führt oder die frühen Abendstunden, wenn Kinder und Erwachsene sich schon wieder zurückgezogen haben und die Bergeinsamkeit das Areal bestimmt. Dann sind aus dem Rauschen des Wasserfalls auch wieder die lockenden Stimmen zu hören, die einladen, sich dem Verständnis der Sprache der Natur zu stellen.

Zugang: Auf halber Strecke der Staatsstraße (St 2093) Aschau – Sachrang liegt bei Hainbach ein großer Wanderparkplatz auf der linken Seite. Am Nordende des Parkplatzes beginnt der beschilderte Weg zur Schoßrinn. Zunächst führt ein gemütlicher Wanderweg ca. 500 m entlang der Prien, von dem schon bald das letzte kurze Wegstück zum Wasserfall abzweigt. Kurz vor dem Wasserfall wird der Weg steiler und holpriger und das Rauschen des Wassers dominiert das Waldareal bis zum Felsenhalbrund mit seinem Wasserbecken. Ein ionisierter Wassernebel, der durch den Sog aus dem Kessel entsteht, spendet Frische und hat auf den menschlichen Körper eine therapeutische Wirkung. Je nach Sonnenstand bildet sich hier auch ein zauberhafter Regenbogen, der zudem wohltuend auf Geist und Seele wirkt.

Ein aufwärts weiter führender schmaler Steig bietet schließlich die Möglichkeit einige Meter oberhalb des kreisrunden Wasserfallbeckens mit seinem kristallklaren Wasser hinter den Wasserfall zu gelangen und sich einen geeigneten Ruheplatz zur Einkehr und zum Gespräch mit dem Wassergeist zu suchen.

Für Kinder ist das Becken des Wasserfalls ein abenteuerlicher Spielplatz, wo das Felsgelände erklettert und im Wasser geplantscht werden kann.

Ausgang	Hainbach Wanderparkplatz
Hinweg	30 Minuten
Gelände	unschwierig, im Bereich des Wasserfalls ist gutes Schuhwerk durch die feuchten und rutschigen Felsen empfehlenswert
Jahreszeit	April bis Oktober
Gasthaus	Café Wasserfall, Hainbach 41, 83229 Aschau
Sage	--

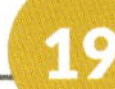 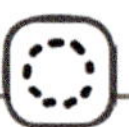 

Sankt-Michaelsgrotte, 1.160 m, bei Ruhpolding

:: Versteckter christlicher Höhlenkultort ::

Vor hundert Jahren entdeckte ein Bergsteiger diese natürliche Felsgrotte und es entwickelte sich aufgrund seiner Initiative an diesem besonderen Ort der Kraft rasch ein christlicher Kultort, der dem heiligen Michael geweiht wurde. In der grandiosen Bergeinsamkeit kamen die Pilger zum Beten und Einkehren in diese Felskapelle, die sich mit zahlreichen christlichen Kultobjekten (Altar mit Lourdesmadonna, Figur der heiligen Bernadette und des heiligen Michael, Kruzifix, Holzkreuze, Kerzen, Votivgaben) füllte. Einmal im Jahr findet sogar ein Gottesdienst dort statt.
Den Einheimischen ist die Michaelsgrotte bekannt, den Besuchern der Region noch kaum, was wohl auch an der fehlenden Ausschilderung liegt. Es ist noch ein stiller, einsamer und versteckter Erdmutterplatz, der sein Geheimnis noch lange wahren wird. Hier kann der Höhlengeist und die Bergmutter zu uns sprechen, wenn wir uns der Kraft des Gebetes widmen.
Die Michaelsgrotte befindet sich unterhalb des Strohnkopfes, einem Ausläufer des Hochfelln und ist von Ruhpolding aus zu erreichen. Im Ruhpoldinger Ortsteil Bacherwinkl führt eine (ausgeschilderte) schmale und teilweise sehr steile Bergstraße hinauf zur Steinbergalm.

Zugang: Der kürzeste Weg zur Grotte ist ab der Steinbergalm möglich, jedoch wenig empfehlenswert. Vom Gasthaus erblickt man im Südwesten

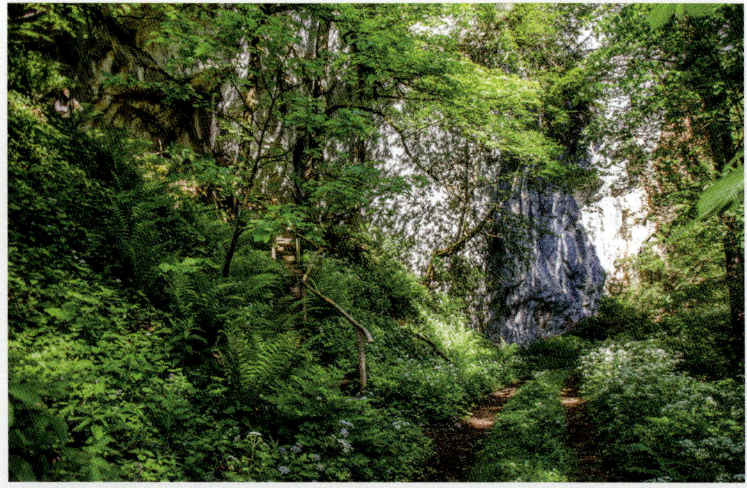

Schöne Wege führen zur Michaelsgrotte.

jene markante kleine Felswand oberhalb des Waldes. Nur gut 100 Höhenmeter trennen uns vom erstrebten Ziel, aber der schmale und teilweise steile Wald- und Wiesensteig wird nicht unterhalten, ist matschig und es sind kaum Steigspuren zu erkennen. Im Wald sind noch weiße Markierungen zu erkennen. Auch ist auf Weidevieh zu achten und ein Weidezaun muss überklettert werden.

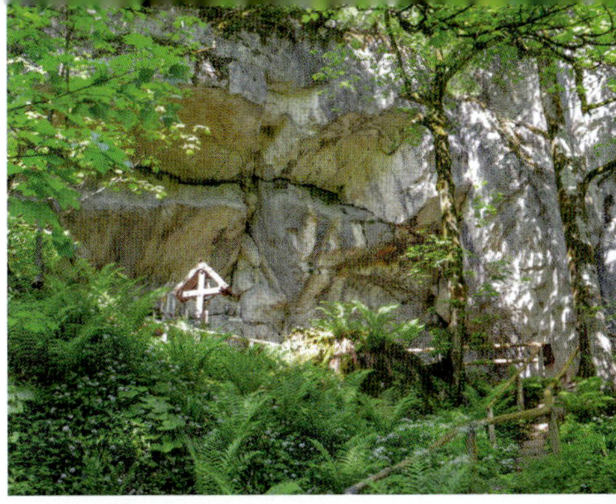

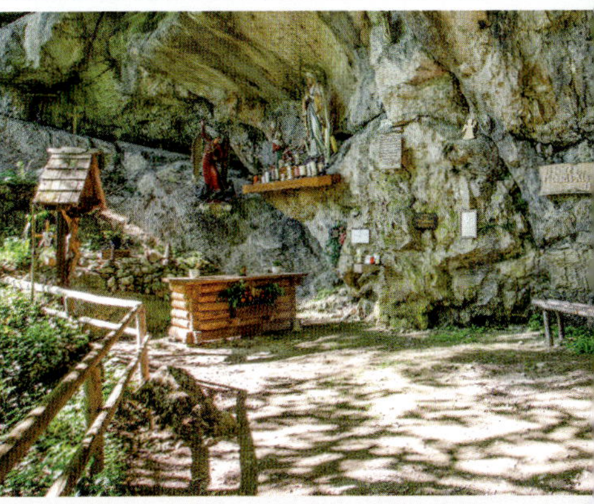

Michaelsgrotte.

Der bessere Weg beginnt 200 m vor der Steinbergalm auf der rechten Seite, in der letzten Kurve, bevor die Straße wieder den Wald verlässt. Hier ist ein kleiner Wanderparkplatz (990 m) und auf der gegenüberliegenden Seite setzt ein schmaler Steig durch den Wald aufwärts führend (beschildert Richtung Steinbergwald) an. Beim Verlassen des Waldes ist eine große Weidewiese mit einem Felsblock und weiteren Findlingen erreicht (Vorsicht Weidevieh!). Wir folgen, uns links haltend, dem schmalen Wiesenweg hangaufwärts, der bald auf einen Schotterweg stößt. Wir steigen diesen Weg rechts aufwärts, bis wir das Gelände der Strohnalm erreichen. Der Weiterweg führt rechts haltend durch die Almen hindurch und wieder hinein in den Wald. Nach kurzer Zeit sehen wir links oberhalb des Waldweges am Fuße einer Felswand die Grotte mit einem Geländer davor, die über einen schmalen Steig erreicht wird.

Ausgang kleiner Wanderparkplatz unterhalb der Steinbergalm im Wald
Hinweg 50 Minuten
Gelände mittelschwierig
Jahreszeit April bis Oktober
Gasthaus Steinbergalm
Sage --

SCAN ME

 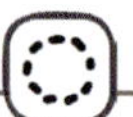

Taubensee bei Schleching, 1.138 m

:: Das Auge des Chiemgaus ::

In dem **Hügelgebirge Rauhe Nadel** zwischen Schleching und Kössen (Tirol) liegt ein idyllischer Bergsee in einer Einbruchmulde, der über mehrere Wanderwege sowohl von bayerischer wie von tirolerischer Seite zugänglich ist. Der Taubensee hat seinen Namen nicht von den Tauben, sondern von bestimmten Krebsen erhalten, die früher umgangssprachlich Daupen genannt wurden.

Im Frühjahr ist der See bekannt für die spektakuläre Wanderung der Kröten, die von allen Seiten zum Laichen an das stille Bergwasser strömen. Manch einer spricht von jenem alpinen Kraftort als „das blaue Auge des Chiemgaus" oder gar „die Perle der Alpen". Die Hälfte dieses Juwels gehört zu Bayern, die andere zu Tirol – eine wahrhafte Grenzerfahrung, zumal das weiche Wasser im Sommer angenehme Badetemperaturen erreicht. Kraft tanken, erfrischen, relaxen, durchschnaufen am und im Taubensee ist eine wundervolle alpine Erfahrung und die nahegelegene urige Taubenseehütte bietet gute Tiroler

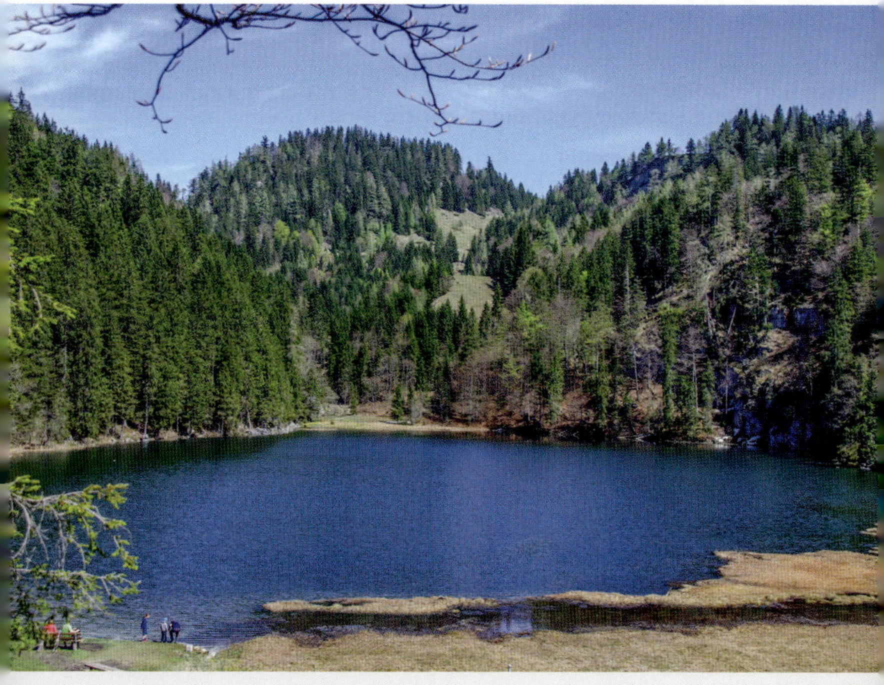

Der Taubensee – das Auge des Chiemgaus.

Küche und eine einmalige Aussicht u.a. auf das Kaisergebirge, die Berchtesgadener und Kitzbüheler Alpen, die Hohen Tauern, das Fellhorn und das Unterberghorn.

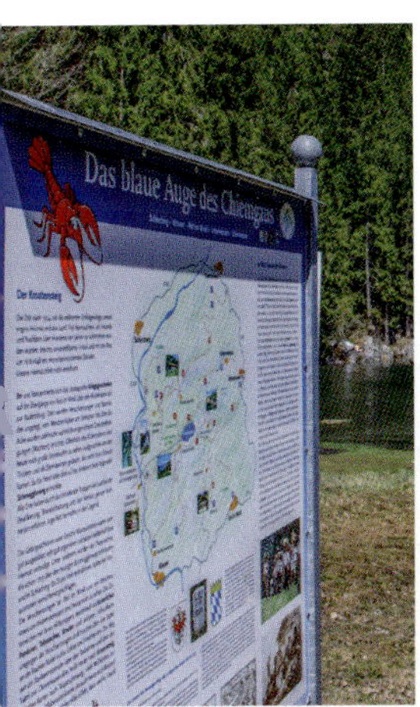

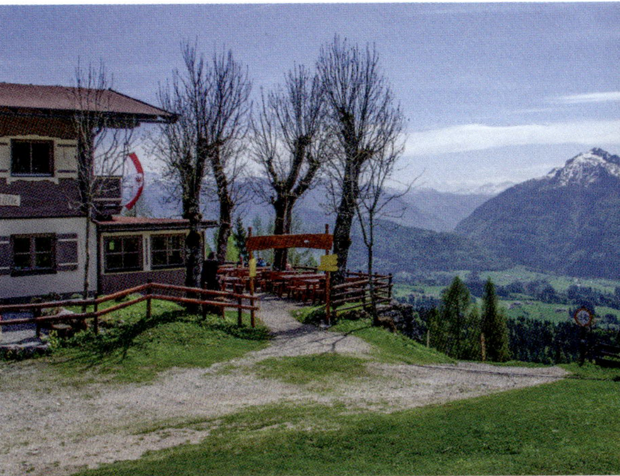

Infotafel am Taubensee, von der Taubenseehütte hat man einen grandiosen Ausblick.

Zugang: Für den Anstieg wählen wir den leichtesten und kürzesten von Kössen aus. Hier dürfen wir uns im Wegverlauf immer wieder über ein grandioses Panorama freuen.

Im Zentrum von Kössen macht die Dorfstraße von Bayern kommend am 2. Kreisverkehr einen Knick nach rechts. Ein Schild zur Taubenseehütte führt uns im Kreisverkehr nach links auf den Mühlbergweg, dem wir weiter ausgeschildert bis zu einem (gebührenpflichtigen) letzten Wanderparkplatz bei einem Bauernhof (830 m) mit Ferienwohnungen (= Schafflerhof, Mühlbergweg 49) folgen.

Die Beschilderung zum Taubensee führt uns zunächst entlang einer Wiese in den Wald und über eine Forststraße, die bald eine Abzweigung zu einem Fußweg bietet. Bei der Almfläche Ast zur Moosenhütte queren wir eine Feuchtwiese mit einer Zauntreppe. Links haltend geht es nun über steile Wiesenhänge und Serpentinen hinauf, bis wir schließlich die Taubenseehütte vor uns sehen.

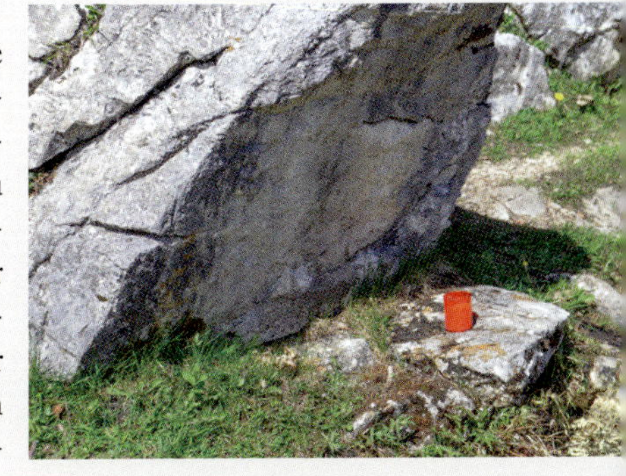

Naturaltar am Seeufer.

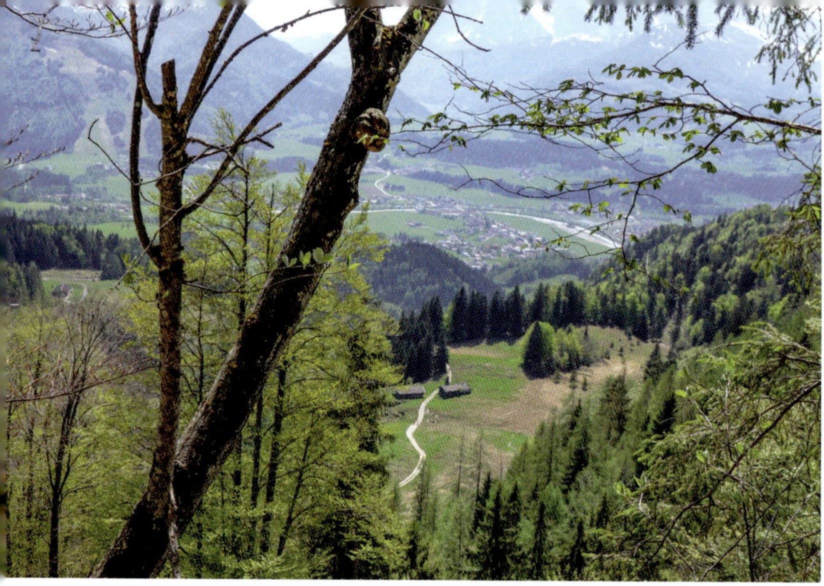

Blick vom Wirtschaftsweg der Taubenseehütte zur Ast zur Moosenhütte und auf Kössen.

Weiter Richtung Osten leitet uns ein Steig schließlich in wenigen Minuten zum Taubensee.
Eine Fortsetzung in einer halben Stunde rechts hinauf zum aussichtsreichen Sonnwendköpfl (1.279 m) ist empfehlenswert.
Beim Abstieg können wir den steilen Wirtschaftsweg zur Ast zur Moosenhütte wählen und den Rundweg über Franken- und Rinderbrachalm (weitere 30 Minuten) erweitern.

Ausgangsort Wanderparkplatz Schafflerhof

Rundweg Gesamtzeit etwa 4,5 Stunden
Aufstieg 1,5 Stunden über Ast zur Moosenhütte bis Taubenseehütte, weitere 10 Min. bis zum Taubensee, weitere 30 Minuten bis Sonnwendköpfl.
Abstieg ab Taubenseehütte über Frankenalm und Rinderbrachalm 2 Stunden.

Gelände mittelschwer, teilweise steiler Alm- und Waldweg

Jahreszeit April bis Oktober *(im Winter ist die Taubenseehütte über den geräumten Wirtschaftsweg erreichbar und hat von Freitag bis Sonntag geöffnet)*

Gasthaus Taubenseehütte (1.165m)

Sage --

SCAN ME

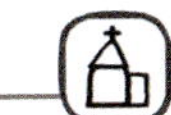 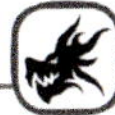 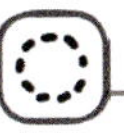 

Fraueninsel

:: Insel des Kultes und der weiblichen Kraft ::

Der **Chiemsee** wird oft als das bayerische Meer bezeichnet. Die Gemeinde Chiemsee ist jedoch die kleinste Gemeinde Bayerns. Rund 230 Bewohner verteilen sich auf **Herrenchiemsee** und **Frauenchiemsee**. Die dritte Insel ist die unbewohnte Krautinsel, die zwischen den beiden Hauptinseln liegt. Von ihr ist überliefert, dass sich dort einst die Mönche vom ehemaligen Augustinerkloster und die Nonnen vom Benediktinerinnenkloster heimlich zum Liebesspiel trafen Die weiblich-männliche Polarisierung der beiden Hauptinseln entspricht ihrer jeweiligen vital-energetischen Rolle.

Die Fraueninsel liegt auf der bekannten Leyline Karlsruhe-München-Berchtesgaden, was die besondere Energie, die Bedeutung als Kultort und menschliche Ansiedlungen über die Zeiten (Siedlungsspuren aus jüngerer Steinzeit, Bronze- und Urnenfeldzeit bis zu den Kelten und Römern) hinweg begründet. Sie gilt daher auch als ältester Kultort des Chiemgaus. Bäume in der Inselmitte sind die eigentlichen Wächterwesen. Einst markierte ein Kreis von

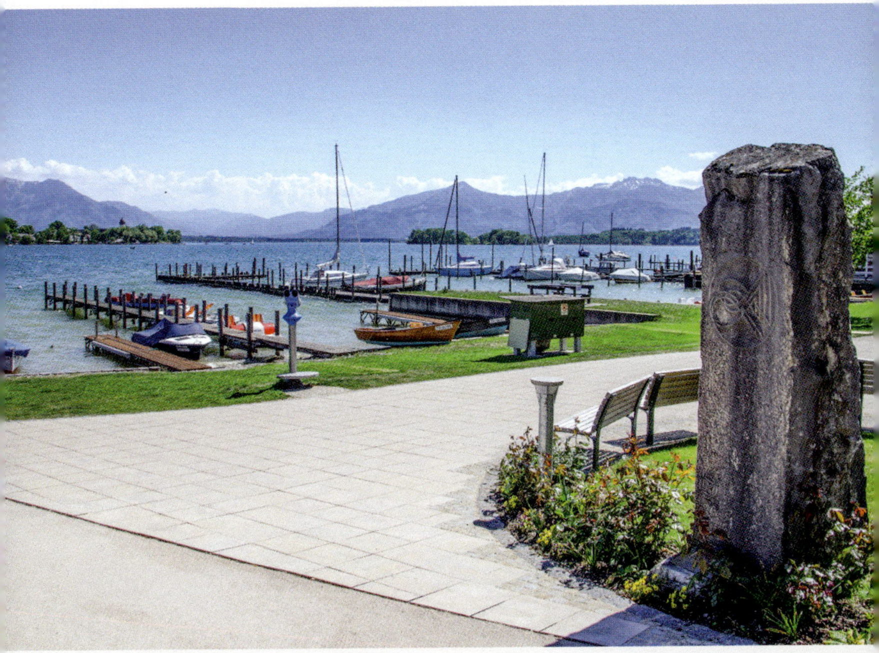

Lithopunktursäule in Gstadt. Gut zu sehen ist die Fraueninsel (links).

sieben Linden um einen Brunnen das Inselzentrum. Ein Schild weist darauf hin, dass das sensible Wurzelgebiet rund um die alten Bäume nicht betreten werden soll. Ein niedriger Zaun unterstreicht dieses Anliegen, welches auch respektiert werden sollte. Im Lindenhain heben sich zwei mächtige uralte

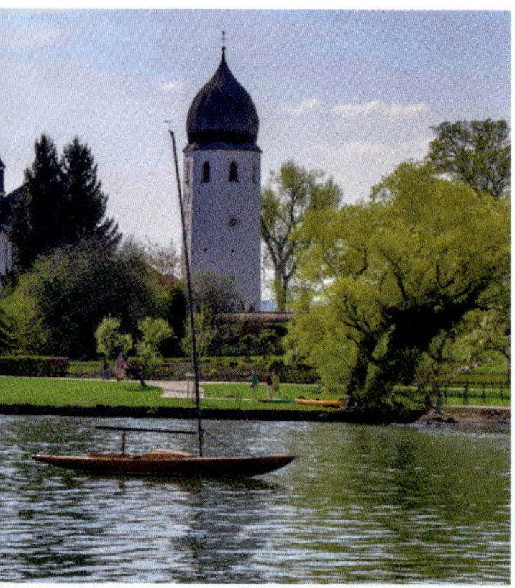

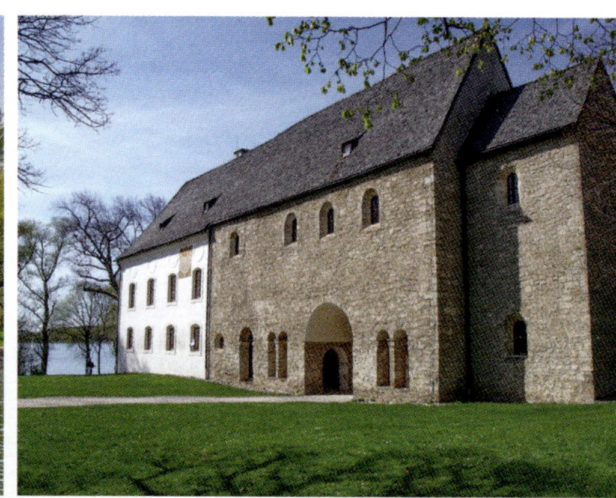

Münster Frauenwörth und die Karolingische Torhalle.

Linden hervor, die Tassilolinde, die im Volksmund als „tausendjährig" gilt, und die Marienlinde. Die Tassilolinde verdankt ihren Namen dem Klostergründer. Sie ist 35 m hoch, hat einen Stammunfang von acht Metern und einen Kronendurchmesser von 24 m. Bei den Linden steht eine Kriegergedächtniskapelle, die nach dem Ersten Weltkrieg erbaut wurde.

Geomantisch ist im Inselbereich ein Trichter der irdischen mütterlichen Kraft wahrzunehmen, die aus der Erdtiefe aufsteigt und sich fächerartig in die Landschaft ergießt. Die weibliche Polarität hat sich durch die Ansiedlung des Benediktinerinnenklosters manifestiert. Die durch den See große umgebende Wasserfläche verstärkt den Einfall von Licht und Sonne.

Die Fraueninsel erlangte ihre geschichtliche Bedeutung im 8. Jahrhundert mit der Gründung des Benediktdinerinnenklosters Frauenwörth durch den Herzog Tassilo III. Die erste mit Namen bekannte Äbtissin Irmengard starb am 16.7.866. Der 16. Juli ist somit auch ihr Gedenktag. Irmengard von Chiemsee war eine Tochter König Ludwigs des Deutschen und dessen Frau, der Welfenfürstin Hemma und damit eine Urenkelin Karls des Großen. Durch ihren Einsatz für die Armen, Entrechteten und Unterdrückten wurde sie 1928 selig gesprochen, woraufhin ein Pilgerstrom zur Insel einsetzte. Ein Reliquienschrein befindet sich in der Irmengardkapelle im rückwärtigen Teil

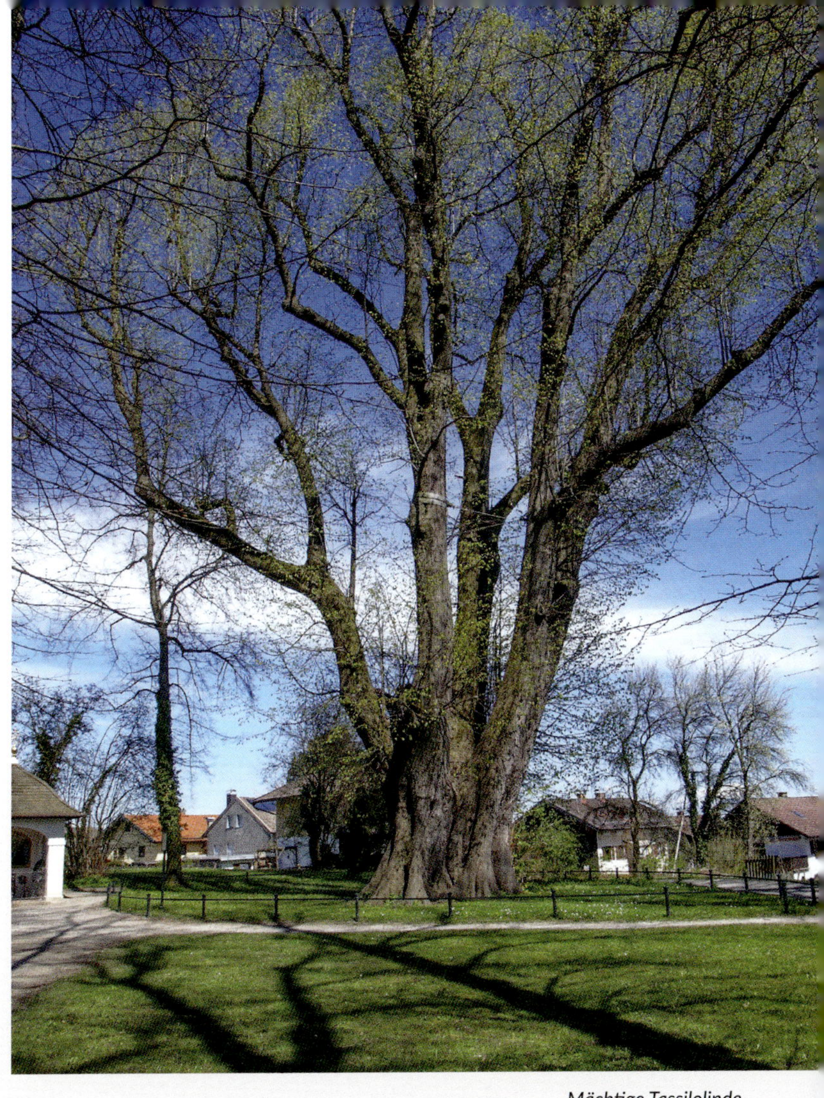

Mächtige Tassilolinde.

des Münsters. Sie ist die Patronin des Chiemgaus und die zahllosen Votivtafeln weisen auf ihre durchgängige Popularität hin. Sie erwies sich als Helferin bei vielfältigen Angelegenheiten, besonders bei unerfülltem Kinderwunsch (Fruchtbarkeitsaspekt des Ortes) oder bei drohender oder bestehender Arbeitslosigkeit. Auch die Schwarze Madonna am Seitenaltar gilt als hochverehrt und bewahrt bis heute ihr Geheimnis, wie die Schwarze Madonna von Altötting.

Zugang: Der kürzeste und schnellste Weg zur Fraueninsel ist über die Chiemseeschifffahrt ab Gstadt. Dies ist zugleich meine Empfehlung, denn

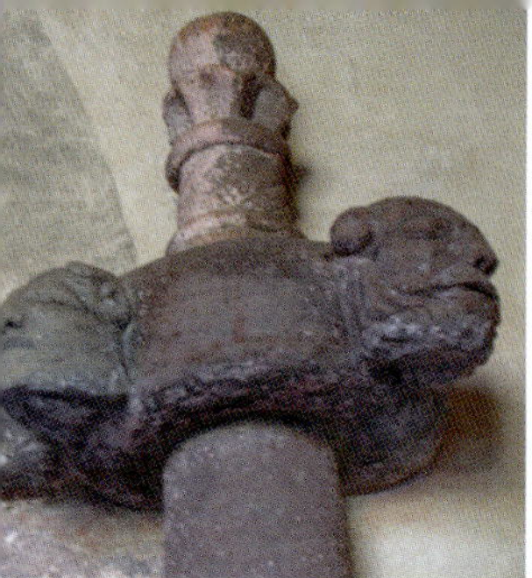 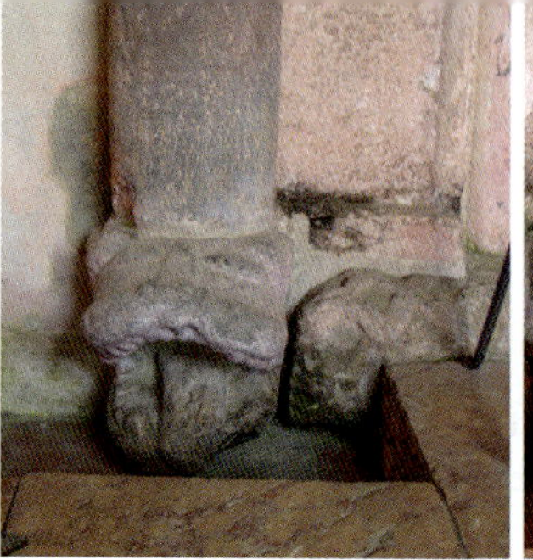 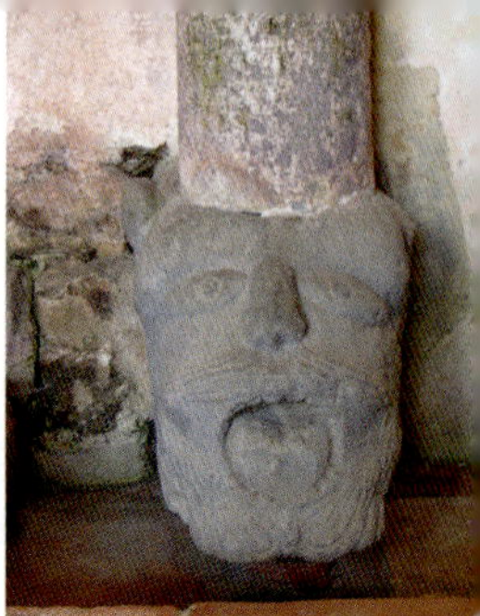

Mystische Steinfiguren im Eingangsbereich des Klosters.

am Hafen, gleich hinter der Touristinfo, steht ein besonderer Stein mit hoher Kraft. Der diplomierte slowenische Bildhauer und Pioniergeomant Marco Pogacnik entwickelte Mitte der 90er Jahre das Lithopunkturprojekt „Alpenstern“ (= Steinsetzungen) zur Heilung des u.a. durch schnelle Urbanisierung und Straßenbaus geschwächten Alpenraums. Steinsetzungen sind in der heutigen Zeit ein menschlicher Ausdruck neuer Erdverbundenheit, eine Akupunktur der Erde. Entlang von Leylines setzte Pogacnik mit Kosmogrammen versehene Steine, wie eben am Hafen von Gstadt. Die Lithopunktursäule dort besteht aus Marmorgestein vom Fuße des Untersbergs. Damit wird auch die Beziehung von Untersberg/Berchtesgaden und der Fraueninsel hervorgehoben. Das Thema der Steinzeichen-Kosmogramme ist die kreative Polarität von Yin und Yang, von weiblich und männlich, wie sie auf den gegenüberliegenden Inseln Frauen- und Herrenchiemsee versinnbildlicht sind.

Der Rundweg über Spazierwege um die Insel dauert 30 Minuten und kann an vielen Stellen zur Inselmitte mit ihren Wächterbäumen oder im Südwesten zum Kloster fortgeführt werden. Es bietet sich zudem eine Kombination mit Tour 22 zur Herreninsel an.

Ausgangsort	Gstadt *(die Fraueninsel ist auch über Prien, Übersee, Bernau, Seebruck mit der Chiemseeschifffahrt erreichbar www.chiemsee-schifffahrt.de)*
Rundweg	30 Minuten
Gelände	leichte Spazierwege
Jahreszeit	ganzjährig *(Winterfahrpläne der Schifffahrt beachten!)*
Gasthaus	mehrere auf der Insel
Sagen	Eine Irmengardlegende vom Chiemsee Die Tausendjährigen Linden auf der Fraueninsel Das Liebespaar auf der Fraueninsel Die Stadt Roglau im Chiemsee Die drei Karlichter auf dem Chiemsee

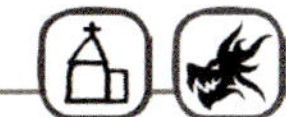

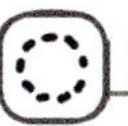
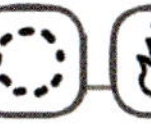

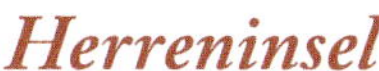

Herreninsel

:: Insel des Kultes und der männlichen Kraft ::

Die Energie der autofreien **Herreninsel** (= Herrenchiemsee/Herrenwörth) wird geprägt von dem ehemaligen im 7. Jahrhundert gegründeten christlichen Männerkultort (Augustiner Chorherrenkloster) und dem Prunkschloss Herrenchiemsee des bayerischen „Märchenkönigs“ Ludwig II. vom Ende des 19. Jahrhunderts, der damit eine Kopie des Schlosses von Versailles seines verehrten französischen „Sonnenkönigs“ und Namensvetters Ludwig XIV. schuf. Die Klostergebäude wurden nach der Säkularisation in das (Alte) Schloss Herrenchiemsee umgestaltet. Ein weiteres Energiezentrum findet sich jedoch versteckt im Süden der Insel – eine keltische Ringwallanlage mit uralten und mächtigen Baumwesenheiten, die heute noch als die eigentlichen Wächter der Insel gelten. Archäologische Funde haben erwiesen, dass die Insel schon zur Steinzeit besiedelt war.

Während auf der Fraueninsel ca. 300 Bewohner leben, sind es auf der Herreninsel nur wenige ganzjährige Bewohner. Vom Anlegesteg bis zum Neuen Schloss verkehren im Sommer Pferdekutschen, ansonsten ist die Insel auto-

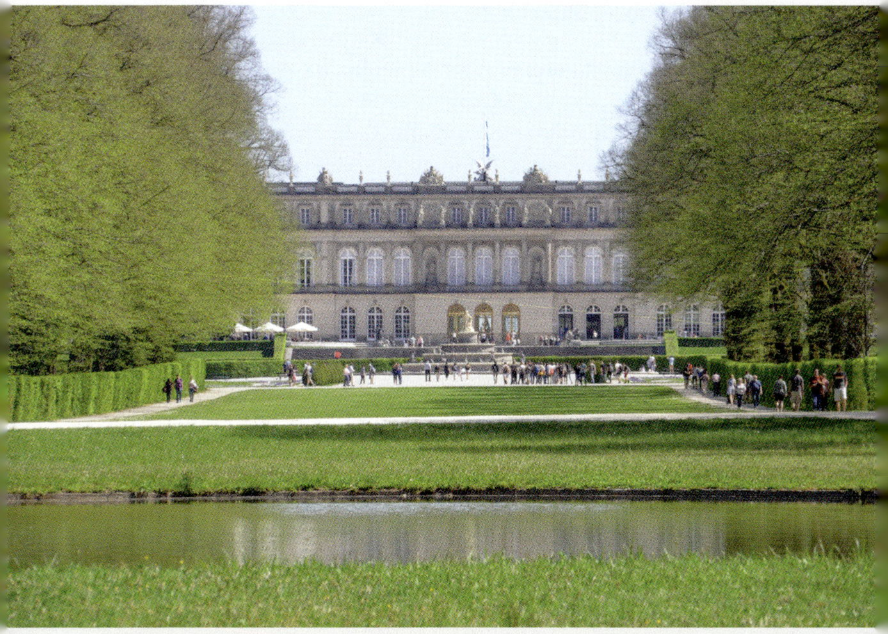

Prunkschloss Herrenchiemsee. Die alten Kraftorte und Kultplätze befinden sich wenige Gehminuten entfernt.

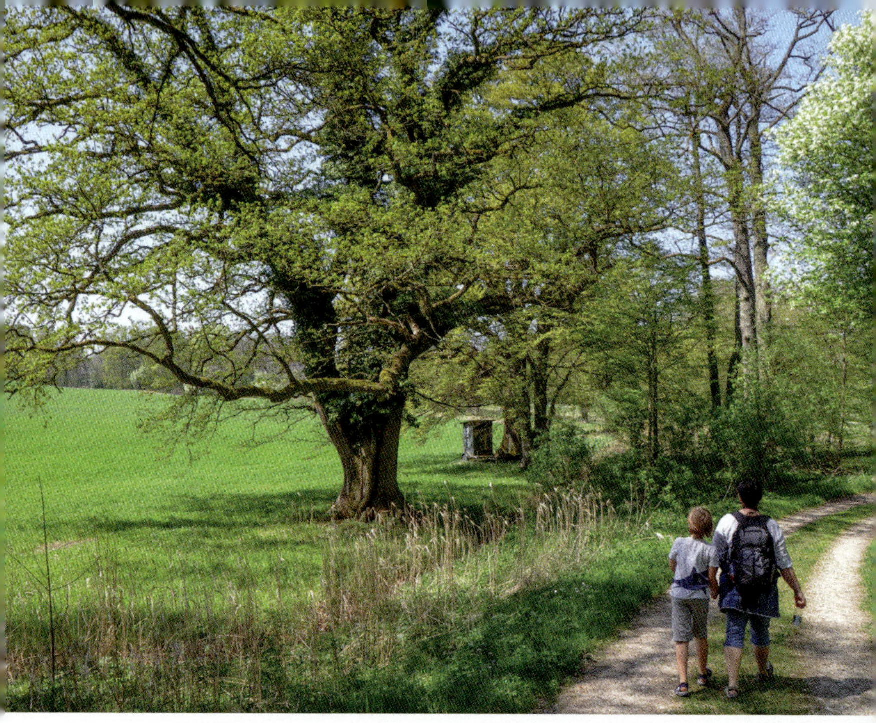

Viele alte Baumwesenheiten am Inselrundweg.

frei und kann nur zu Fuß erkundet werden. Allerdings zieht das Prunkschloss wahrhafte Besucherströme an, die jedoch im angrenzenden Wald schnell versiegen und damit eine stille Erfahrung der „anderen Seite" (Anderswelt) ermöglichen.

Die Kunst, die größte und am meisten frequentierteste der drei Chiemseeinseln als Kraftort zu erfahren, ist es, sich nicht dem Strom der Besuchermassen zu den Schlössern anzuschließen, sondern ab Schiffsanleger den ausgeschilderten Uferweg südöstlich Richtung Ottos Ruh und Pauls Ruh und am Westufer zurück bis zur Seekapelle einzuschlagen. So führt ein dreistündiger Spazierweg (ausgeschilderter Rundwanderweg W) rund um die Insel, zwei Mal den Schlosskanal querend durch Wald, an Obstwiesen und Viehkoppeln entlang zu den stillen Kraftorten. Der anfängliche Teerweg wandelt sich in einen breiten Erdweg gen Südostspitze der Insel mit einer schönen Bucht und Panoramablick auf die Chiemgauer Berge. Die sogenannte „Pauls Ruh" lädt zum rasten und baden ein. Weiter geht es durch Buchenwald etwas ansteigend, an einer Weggabelung links und bei der danach folgenden Abzweigung geradeaus. Unser Weg verläuft nun parallel zum steil abfallenden Südufer der Insel. Hier erkennt man schon bald parallel zum Weg die Erdwälle der keltischen Anlage. Der Wall scheint von mächtigen

Buchen begleitet bzw. bewacht zu werden. Wir halten uns weiterhin links und erreichen eine Art Pavillon (Ottos Ruh) mit einer überdachten Sitzbank rund um eine mächtige Buche – wiederum an einem Spitz (Südwesten) der Insel. Ausrasten und den Blick in die ferne Bergwelt und über den See streifen lassen, ist angesagt. Hier stand einst (bis 1803) eine Basilika, die vermutlich – wie so häufig – einen alten Kultplatz überbaute. Eine kultische Vorgeschichte kann auch für die Seekapelle am Nordspitz angenommen werden.
Ottos Ruh ist einer der kraftvollsten Orte der Insel, der sich heute insbesondere durch seine Abgeschiedenheit und Stille, das Panorama und der Nähe zur Wallanlage auszeichnet. An dem zur Ottos Ruh und zum Seeufer abfallenden Weg sind rechts im Waldboden die Vertiefungen der Ringwallanlage gut erkennbar und setzen sich auch noch einige Meter am Rundweg Richtung Norden fort. Beeindruckend sind die großen und kräftigen Laubbäume, meist Buchen, die entlang der Wallanlage wachsen und zu offensichtlichen Wächtern der Vergangenheit wurden.
Der große Rundweg (= 7 km, 3,5 Stunden) lässt sich bis zur Seekapelle Heilig Kreuz an der Nordspitze fortsetzen, kann aber schon vorher über das Neue Schloss um etwa eine halbe Stunde verkürzt werden.

Im Gegensatz zu der bei der Fraueninsel waagrecht verlaufenden Erdenergielinie wird geomantisch im südlichen Inselbereich der Wallanlage eine

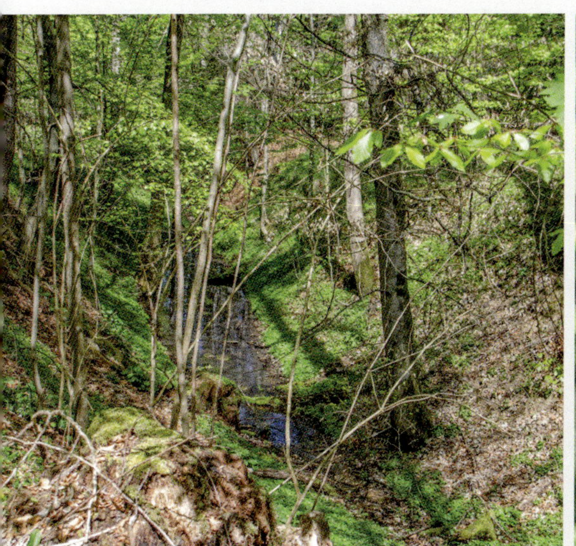

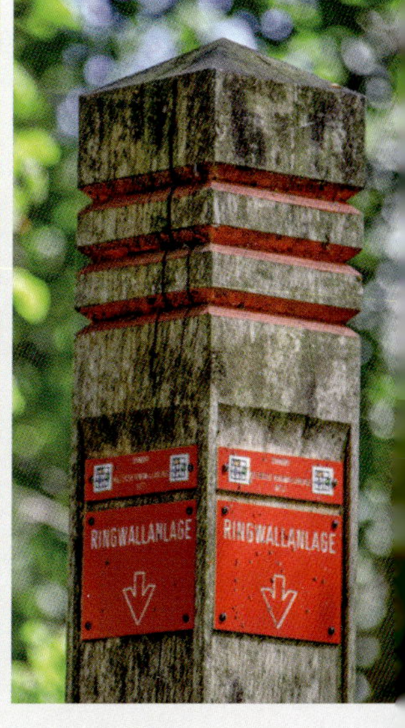

Am Graben der Rindwallanlage.

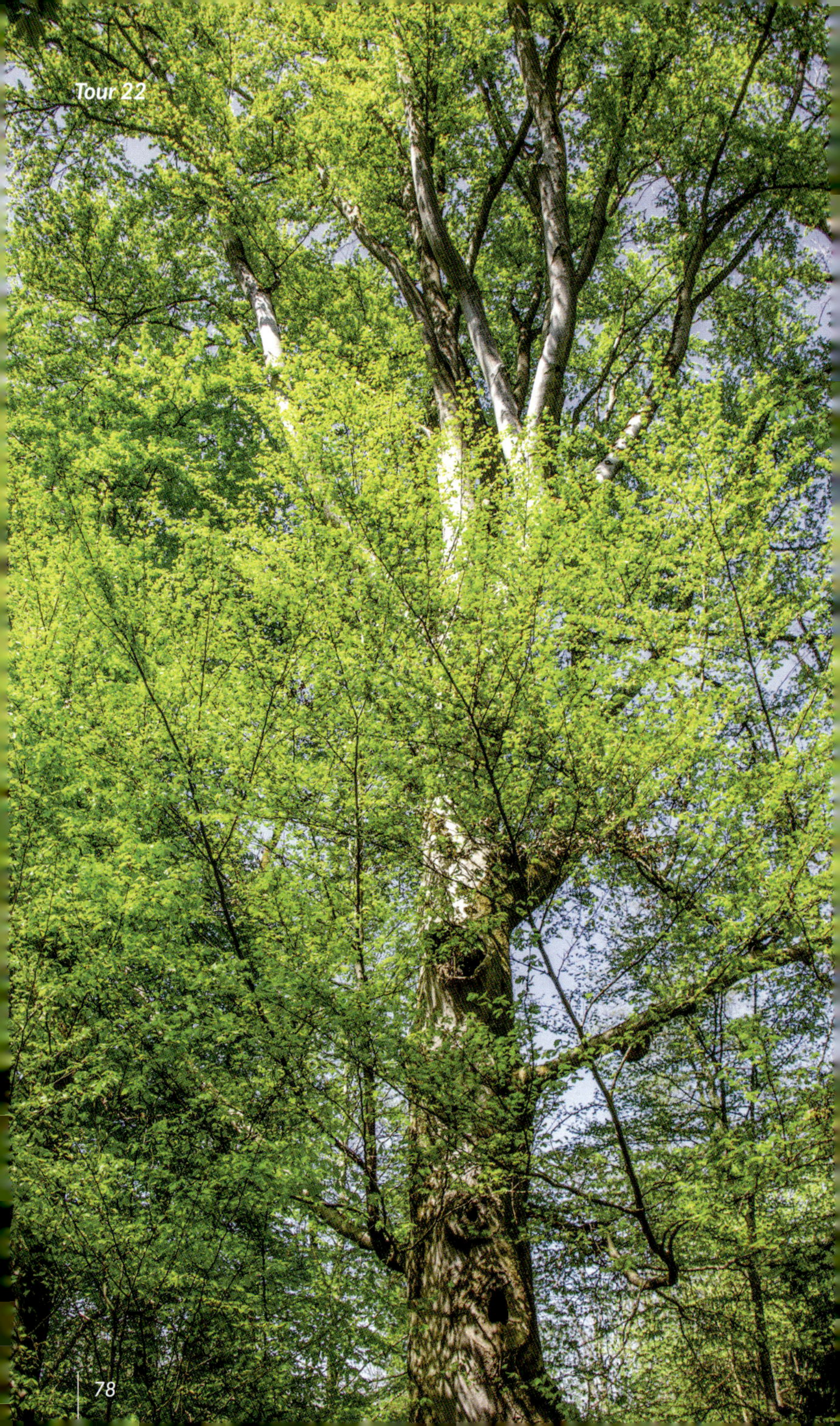

senkrechte Kraftsäule wahrgenommen, die sich aus dem Kosmos auf die Erde niederlässt und durch die alten Baumriesen sich auch optisch manifestiert hat. Das Gleichgewicht zwischen den irdischen und den kosmischen Kräften wird auf der emotionalen Ebene durch den wässrigen Charakter der hiesigen Landschaft unterstützt. Wie schon bei der Fraueninsel wird die durch den See große umgebende Wasserfläche durch den Einfall von Licht und Sonne verstärkt.

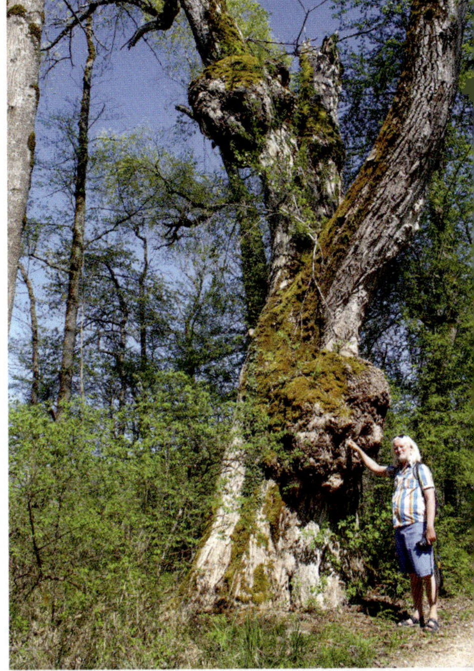

Starke Erdenergien beeinträchtigen den Baumwuchs.

Zugang: Die Herreninsel ist über die Chiemseeschifffahrt direkt ab Bernau oder Prien erreichbar bzw. über die Zwischenstation Fraueninsel von Gstadt, Seebruck, Chieming und Feldwies aus.

Ausgangsort	Bernau, Prien, Gstadt, Seebruck, Chieming, Feldwies *(Achtung: Sommer-/Winterfahrpläne beachten!)* Chiemseeschifffahrt erreichbar www.chiemsee-schifffahrt.de
Rundweg	Uferrundweg = 3,5 Stunden Kombination mit Tour 21 (Fraueninsel) möglich
Gelände	leichte Spazierwege
Jahreszeit	ganzjährig *(besondere Winterfahrpläne beachten)*
Gasthaus	Schlosscafé Herrenchiemsee (Neues Schloss) und Schlosswirtschaft (Altes Schloss) an der Anlegestelle
Sagen	Der gespentische Mönch auf Herrenchiemsee Die versunkene Glocke von Herrenchiemsee Die Stadt Roglau im Chiemsee Die drei Karlichter auf dem Chiemsee

SCAN ME

Eine mächtige Wächterbuche.

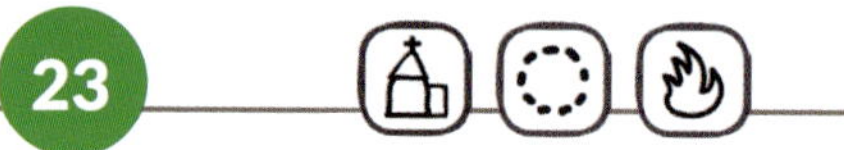

Die Bücherhütte + Sebastianskapelle am Güßhübel bei Kirchanschöring

:: Ein Kultplatz und Kraftort nicht nur zum Lesen ::

Ein gutes Buch zu lesen, zu entspannen, die **Aussicht und Ruhe** zu genießen und in einer Kapelle einzukehren - das alles ermöglicht die Initiative von Erika und Franz Aicher vom Knallerhof (16. Jahrhundert) in Güßhübel bei Kirchanschöring. Südlich vom aufwendig renovierten Hof, am alten Kirchenweg von Kirchanschöring nach Watzing thronen Kapelle und Hütte, an die sich ein kleiner gepflegter Garten mit Apfelbäumen, Johannisbeersträuchern und Weinstöcken schmiegt. Es darf sogar genascht werden. Hier öffnet sich zudem ein traumhaftes Panorama auf die Chiemgauer und Salzburger Berge, von denen der Untersberg, als heiliger Berg, am meisten herüber strahlt. Am Fuße des Güßhübels beim Weiler Watzing erblickt man ein Wildgehege.

Die Bücherhütte am Rand der Hügelkuppe war ein ehemaliger Kälberstall, der eigentlich als Schafunterstand gedacht war. Da die Schafe sich dort aber nicht wohlfühlten, wurde zunächst zu Weihnachten eine Krippe dort aufgebaut. Und schließlich entstand die Idee zur Bücherhütte. Die dort angebote-

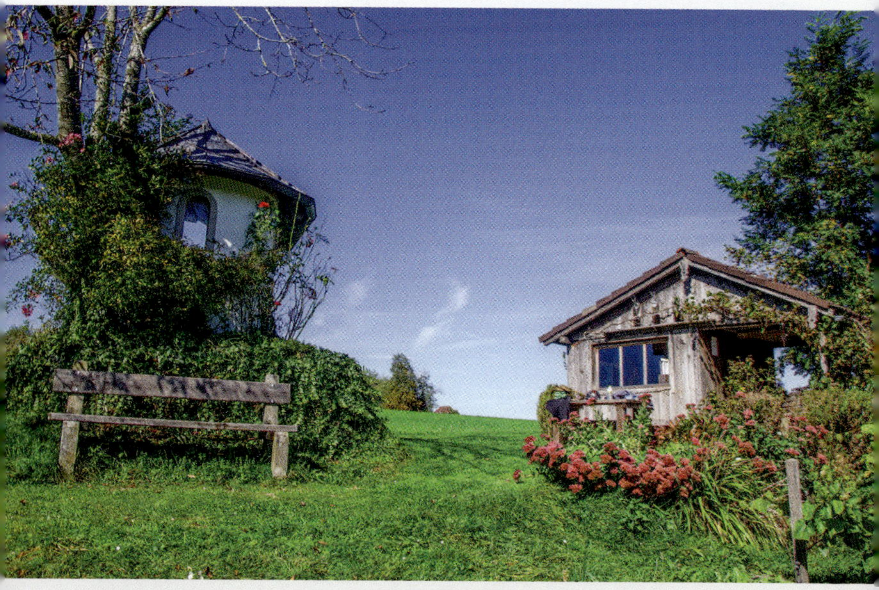

Sebastianskapelle mit Bücherhütte von Familie Aichner.

ne hochwertige und vielfältige Literatur wurde von Erika Aicher ausgesucht, wird regelmäßig ausgetauscht und bietet für jeden Geschmack etwas. Von regionalen Sachbüchern, Bildbänden, über Heimatmagazine, bis zu spannenden Romanen und Kinderbüchern ist alles vertreten. Auch ausleihen ist erlaubt! Selbst vorhandene Lese- und Sonnenbrillen sollen den Besucher anregen, sich auf den vielen urigen Holzsitz- und Liegemöbeln im Inneren (mit Kissen und Decken) und rund um die Hütte niederzulassen. Liebevoll platzierte Kunstobjekte unterstreichen diesen friedvollen Kraftplatz. Zur kalten Jahreszeit gibt es jeweils samstags in der Tenne ein Bibliotheksangebot und in der Bücherhütte ist wieder die Krippe aufgebaut.

Die 2008 erbaute Sebastianskapelle weist auf eine Überlieferung aus dem Mittelalter hin. Der Schwab vom nahen Watzing hatte sich während des großen Peststerbens im Getreidekasten versteckt und hat sein Versteck erst wieder verlassen, als alle anderen bereits an der Pest gestorben waren. Der heilige Sebastian wurde besonders während der Pestzeit angerufen.

Er ist zudem der Schutzheilige der Eisenhändler, Töpfer, Gärtner, Soldaten, Kriegsinvaliden, für Brunnen und gegen Viehkrankheiten. Die Erbauer hoffen, einen Ort der Besinnung, des Gebets und des zur Ruhe Kommens für jedermann/jederfrau geschaffen zu haben. Mit dieser Kapelle verbindet sich nun Kraftplatz und Kultort.

Inzwischen besuchen viele Radfahrer und Wanderer die Bücherhütte und Kapelle, die auch ein Treffpunkt für die Nachbarschaft geworden ist. Vom Rathaus Kirchanschöring bietet sich der gut beschilderte Luise-Rinser-Weg als Rundweg (3 Stunden) an. Für Radfahrer finden sich verschiedene Touren zwischen Abtsdorfer und Waginger See. Doch es ist auch erlaubt, direkt am Knallerhof zu parken und über einen Wiesenweg nach 100 Metern den besonderen Kraftort zu erreichen.

Die Tenne vom Knallerhof wurde zu einem gemütlich-urigen Veranstaltungsort für Feierlichkeiten und Kultur (Literaturtage, Kabarett, Musik) ausgebaut. Zusätzlich wird ein Biergarten ohne Bewirtung angeboten. Ein Eintrag ins Gästebuch der Bücherhütte ist erwünscht.

Ausgangsort	Knallerhof, Güßhübel 2, 83417 Kirchanschöring *www.knallerhof.de*
Hinweg	5 Minuten
Gelände	unschwierig
Jahreszeit	April bis Oktober *(Winterbibliothek jeden Samstag in der Tenne vom Krallerhof)*
Gasthaus	Knallerhof = Biergarten für Selbstversorger
Sage	Der Schwab von Watzing

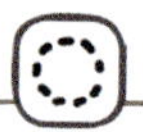  

Der Bräundlstein bei Reichertsham, 533 m

:: Ein vergessener heidnischer Kultstein ::

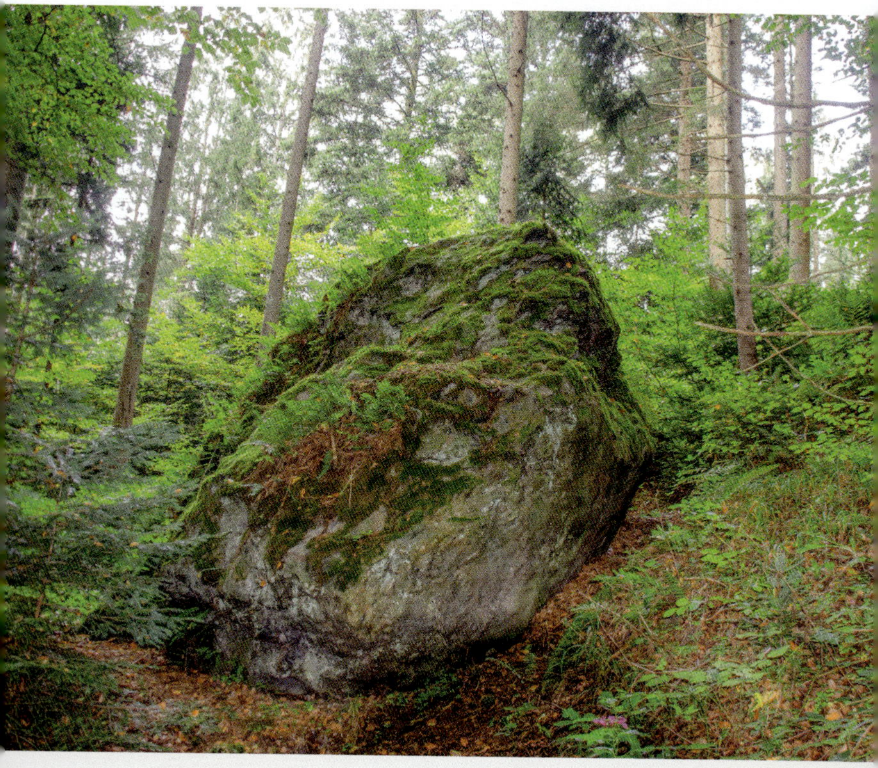

Im **Streitforst** der Gemeinde Babensham (Landkreis Rosenheim) ruht ein in Vergessenheit geratener heidnischer Opferstein. Er ist geologisch ein Findling aus dem Oberpleistozän, den der Inngletscher als ein Kind der Alpen hierher beförderte. Der haushohe Felsblock mit einer Größe von etwa 4,50 m × 4,50 m × 3,50 m, war früher aber noch größer, bis er vermutlich im 19. Jahrhundert als Material zum Hausbau freigegeben wurde. Es heißt, dass vor 150 Jahren das Königliche Forstamt Wasserburg dem Besitzer des nahe gelegenen Haushuber-Anwesens die Erlaubnis erteilte, den Stein zu Bauzwecken zu verwenden, nachdem dieser Hof in Reichertsham einem Brand zum Opfer gefallen war. Doch dürfte das Vorhaben bald an der Härte des Steins gescheitert sein. Dabei sind jedoch vier der sieben handtellergroßen Vertiefungen auf seiner Oberfläche und die sogenannte „Blutrinne" verschwunden. Die Schalen in Verbindung mit den Rinnen lassen auf einen früheren Opferstein schließen. Die einstige Bedeutung des Steins spiegeln auch die Überlieferungen wider, die den Teufel ins Spiel bringen. Heidnische Bräuche wurden in Zeiten der christlichen Missionierung dämonisiert und damit wurde der Teufel für solche verwerflichen Umtriebe verantwortlich gemacht.

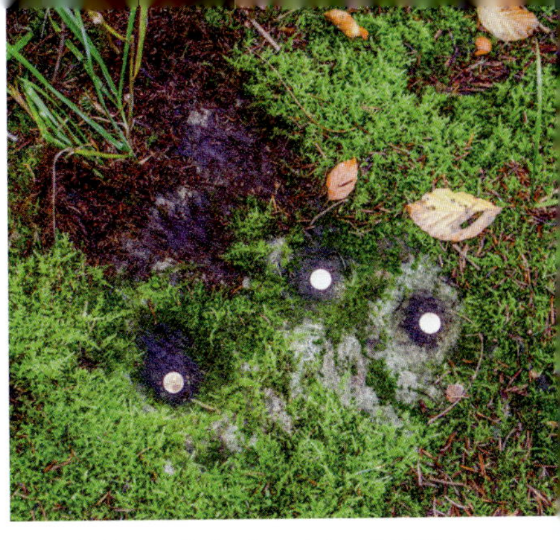

Schalen am Bräunlingsstein mit Geldeinsatz.

Dieser sogenannte erratische Block aus Glimmerschiefer ist heute als Naturdenkmal (Geotop-Nummer: 187R006) klassifiziert. Um den Stein mit seinen mystischen Vertiefungen ranken sich einige Sagen. „Zufälligerweise" führt heute der bayerische Jakobsweg in wenigen Metern Entfernung am Bräundlstein vorbei.

Die seltsamen mystischen Vertiefungen und Rinnen auf seiner Oberfläche gaben Anlass zu Legendenbildungen, bei denen der Teufel seine Hand im Spiel hatte. So soll eine Stalldirn beim Kühehüten am Stein vorbei gekommen sein. Auf dem Stein saß der Teufel, der sie zwang, Pferdemist mitzunehmen. Zuhause angekommen, hatte sich der Mist in Gold verwandelt, welches ihr aber kein Glück brachte.

Auch eine weitere Sage berichtet von einem Schatz, der in einem nahe gelegenen Brunnen (Bräundl = Bründl?) versteckt war, aber nicht gehoben werden konnte.

In einer anderen Sagenversion hat der Teufel am Stein gern mit Vorüberziehenden Karten gespielt und sie um den in die Schalen gelegten Geldeinsatz betrogen.

Noch bis in die 1970er-Jahre war der Bräundlstein Wanderziel für Schulklassen, die dort die Überlieferungen vom Teufel erfuhren und die Geldschalen erkunden durften. Bezeichnenderweise wird der Bräundlstein auch mit einem Hexentanzplatz in Verbindung gebracht.

Die Sagen geben wieder einmal Hinweis auf die dort wirkenden besonderen Erdenergien, die in heidnischen Zeiten vermutlich Anlass zu Opferritualen und Zeremonien für die Erdmutter waren. Diese Kräfte wurden zu Zeiten der christlichen Missionierung dämonisiert. Bräundl soll ein anderer Name für den Teufel gewesen sein und noch heute wird dort auch vom Teufelsstein gesprochen.

Zugang: An der Kreisstraße (RO 35), die von Stephanskirchen bei Wasserburg nach St. Leonhard am Buchat führt, liegt ungefähr fünfhundert Me-

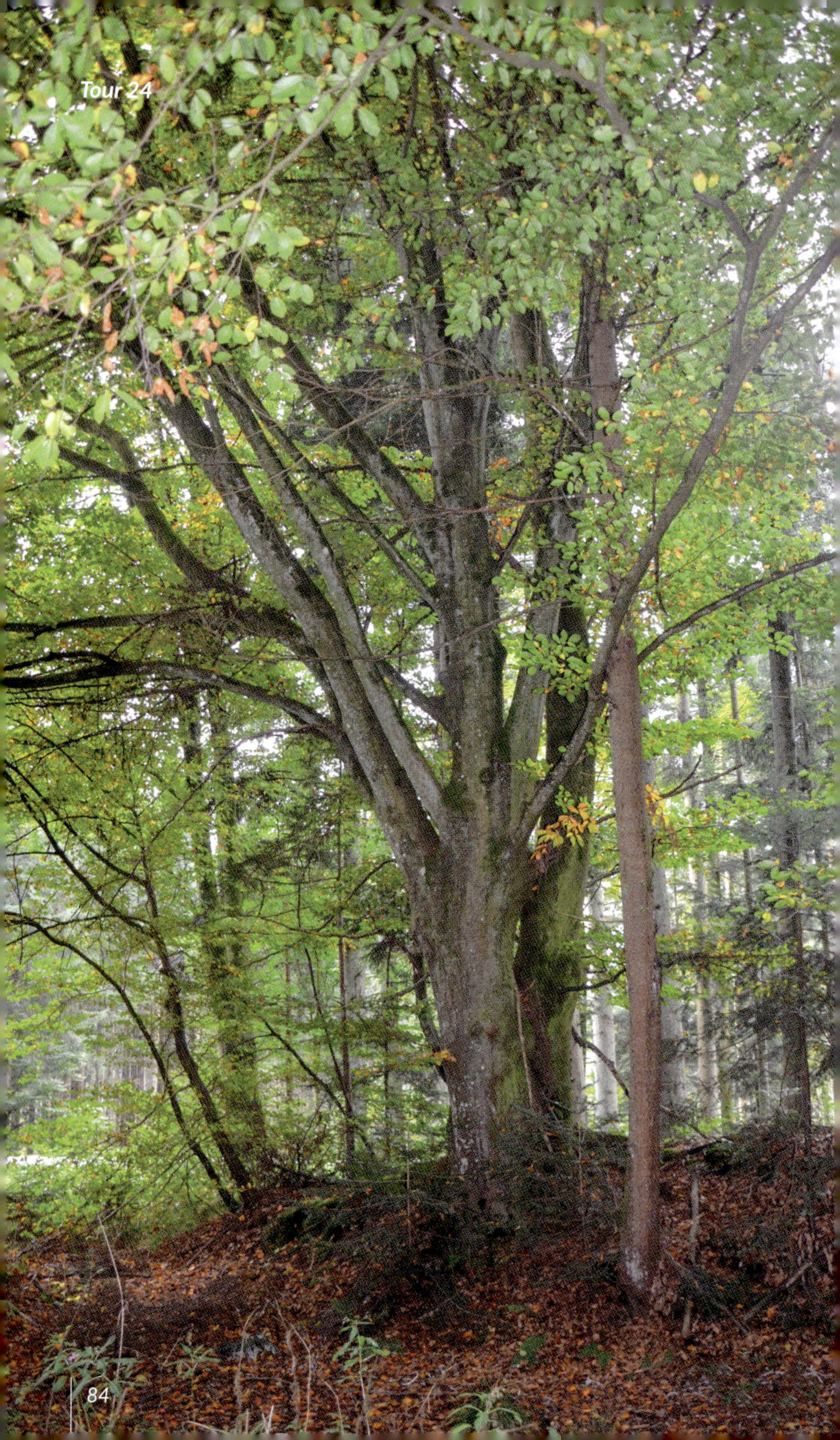

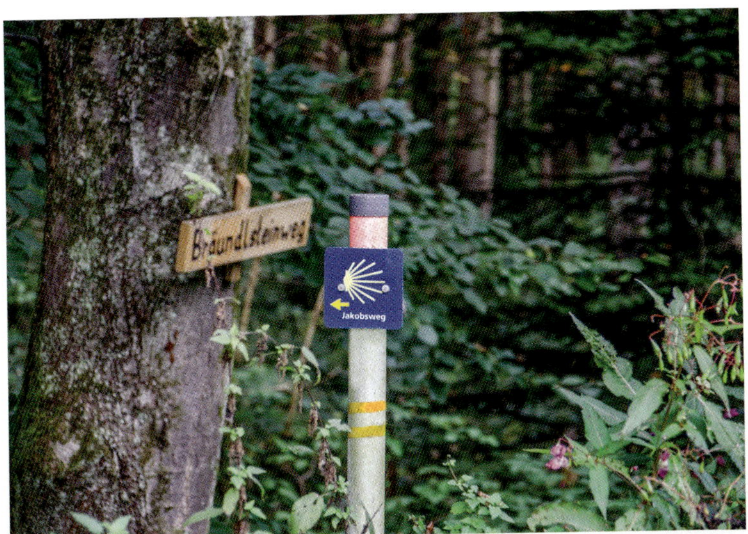

Wegweiser zum Bräundlstein und zum Jakobsweg.

ter vor der Ortschaft Reichertsham links am Waldrand des Streitforstes der „Bräundlstein". Vom Wanderparkplatz „Stettberger Linie/Jakobsweg" geht man in zehn Minuten ausgeschildert zum sagenhaften Felsblock. Die Steinschalen (= Geldschalen des Teufels) werden immer wieder von Moos zugedeckt, können aber mit etwas Gespür wieder freigelegt werden. Ebenfalls im Streitforst, nahe Reichertsham finden sich drei – vermutlich keltische – Grabhügel, die einen Kultzusammenhang ebenfalls vermuten lassen (Totenkult mit Opferhandlung).

Ausgangsort	Wanderparkplatz „Stettberger Linie", *a. d. Kreisstraße RO 35*
Hinweg	10 Minuten
Jahreszeit	ganzjährig
Gelände	unschwierig
Gasthaus	--
Sagen	Der Bräundlstein bei Kling und der Hexentanzplatz Die Stalldirn und der Teufel Der Schatz im Brunnen Der Teufel und sein Kartenspiel am Bräundlstein

Eine markante Buche als Wächterwesen am Bräundlsteinweg.

25 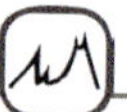

Der Tüttensee bei Grabenstätt

:: Baden im Meteoritenkrater ::

Geologen und Hobbyforscher streiten seit vielen Jahren über den Ursprung jenes kleinen Seeidylls drei km südöstlich vom **Chiemsee** im Gemeindegebiet von Grabenstätt und Vachendorf gelegen. Während die einen die Entstehung als Toteissee des Inn-/Chiemseegletschers vor 12500 Jahren (Eiszeit) postulieren, glauben die anderen an den sogenannten Chiemgau-Einschlag eines Kometen, der kurz vor seinem Aufprall in der Erdatmosphäre zerbrach und dessen Trümmer zahlreiche Krater im Chiemgau erschufen, zu denen sie auch den Tüttensee zählen. Dieser Einschlag um 2200 bis 300 v. Chr. (Bronzezeit) soll die damalige keltische Besiedlung der Region vernichtet haben und hat den Krater mit Wasser gefüllt.

Seit 2019 wurde der Tüttensee vom Bayerischen Landesamt für Umwelt unter der Bezeichnung „Eiszerfallslandschaft des Tüttensee“ als Geotop

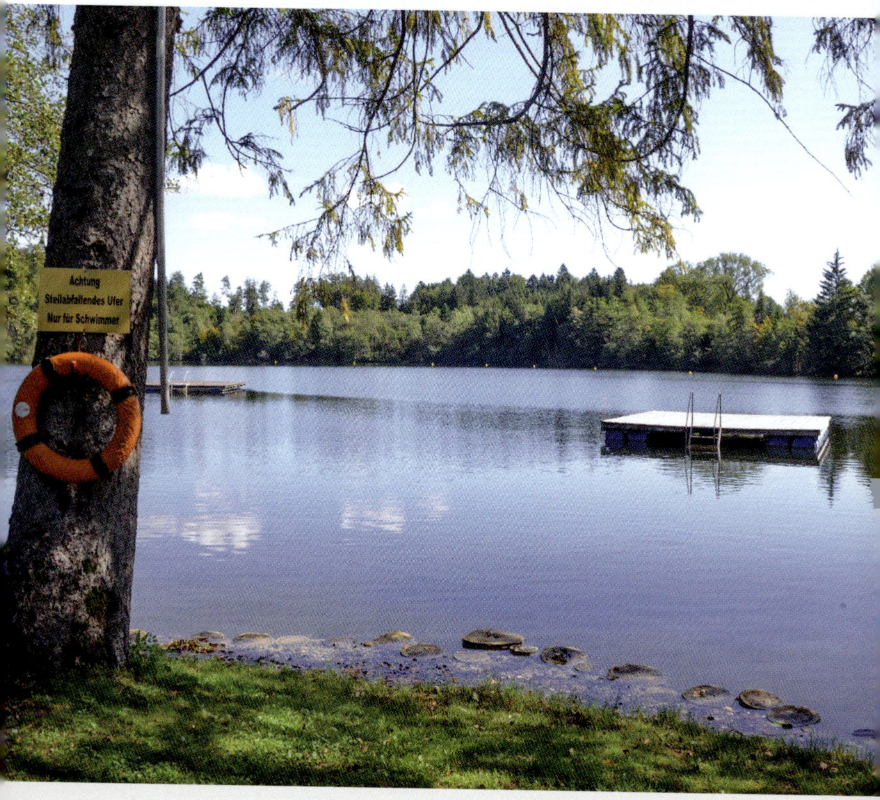

(Nr. 189R039) ausgewiesen. Es besteht am ökologisch besonders wertvollen Süd- und Ostufer außerhalb des Strandbads ein Betretungsverbot, unmittelbar vor dem Uferabschnitt darf auch nicht geschwommen oder mit Booten gefahren werden. Eine kleine Abflussrinne im Norwesten entwässert zum Marwanger Bach.

Zunächst aber ist der **Tüttensee** ein Ausflugsziel über das ganze Jahr und bietet sich zudem im Sommer als warmer Badesee und im Winter zum Schlittschuhlaufen an. Der abgeschiedene kleine Moorsee, der an seiner tiefsten Stelle 17 m misst, liegt in einem dichten Waldgebiet und Landschaftsschutzgebiet zwischen Grabenstätt und Vachendorf und gilt noch als Geheimtipp zur Erholung und zum Kraft tanken.
Der kreisrunde See mit einem Durchmesser von 200 m kann auch in einer gemütlichen Wanderung (1,75 km) in 45 Minuten umrundet werden. Der Meteoritenkrater-Wanderweg mit Infotafeln an fünf Stationen beginnt am Parkplatz vom Strandbad Tüttensee (Informationstafeln zum Chiemgau-Einschlag) und führt dort östlich in wenigen Minuten zum kleinen Strandbad und zum anschließenden Restaurant am Südufer. Er setzt sich durch Mischwald und entlang von Streuwiesen fort und lässt am Rand des Weges immer wieder auf ringwallartige Erhebungen blicken, die durchaus den Anschein eines Kraterrandes besitzen.

Das **Nordwestufer** besitzt einige freie Badezugänge und -plätze mit Holzsteganlagen, Leitern zum Wassereinstieg und Ruhebänken. Hier besitzt der See seine größte Kraft und lässt auch auf den Hochfelln blicken.

Ausgangsort Parkplatz Strandbad Tüttensee
Lueg 2, 83377 Vachendorf
Rundweg 45 Minuten
Jahreszeit ganzjährig
Gelände unschwierig
Gasthaus Restaurant Tüttensee, Tüttenseealm 1, 83377 Vachendorf
Sage Der Chiemgau-Impakt

SCAN ME

Weitere Infos über den Chiemgau-Einschlag: Schlossökonomie Grabenstätt (neben der Tourist-Info), daneben steht das Römermuseum (keltisch-römische Geschichte der Region). Am Tüttensee wurden ein römischer Grabstein und ein eiserner Schlüssel mit kunstvollem Bronzegriff in Form eines Pantherkopfes gefunden.

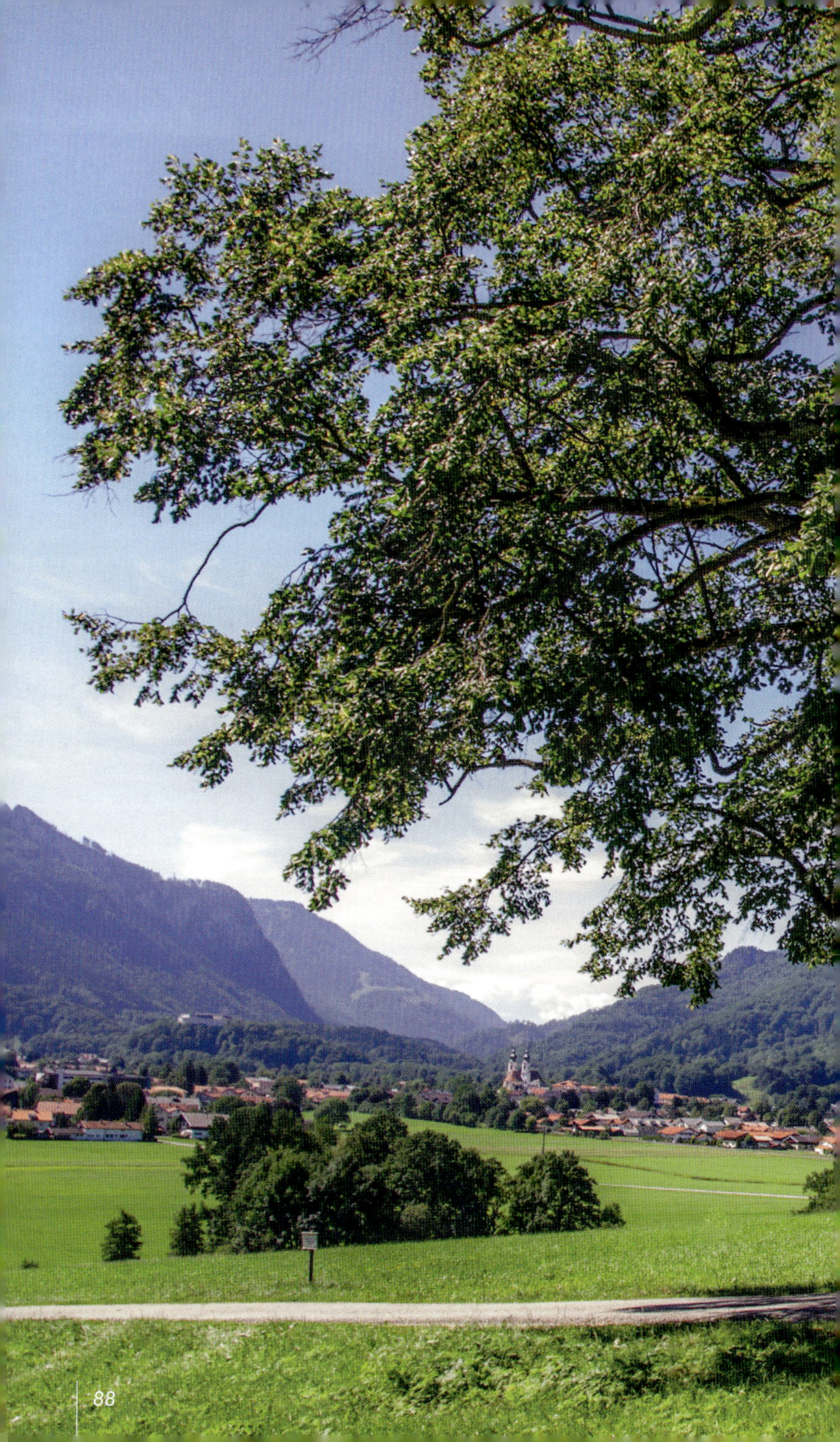

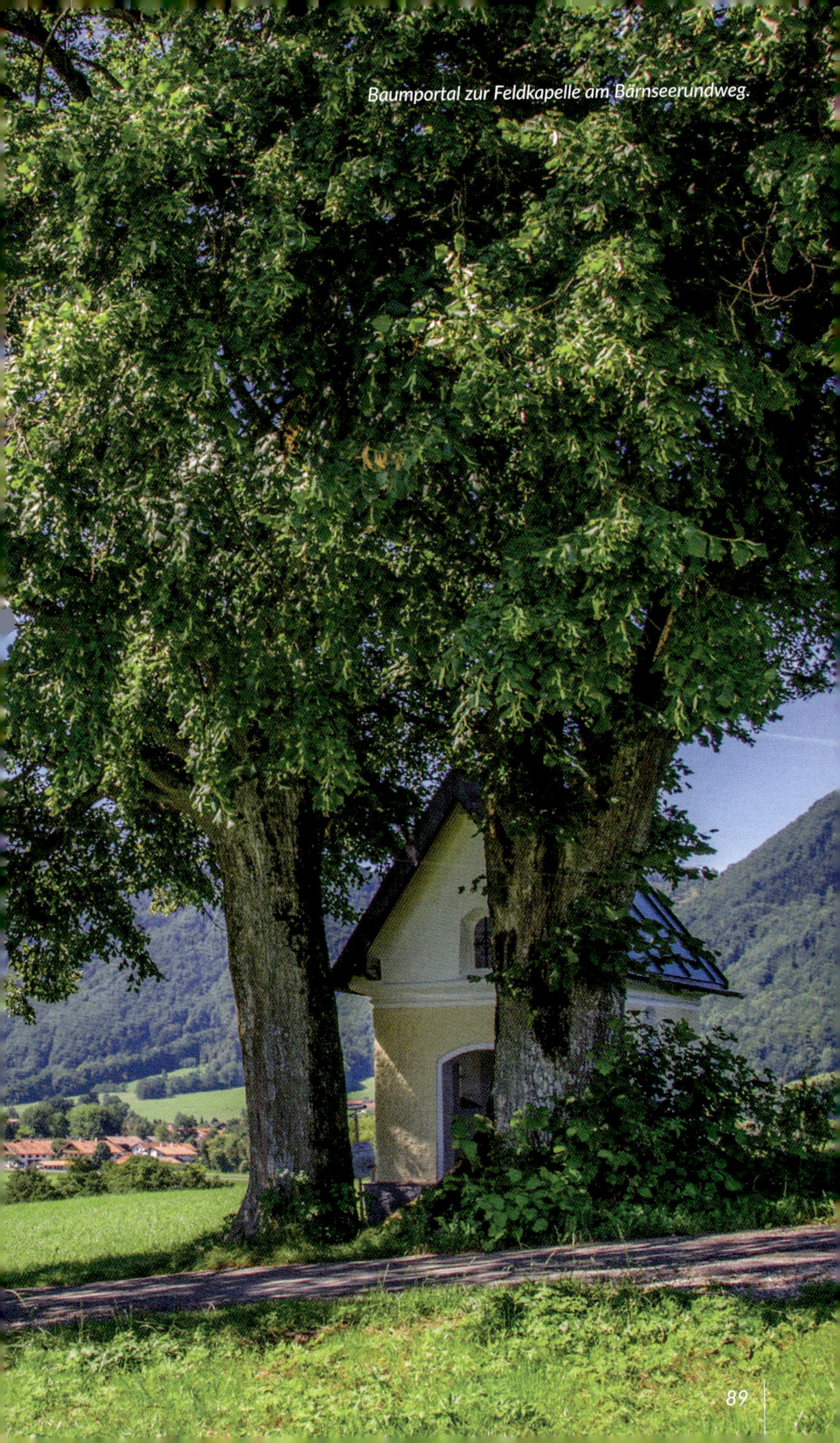

Baumportal zur Feldkapelle am Bärnseerundweg.

26 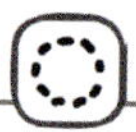 

Bärnsee bei Aschau

:: Ergründ´st du mich, dann schlünd´ich dich ::

Der schilfumstandene dunkle, kleine **Bärnsee** in einer bezaubernden Hochmoorlandschaft (Bärnseemoor) nördlich von Aschau gelegen ist ein verstecktes Kleinod. Die Rundwanderung um den Bärnsee berührt zwei Aschauer Themenwege: den Entschleunigungsweg – auch Bankerlweg genannt – und den Kapellenweg. Damit wird auch deutlich, dass dieser Spaziergang neben der Natur und ihrem Seekraftort auch einen Kult- und Entspannungsaspekt besitzt. Ein naturkundlicher Lehrpfad ermöglicht zudem einen guten Einblick in die geologische und biologische Besonderheit dieses Moorsees, über die heimische Flora und Fauna.
Die Tiefe des Sees wird aufgrund seines Status als **Naturschutzgebiet** mit Badeverbot wohl ein ewiges Geheimnis bleiben. Der Geist des Sees soll in Ruhe gelassen werden, die Besucher dürfen dennoch vom Uferrand aus seiner ansichtig werden.

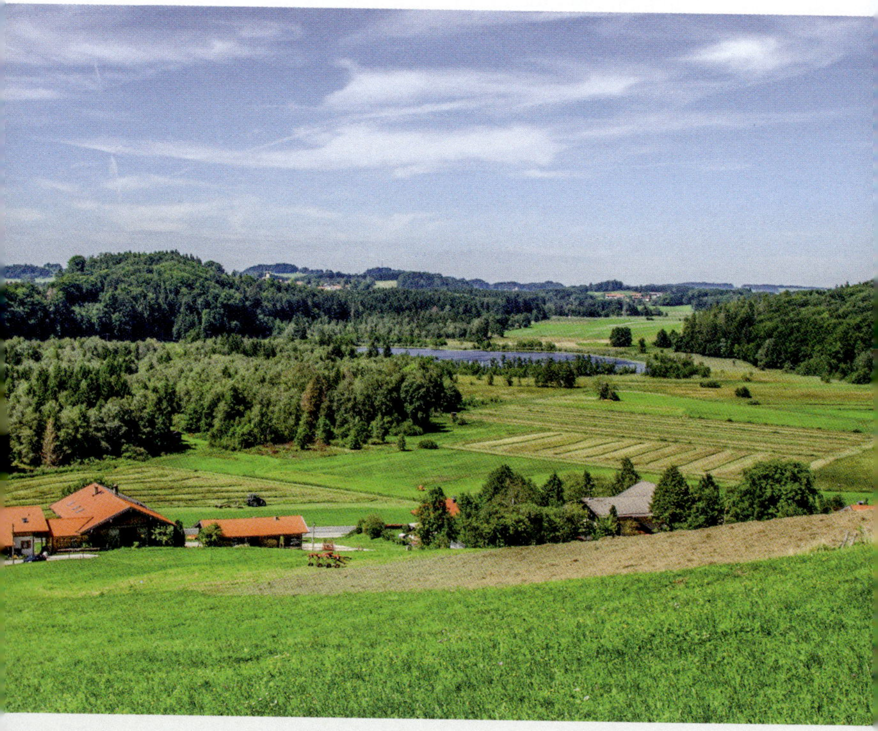

Blick vom Aschauer Ortsteil Bucha auf den Bärnsee.

Dieser einfache Rundweg (Nr. 24 / ausgeschildert) beginnt am Moorfreibad, welches vom Bärnsee gespeist wird, zunächst in nordöstlicher Richtung über einen ebenen Kiesweg bis zum Seesüdufer, dann wird der Weg schmaler und führt teilweise über Holzbohlen durch das Hochmoor. Bei starkem Regen sind die Moorabschnitte teilweise überflutet und schwer begehbar.

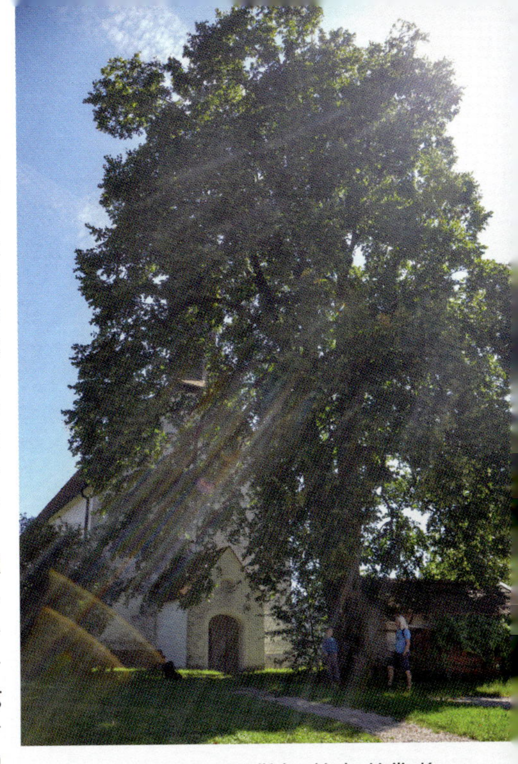

Wallfahrtskirche Heilig Kreuz.

Im anschließenden Mischwald wird es steiler, uneben und wurzeldurchzogen, bevor am Nordufer wieder ein Bohlenweg ansetzt. Ein weiterer Waldweg führt kurz und etwas steiler hinauf nach Höhenberg. An seinem Ende wartet eines jener besonderen Bankerl des **Aschauer Bankerlwegs**, das Erfinderbankerl und lädt zum Staunen, Ruhen und Genießen des Bergpanoramas (u.a. die Kampenwand, das Zellerhorn) und den Blick auf das Schloss Hohenaschau und das malerische Priental ein. Es ist ein kostenloser Logenplatz für die Seele. Wir sehen hier schon die ehemalige, stets verschlossene Wallfahrtskirche Heilig Kreuz (Kapellenwegstation Nr. 6) im gotischen Stil, die wir passieren und über einen Wiesenweg von Höhenberg langsam Richtung Parkplatz wieder absteigen. Eine kleine Feldkapelle aus dem 17. Jahrhundert (Kapellenwegstation Nr. 5) bietet nochmals eine Möglichkeit zur Einkehr. Zwei Wächterbäume bilden an dieser Stelle ein eindrucksvolles Baumportal, die auf diese Art und Weise zu einem Gespräch mit diesen Naturwesenheiten auffordern.
Kurz vor Erreichen des Ausgangsortes kehren wir am Café Pauli ein, das ebenfalls einen Besuch wert ist.

Die Sage vom Bärnsee

Draußen vor Haindorf liegt still und ernst der Bärnsee. Er war aber nicht immer dort. Einst stand in der grünen Au ein weitläufiges Nonnenkloster. Die Bewohnerinnen desselben sollen sehr eitel und wenig fromm gewesen sein. Statt der ein-

fachen, glatten Hauben trugen sie zierlich gekräuselte Spitzentücher. Sie gingen nicht in ihr einsames Klosterkirchlein, sondern kamen nach Aschau zum Pfarrgottesdienst. Sie wollten sehen und gesehen werden. Nur eine einzige Nonne blieb gut und fromm. Alle ihre Vorwürfe und Ermahnungen halfen nichts. In ihrer Not nahm sie das Heiligtum des Klosters, ein uraltes geschnitztes Kreuz und trug es aus dem Hause der Sünde hinauf nach Höhenberg. Im kleinen Kirchlein dort legte sie das Wunderkreuz nieder und weinte bitterlich über ihre Mitschwestern. Als sie sich endlich erhob und vor das Kirchlein trat, sah sie an Stelle des freundlichen Klosters den düsteren Bärnsee.

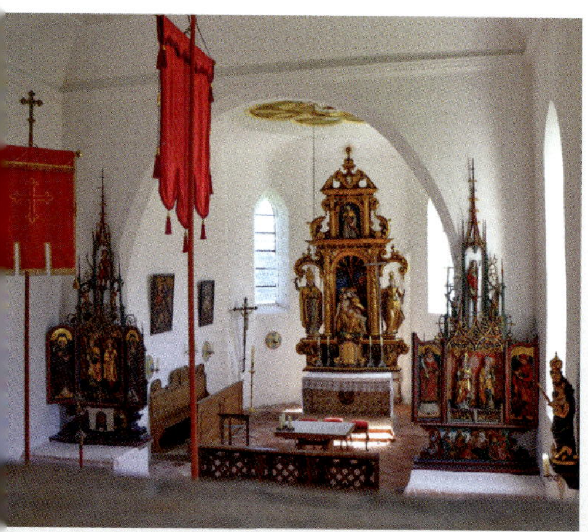

Die ehemalige Wallfahrtskirche gilt als ein kulturhistorisches Kleinod.

Eine weitere Sage schildert den Versuch zweier Burschen aus der Gegend, den Grund des Sees zu erreichen, was sie nicht schafften, aber in der Tiefe des Sees den Seegeist grollen und drohen hörten: „Ergründ'st du mich, dann schlünd' ich dich."

Somit sollte dem Wanderer bewusst sein, dass dieser Seegeist in Ruhe gelassen werden möchte und der Blick von einigen Stellen des Seerundwegs mit seinem zusätzlich prächtigen Bergpanorama ausreichend sein muss.

So wie der Seegeist seine Ruhe bewahrt, sollten wir es auch tun und den Stimmen der Natur lauschen – und vielleicht unserer inneren Stimme.

Ausgangsort	Parkplatz Moorbad, *Höhenbergstraße 1, 83229 Aschau*
Rundweg	1,5 Stunden
Gelände	unschwierig
Jahreszeit	ganzjährig, besonders empfehlenswert im Frühjahr oder Herbst
Gasthaus	Café Pauli
Sagen	Der unergründliche Bärnsee bei Aschau Die sündigen Nonnen

Radiästhesie- u. Geomantie-Lehrpfad Bernau

:: Intuition zur Wahrnehmung von Kraftorten schulen ::

Beim Wahrnehmen von Kraftorten und Kultplätzen sind wir auf unsere Intuition und unseren sechsten Sinn angewiesen. Geomantie und Radiästhesie als Erfahrungswissenschaft bieten dafür eine gute Grundlage. Die Radiästhesie ist dabei das Werkzeug der Geomantie (Weisheit der Erde) und untersucht die Wirkung von Strahlen auf den Organismus. Im Chiemgau und Rupertwinkel gibt es einige Anbieter von Schulungen und Haus-/Geländeuntersuchungen, jedoch hat die Gemeinde Bernau eine Möglichkeit geschaffen, die eigenen verborgenen Kräfte auf einem Lehrpfad zu erproben und auch zu trainieren. Entsprechende Hilfsmittel (Sonden, Wünschelruten oder Pendel) können dabei hilfreich sein. Es besteht jeden Montag zudem die Möglichkeit zur Teilnahme an Führungen über den Lehrpfad.

Der Radiästhesie- und Geomantie-Lehrpfad befindet sich im Kurpark von **Bernau** gleich neben dem christlichen Kultplatz der katholischen Sankt-

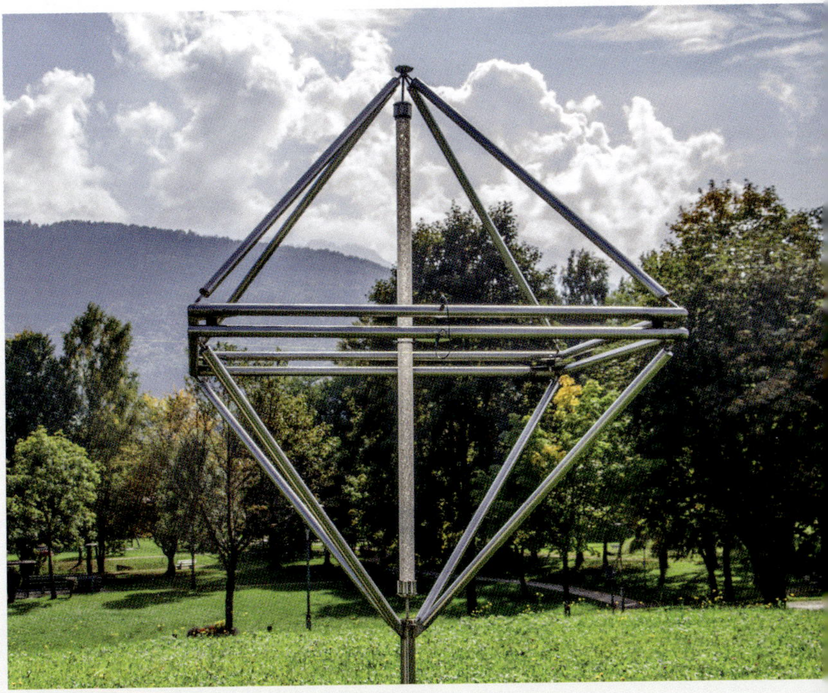

Energie-Doppelpyramide nach Ing. Heinz Grothoff.

Laurentius-Kirche aus dem 15. Jahrhundert mit vermutlich wesentlich früheren Ursprüngen.
In der gesamten Region gibt es eine Vielzahl an Energiefeldern. Die Mulde zwischen Kampenwand, Achen- und Priental ist energetisch sehr stark. Gerade der Kurpark mit seinem schönen alten Baumbestand, einem Bachlauf und dem Lehrpfad stellt die Erkenntnisse der Geomantie besonders anschaulich unter Beweis. Viele Ausbilder und Interessierte testen ihre Fähigkeiten, Wasseradern, geologische Verwerfungen, negative wie auch positive Stellen und vieles mehr auf dem Lehrpfad aufzufinden.
Der Park als eine Art Oase der Ruhe und Entspannung bietet neben dem üppigen Baumbestand, einen kleinen Bach, eine Kneipp-Anlage, einen Kinderspielplatz, einen Minigolfplatz, viele Ruhebänke und von dem sanft hügligen Gelände schöne Aussichten auf die Chiemgauer Berge.

Am Lehrpfad selbst sind markierte Punkte zu finden, unter anderem:

- Wasseradern
- Hartmann-Gitter GGN
- Currygitter DGN
- Kuben- oder Benkernetz
- Geologische Verwerfung
- Leyline

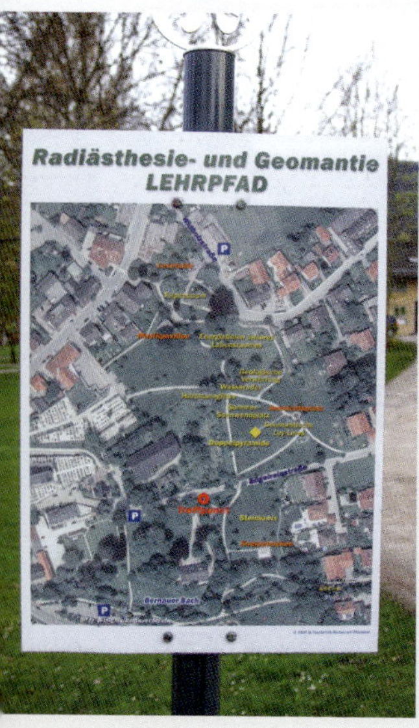

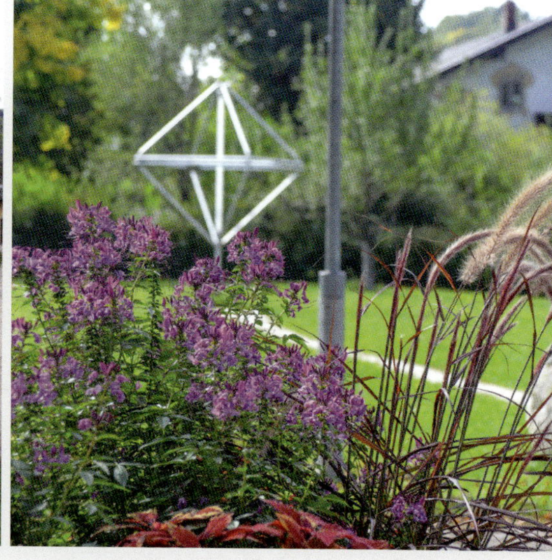

Wegweiser durch den Lehrpfad und eine Energiepyramide im Lehrpfad.

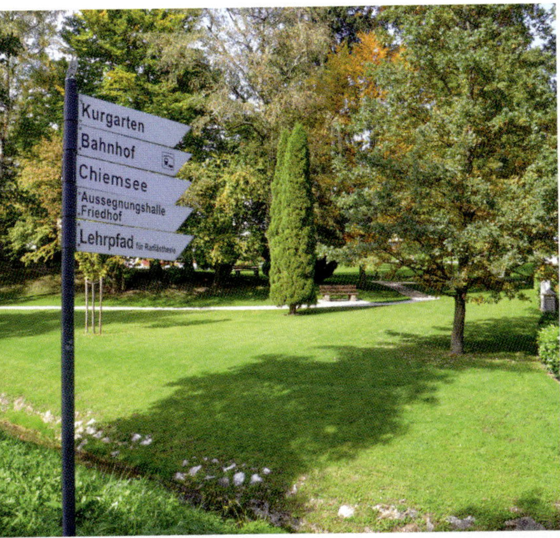

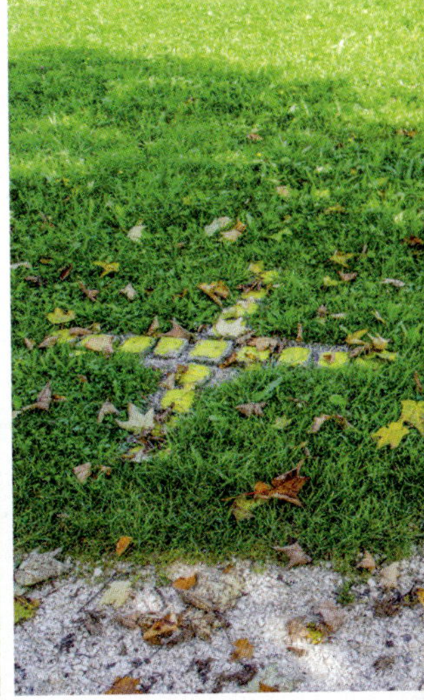

Bernauer Kurpark mit anschließendem Lehrpfad. Ein Currygitter (rechtes Bild).

- Energie-Ley
- Der Gute Platz
- Kraftbaum *(Buche)*
- Toter Baum *(Denkmal der Natur)*
- Sommersonnwendpunkt
- Planetenlinien
- Wasser- und Gitterkreuzungen
- Energie-Pyramide
- Hohlkörper

Ausgangsort Parkplatz Rottauer Straße am Minigolfplatz / Dorfzentrum

Hinweg Fünf Minuten

Treffpunkt für Führungen ist jeweils montags um 18 Uhr bei der Sitzgruppe am Kneippbecken. Die Führung dauert etwa zwei Stunden, ein Unkostenbeitrag wird erhoben. Weitere Informationen zur Führung bei Ursula Reusch, Telefon 08052 9540911.

Jahreszeit ganzjährig

Gelände leicht

Gasthaus mehrere im Ort

Sage --

SCAN ME

28 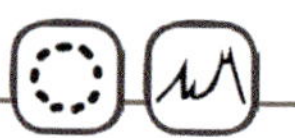

Märchenwald bei Ruhpolding-Brand, 720 m

:: Einen Feenwald entdecken ::

Der **Märchenwald bei Brand** ist nicht zu verwechseln mit dem Freizeitpark (früher Märchenpark) in Vorderbrand. Er ist kleiner, ein nicht überlaufener Wald und – vor allem – er ist naturbelassen. Ein Stück Natur, das nicht nur für Kinder ein besonderes Abenteuer bedeutet.

Der Wald mit seinen Felsblöcken entstand im 13. Jahrhundert durch einen Felssturz, wodurch Höhlen und Grotten gebildet wurden. Es ist ein beeindruckendes, einzigartiges Naturphänomen, das den Besucher in eine märchenhafte Welt eintauchen lässt und anregt, die Augen für die Welt der Waldgeister, der Elfen, Feen, Zwerge und Trolle zu öffnen.

Die Beschilderung ist eher spartanisch, schafft dadurch aber Freiraum für die eigene Intuition. Wir werden über Stock und Stein an urigen moosbewachsenen Felsen vorbei geführt, die teilweise mit den Bäumen verwachsen sind und werden eingeladen, eine Glückshöhle zu entdecken.

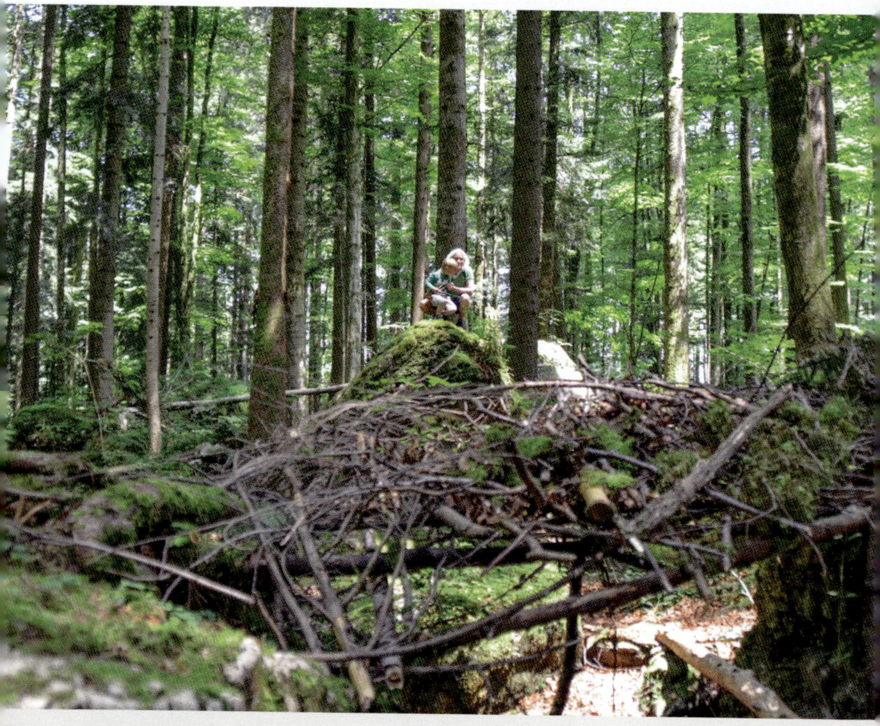

Entdeckung einer Wichtelhütte.

Der Märchenwald ist ein wahrhaftes Kletter- und Spielparadies für Kinder und durch seine schattige Lage auch im heißen Sommer für einen Besuch geeignet. Ruhebänke laden zum Verweilen und Einkehren ein.

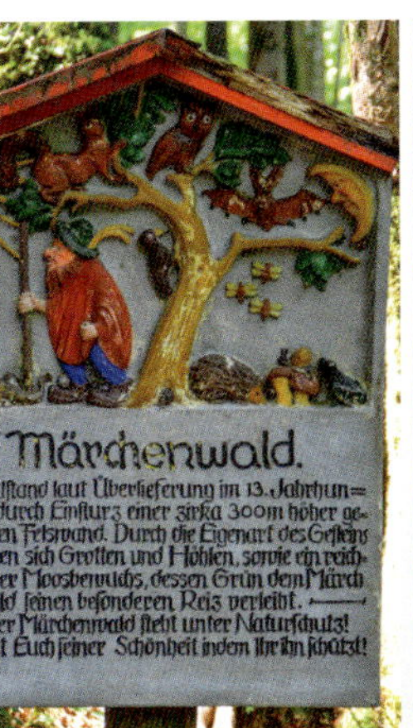

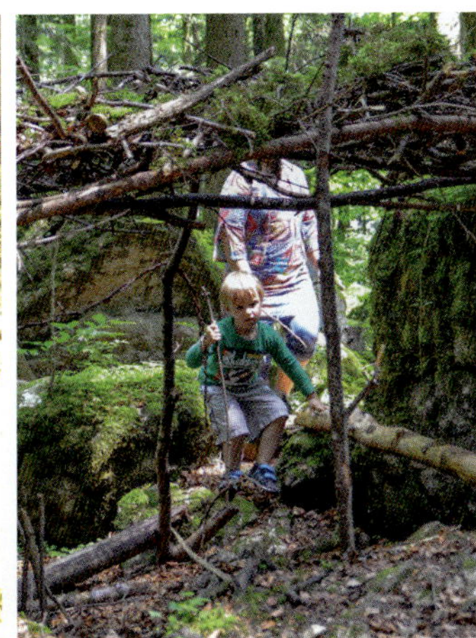
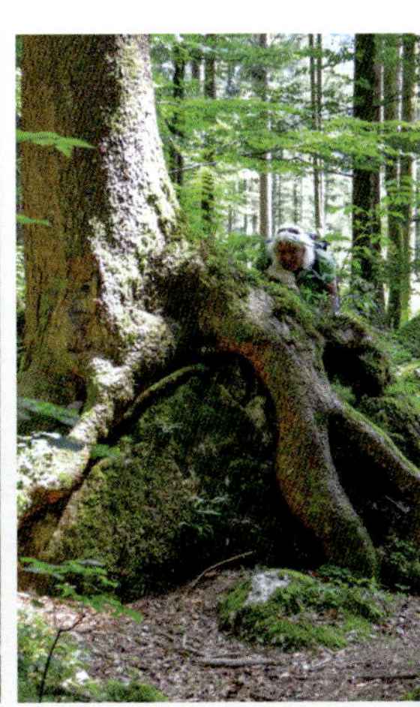

Der Wald mit seinen moosbewachsenen Felsen wirkt verzaubert.

Auch ein Rundweg über einen kleinen Wasserfall (Nesslauer Wasserfall, 833 m) ist möglich und bietet zudem einen Abstecher zu einem schön gelegenen Berggasthof (Butznwirt) an.

Zugang: Von Ruhpolding folgen wir der Beschilderung zum Freizeitpark in Vorderbrand, fahren aber daran vorbei bis in Brand rechts der kleine Wanderparkplatz kommt. Von dort ca. 150 m zurück bis zur Bushaltestelle mit Wartehäuschen und vor der Kurve links über die Brücke des Nesslauer Grabens. Ein Wegweiser führt uns nach links (markiert als SalzAlpenSteig), vorbei am historischen Bauernhof und ehemaligen Gasthaus Brand in wenigen Minuten zum Märchenwald.

Nach einem Holzsteg bietet ein Schild Informationen über die Entstehung des Märchenwaldes. Der nun folgende Pfad schlängelt sich schon mal unter oder über umgestürzten Bäumen hinweg oder zwischen den riesigen Felsen hindurch.

Nach einer letzten steilen Steigung im Felsgelände treffen wir auf einen Querweg und halten uns rechts über einen Bach bis zu einer Lichtung. Nach einem alten Schuppen geht es abwärts und wir überqueren auf einer Holzbrücke den Nesslauer Graben. Entweder wir steigen nun wieder hinunter zum Ausgangsort, gehen in wenigen Minuten der Beschilderung nach über die bald erreichte Almstraße (links halten) zum Butznwirt (810 m) oder folgen der Beschilderung zum Nesslauer Wasserfall, den wir von dort in 20 Minuten erreichen.

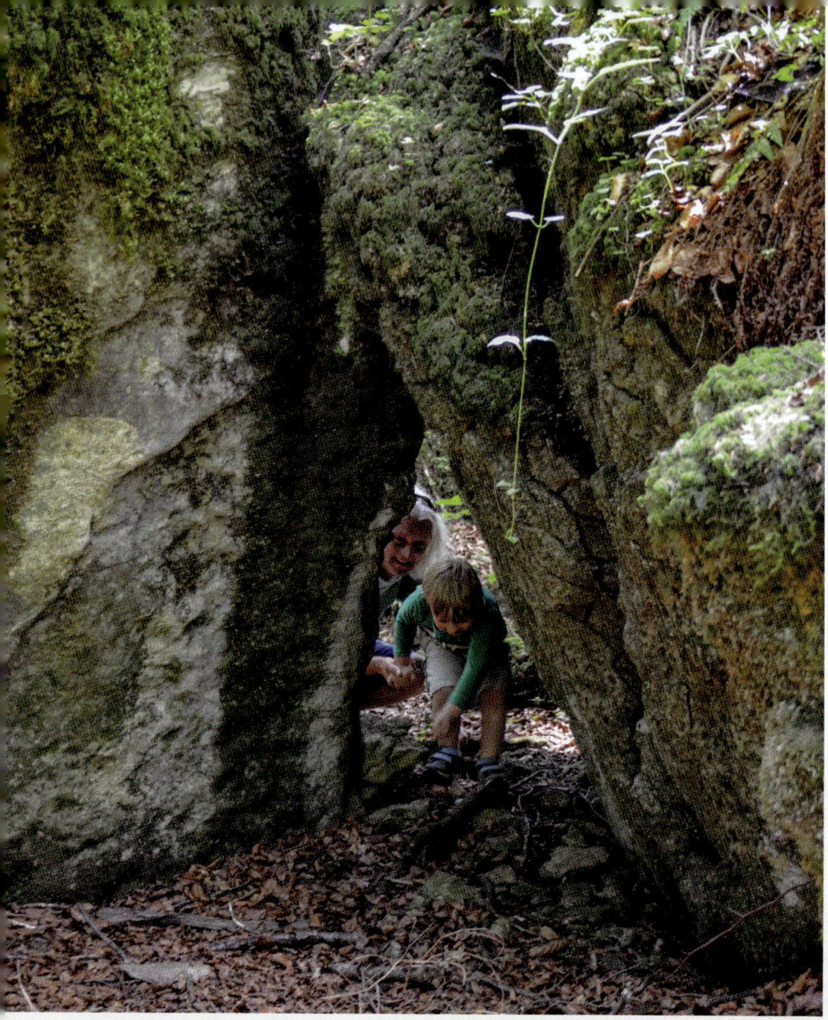

Ausgangsort Parkplatz Ruhpolding Ortsteil Brand
Rundweg 45 Minuten *(mit Wasserfallbesuch 1,5 Stunden)*
Jahreszeit März bis Oktober
Gelände leicht bis mittelschwer (festes Schuhwerk und Trittsicherheit empfehlenswert) bei Regen und Nässe sehr rutschig
Gasthaus Berggasthof Butznwirt
Sage Der Bergsturz von Brand

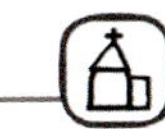 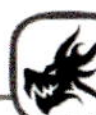 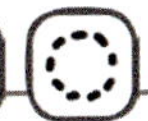

Maria Eck am Scharamberg bei Siegsdorf, 882 m

:: Eine Berginsel der Stille als Kultareal und Kraftort ::

Der **Wallfahrtsort Maria Eck** im Siegsdorfer Ortsteil Scharam zählt zu den zwölf überlieferten alten Kultorten aus der Lazarus Gitschner-Sage vom Untersberg und ist eine der begehrtesten Pilgerziele im Chiemgau. Hier beginnt also einer jener Seelenwege, der die Verstorbenen – begleitet von den Zwergen – auf dem Weg zum Zwischenreich, dem Untersberg, in den Schoß der Bergmutter Percht führt. Und es ist bemerkenswert, was sich hier an Kult und Kraft kumuliert und über die Zeiten hinweg manifestiert hat:

- ein Wallfahrtsort mit Kirche und Kloster
- zwei Meditationswege
  (Sonnengesangweg erbaut 2016, FranziskusWortWeg erbaut 2006)
- eine Heilquelle *(Marienbrunnen)* mit Linde
- eine Einsiedelei *(Franziskusklause)*
- eine Waldkapelle mit Mariengrotte
- eine überlieferte Lichterscheinung
- ein Kultstein *(Maria Rast)*
- Geburtsort des bekanntesten bayerischen Hellsehers Alois Irlmaier
- mächtige Kraftbäume *(Buchen)* im Gipfelbereich des Hügels
- eine Leyline
- ein Labyrinth

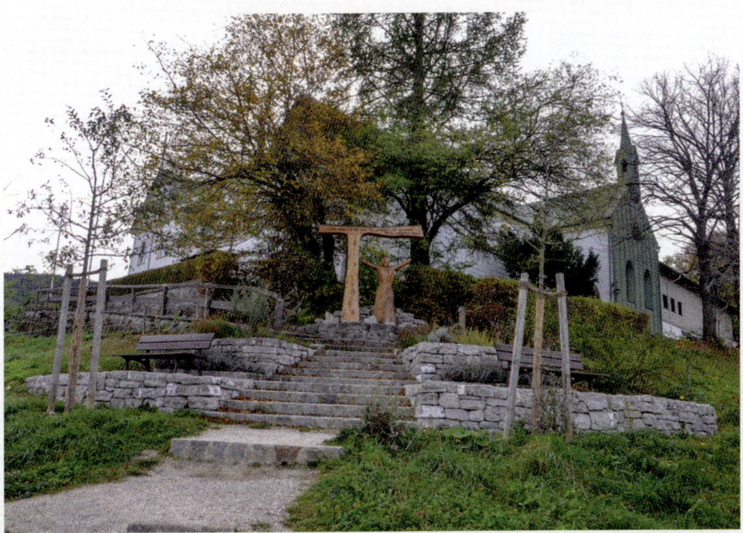

Sonnenweg unterhalb des Klosters.

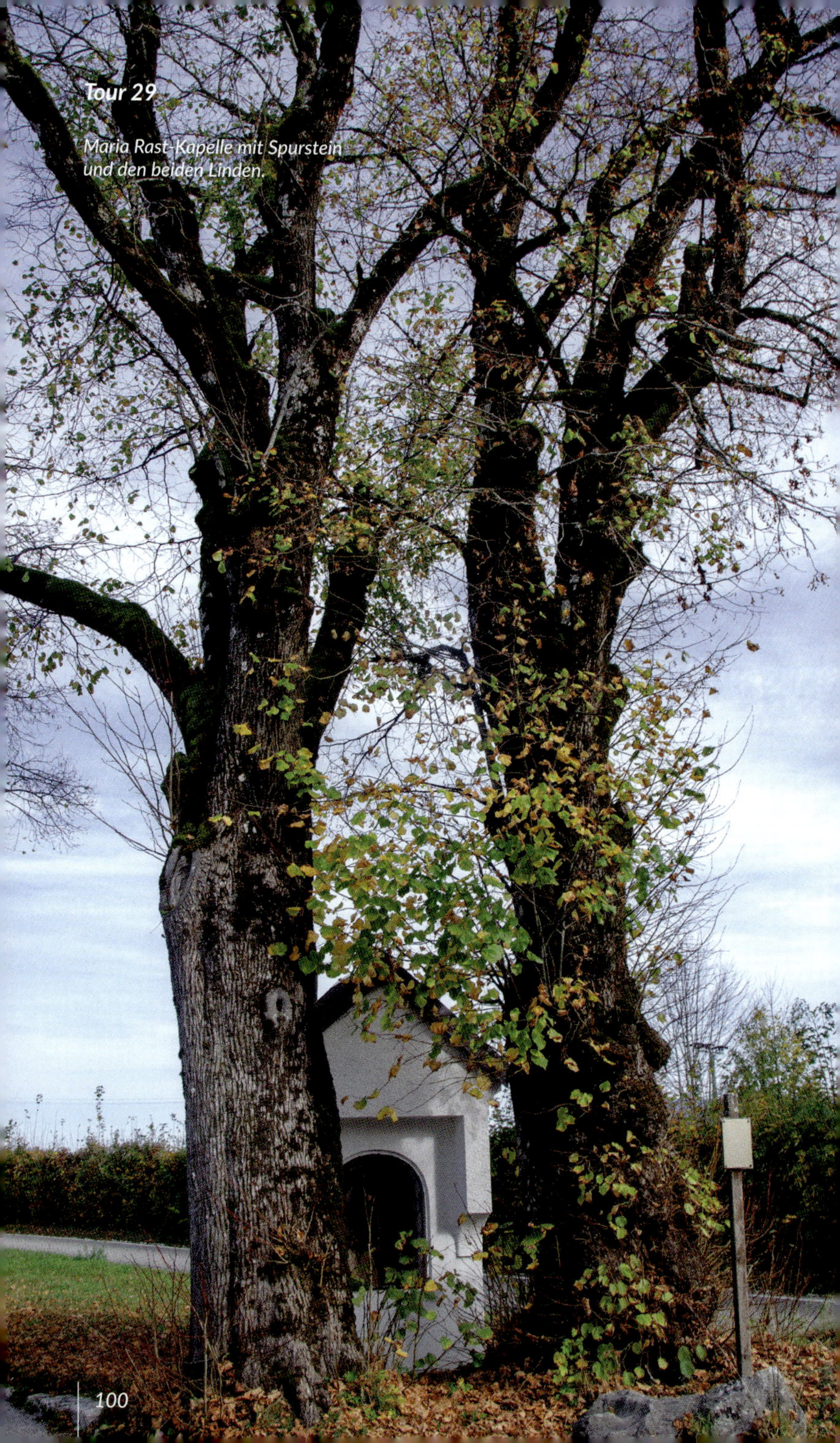

Tour 29

Maria Rast-Kapelle mit Spurstein und den beiden Linden.

Schon bei der Anfahrt sollte der Besucher einen Zwischenstopp – eine „Rast" – einlegen. Ein Kilometer vor Maria Eck befindet sich die Kapelle Maria Rast mit einem Kultstein. Der Überlieferung nach soll die Gottes Mutter Maria bei der Rückbringung eines entwendeten Marienbildnisses sich auf den Stein unter einer Linde niedergelassen haben. Ihre Tränen sollen dem Felsen eine tiefe Mulde (= Spurstein) beschert und die daraufhin sich hier Niedersetzenden von Kreuzschmerzen und Müdigkeit dauerhaft befreit haben.

Die heute noch vorhandenen zwei Linden sind „mütterliche" Baumpersönlichkeiten, mit herzförmigen Blättern, süßem Blütenduft und ausladenden Kronen, die eine besondere Anziehungskraft haben und ein Gefühl von Geborgenheit spenden. Die Linden besitzen in vielen Kulturen eine hohe religiöse und mythologische Bedeutung bzw. Symbolkraft, die vermutlich auch zur Legendenentstehung von Maria Rast beigetragen hat. An diesem Ort ist eine starke Verbindung von Felsen und Baum wahrzunehmen, die schließlich auch den Kult begründete. Sogar die Straßenführung geht auf die energetische Besonderheit ein, indem sich die Straße (Maria-Eck-Straße) vor der Kultstätte aufteilt und eine „kultige" Verkehrsinsel von 80 m Länge schuf.

Auch wenn durch den mäßig vorbeifließenden Verkehr wenig Ruhe vorhanden ist, hat der Ort seine (Heil-) Kraft behalten und mag besonders bei Kreuzerkrankungen und zu Vitalisierungszwecken gute Erfolge erzielen. Einen (Rast-) Versuch ist es immer wert! Gleich nebenan führt in 100 m Entfernung am Waldrand der eigentliche Fußpilgerweg nach Maria Eck.

Siegsdorf-Scharam ist auch Geburtsort von dem Hellseher Alois Irlmaier (*1894 †1959), der hier am Bruckthalerhof aufwuchs. Der Hof ist bei Oberscharam in der Mitte zwischen Maria Rast und Maria Eck gelegen. Seine Hellsichtigkeit bekam Alois erst, als er mit seiner Familie nach Freilassing umgezogen war. Als Kind besaß er jedoch schon seine Strahlenfühligkeit, die er später als Brunnenbauer zum Aufsuchen von Wasseradern beruflich einsetzen konnte. Die starken positiven Erd- und Heilungsenergien bei Scharam, insbesondere bei Maria Rast und Maria Eck, die nachweislich seine Spielgebiete als Kind waren, haben vermutlich seine Fühligkeit gefördert oder sogar entstehen lassen. Interessanterweise befindet sich heute am Bruckthalerhof eine Tierarztpraxis.

Die Wallfahrt nach Maria Eck entstand, der Sage nach, aufgrund einer wunderbaren Lichterscheinung auf dem heutigen Kirchenhügel, Anfang des 17. Jahrhunderts: *In einer finsteren Neumondnacht des Jahres 1626 lief eine auf-*

geregte Sennerin zum Pfarrer: Sie habe soeben auf den Almwiesen oberhalb von Siegsdorf drei Lichter brennen gesehen, die Stelle habe sie sich gemerkt, er solle schnell mitkommen. Der Pfarrer sah die Lichter ebenfalls, meldete den Vorfall dem Bischof und dieser deutete das Zeichen so: Die drei Lichter stünden für die heilige Dreifaltigkeit, welche den Menschen mitteilen wolle, dass sie hier eine Kirche bauen sollten. So geschah es, doch es erlosch daraufhin nur ein Licht. Erst als man die Kirche um zwei Altäre erweitert hatte, brannte keines mehr.

Marienkirchen sind in Wirklichkeit der Urmutter, der großen (Mutter) Göttin geweiht. Viele heidnische Tempel und Heiligtümer wurden in Marienkirchen umgewandelt. Der Mythos jener großen Mutter ist jedoch weitaus älter als das Christentum und ist in Wirklichkeit ein heidnischer Mythos. Auch die Kelten kannten eine Art Dreifaltigkeit (z.B. symbolisiert in der Triskele) und verehrten die Große Mutter, eine Mondgöttin (drei Mondphasen).
Das alte Wissen um die drei Mondphasen überliefert in den drei Lichtern vom Scharamberg?
Unterhalb der Marienkirche am einstigen Standort einer mächtigen **Linde** wurde über den Quellursprung eine Wasserkapelle mit einem Marienbrunnen erbaut. Diese Quelle wurde früher als heilkräftig verehrt. Heute fließt dort das Siegsdorfer Leitungswasser und dennoch wird das Wasser von Gläubigen abgefüllt und mitgenommen. Die positiven Erdstrahlen laden das Wasser an dieser Stelle immer noch ausreichend auf und es sollte durchaus auf seine Wirkung erprobt werden. Seit 1626 bis heute wird in Maria Eck ein

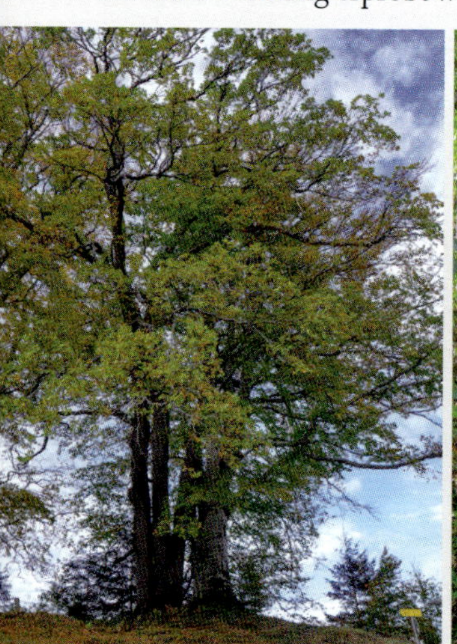

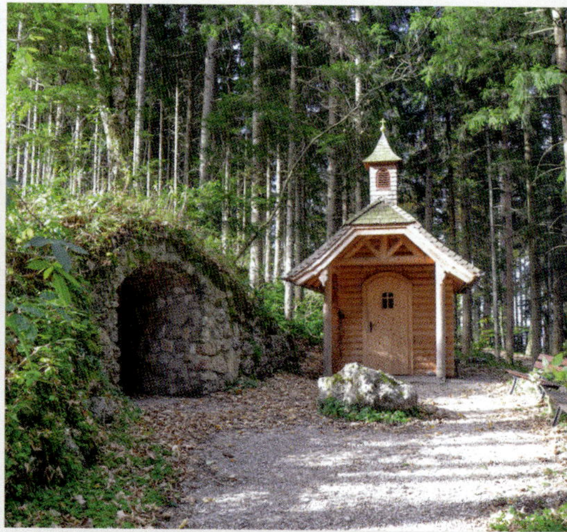

Kraftbäume am Scharamberg und Eingang Mariengrotte mit Waldkapelle.

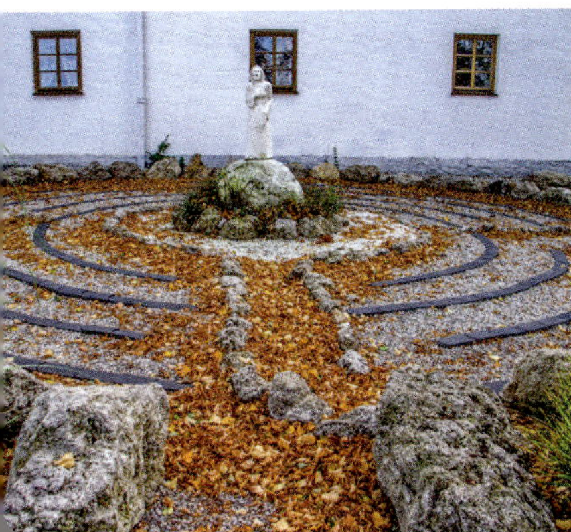

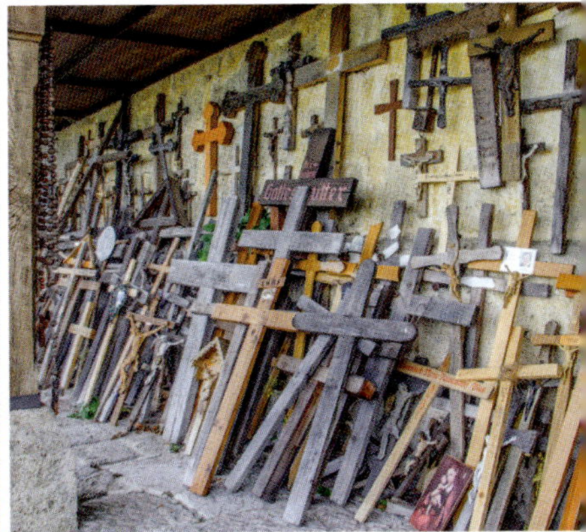

Begehbares Labyrinth mit Figur des heiligen Franz von Assisi im Zentrum. Abgelegte Votivkreuze hinter der Marienkirche.

Mirakelbuch geführt, welches 1300 wundersame Heilungen, Geschehnisse und Gebetserhörungen verzeichnet. Hinter der Kirche, wo sich eine schöne Aussicht auf den Chiemsee bietet, sind unzählige Votivgaben, insbesondere Votivkreuze gelagert. Auch in der Kirche selbst gibt es einen kleinen Raum voller Votivbilder.

Gegenüber der Kirche liegt das Kloster, das u.a. über den **Sonnengesangweg** mit seinem Leitgedanken des geschwisterlichen Verbundenseins mit Bruder Mond, Schwester Sonne und den Sternen mit den vier Elementen und Mutter Erde sinnlich erfahrbar macht, erreicht werden kann. Dieser Themenweg führt auch zur Antoniuskapelle und dem Franziskus-Wort-Weg, die an der Nordseite des Klosters erbaut sind. Mit Terrassen, Brunnen, Felsen, Figuren, Holzsäulen, ansprechenden Bepflanzungen und einem Steinlabyrinth wurden die Themenwege gestaltet und laden dazu ein, für seinen eigenen Lebensweg wichtige Worte des heiligen Franziskus zu betrachten und zu verinnerlichen. Das Kloster wurde zunächst von den Benediktinern des Klosters Seeon betreut und seit 1891 von den Franziskaner-Minoriten. Neben den regulären Gottesdiensten, Wallfahrtsmessen, Kirchenführungen, Hochzeiten und zahlreichen Taufen bieten die Brüder ein umfangreiches Angebot an: Im Kloster besteht seit vielen Jahren für Urlaubs- und Exerzitiengäste die Möglichkeit zu Erholung und Besinnung. 2013 wurde in einer 15 Minuten entfernten Waldlichtung ein Blockhaus mit Zen-Steingarten als Einsiedelei – die Franziskusklause – errichtet. Sie soll den Einsamkeit Suchenden einen Rückzugsort geben, wo sie fern dem Trubel der modernen Welt in der Abgeschiedenheit des Waldes und in seiner unberührten Natur sich und

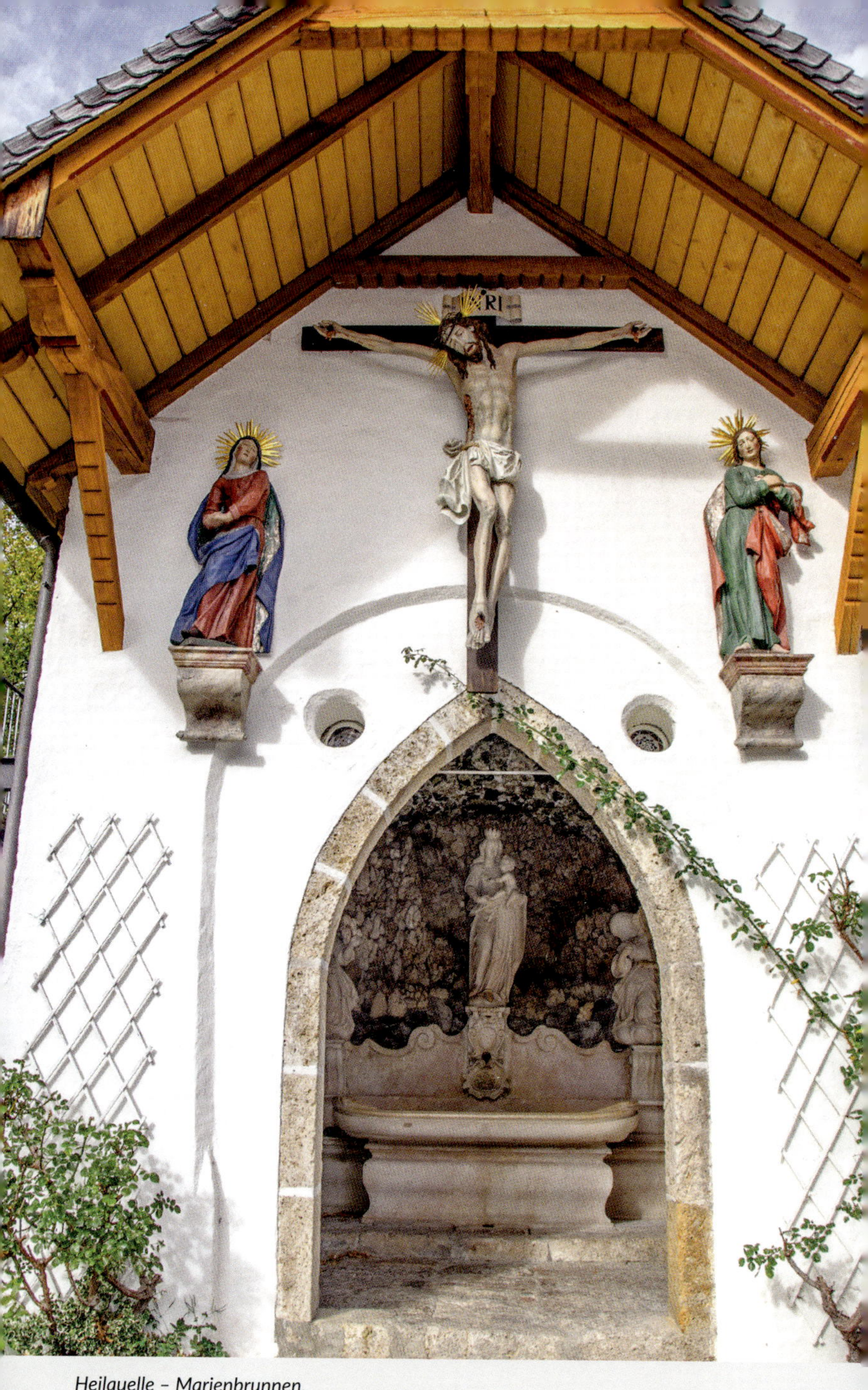

Heilquelle – Marienbrunnen.

Gott wieder näher kommen. Im Jahr 2000 wurde zudem die Lebens- und Glaubensschule gegründet. Neben den verschiedenen Wallfahrten der einzelnen Gemeinden finden jährlich die traditionelle Trachtenwallfahrt des Gauverbandes und die Wallfahrt der Krieger- und Soldatenkameradschaft statt.

Kurz nach dem Kloster führt ein breiter Wanderweg weiter zu den sanften Hügeln des Scharamberges. Auf dem ersten Gipfelabschnitt fallen die in einer Zeile ausgerichteten mächtigen und uralten Buchen auf, die als Naturwesenheiten über das Klosterareal wachen. Am Beginn der Baumreihe steht das **Chiemgauer Heimatkreuz** als Segenszeichen für die Menschen im Chiemgau. Die kleine Kreuzterrasse bietet wieder ein wundervolles Chiemseepanorama und zwölf kreisförmig angeordnete Sitze aus Baumstämmen – eine „zufällige“ Resonanz mit der Gitschner-Sage und den zwölf Untersbergkirchen.

Am Wanderweg folgt nun nach der Buchenreihe nach wenigen Metern auf der linken Seite die **Stahlskulptur** „Marias Auge“, die der Chiemgauer Künstler Walter Angerer der Jüngere schuf. Hier kann eine Marienerscheinung Realität werden. Dazu schreibt der Künstler: *„Wer die Maria für etwa 40 Sekunden fixiert und dann in den Himmel oder auf eine weiße Fläche schaut, der hat ein paar Sekunden später eine Marienerscheinung, weil er das Bild dann im Positiv sieht.“*

Am bald darauf folgenden klösterlichen Mittereck-Stadel werden an einem schön hergerichteten Weiher Sitzbänke angeboten, die herrliche Aussicht auf die Berge und die Ruhe zu genießen.

In 15 Minuten erreichen wird dann noch die **Waldkapelle** mit der Mariengrotte. Hier wurde früher Kalk gebrannt.

Maria Eck liegt zu guter Letzt auf der mächtigen **Leyline** Berchtesgaden-München-Karlsruhe, zu der auch die Chiemseeinseln gehören.

Ausgangsort	Parkplatz Maria Eck
Hinweg	bis zur Waldkapelle 30 Minuten
Jahreszeit	ganzjährig
Gelände	leicht
Gasthaus	Klostergasthof Maria Eck
Sagen	Die Gründung von Maria Eck Das Heilwasser der Brunnenkapelle Der heilkräftige Stein am Scharamberg Maria Ecker Pfennige Der Seher vom Scharamberg

SCAN ME

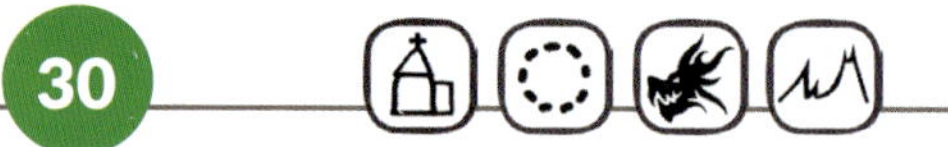

Maria Tann bei Teisendorf-Rückstetten

:: Ein verborgenes Baumheiligtum ::

Wallfahrtsorte, die noch bepilgert werden, sind in dieser Region gut bekannt. Die kleine **Marienkapelle** im Wald und ihre Wallfahrt ist jedoch wenig bekannt – vielleicht liegt es auch an ihrer versteckten Lage im ländlichen Raum zwischen Teisendorf und Waging. Wallfahrtstag ist der 15. August, also Mariä Himmelfahrt, der Hohe Frauentag immer um 14 Uhr. Dieser Termin und der mythologische Hintergrund machen deutlich, dass es sich um einen alten **Frauenkultort** handelt.

Zwei Sagen geben Aufschluss über den Ursprung der Kapelle und des Kultes. So soll ein Jäger einst von seinem Hochstand heruntergefallen sein und sich ein Schuss aus seinem Gewehr gelöst haben. Der Jäger blieb glücklicherweise unverletzt und hat eine Votivtafel bei der Moaritann angebracht. Aus dieser Überlieferung lässt sich jedoch nur der Schutzchakrakter des stillen Waldortes heraus lesen.

Da ist die andere Sage vom Baumheiligtum schon wesentlich aufschlussreicher. Auf einem Schild neben der Kapelle steht zu lesen: *Einst stand hier eine mächtige Tanne. Sie war weithin unter dem Namen „Moaritann" bekannt. Sie markierte die Grenze zwischen den Gerichten Helmberg bei Waging und Raschen-*

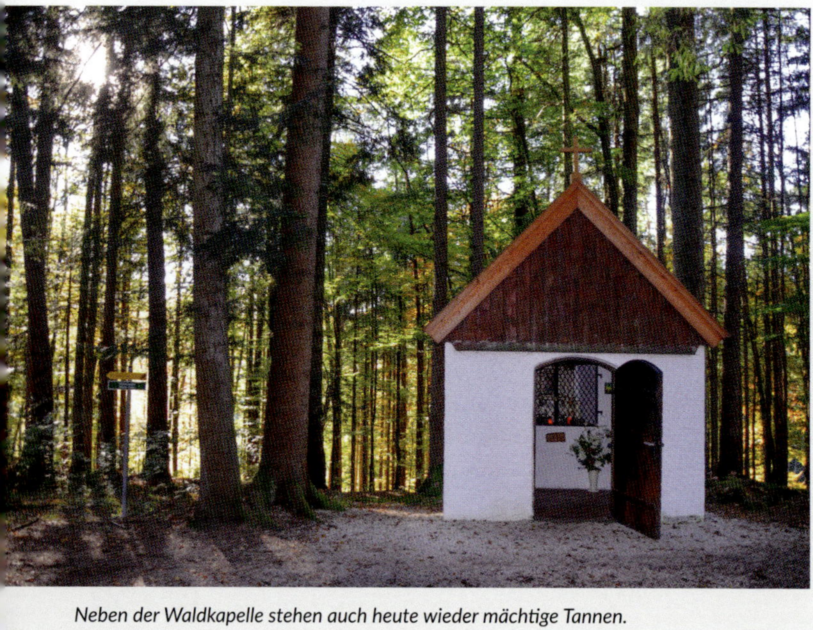

Neben der Waldkapelle stehen auch heute wieder mächtige Tannen.

berg bei Oberteisendorf. Für die Bevölkerung der näheren Umgebung galt der Baum auch als Pilgerstätte zur Muttergottes. Sein Kronenraum hing voll von Krücken und Opferstöckl. 1899 errichteten die Schnaiter Bauern an der Stelle der Moaritann eine Kapelle mit dem Namen Maria Tann.

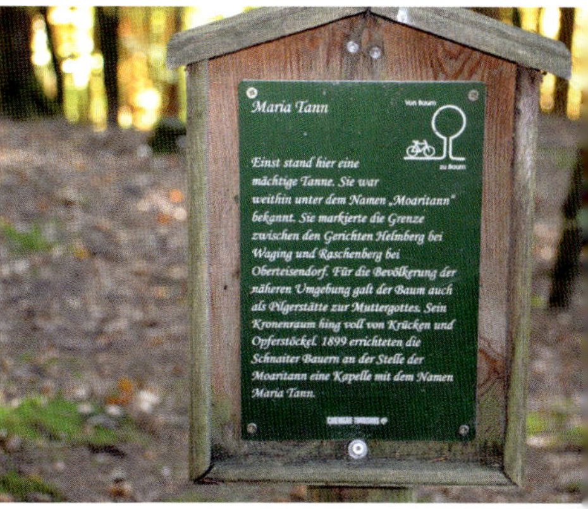

Infotafel neben der Kapelle.

Ein Baum mit eigenem Namen lässt auf seine Bedeutung schließen – nicht nur als Grenzort zwischen zwei Gerichtsgebieten. Die Pilgerstätte Muttergottes hat heilenden Charakter, worauf die Votivgaben im ehemaligen Baumheiligtum deuten. Vermutlich ist der Baum an Altersschwäche gestorben, jedoch stehen heute in der Umgebung der Kapelle einige große alten Tannen. Auch die Ruhebänke unter den Bäumen unterstreichen noch heute die Verbindung zu den Waldwesen. Es ist ein stiller, kraftvoller Waldort, der durch die Kapelle seine sakrale Eigenart bewahren konnte.
Bei meinem ersten Besuch empfing mich ein lautes Klopfen von einem unsichtbaren Waldbewohner. Als ich mich der Richtung des Klopfens näherte, wurde es plötzlich still und kurz darauf vernahm ich das Schlagen mächtiger Flügel, konnte aber den potentiellen Waldvogel nicht sehen. Er machte den Anschein eines Wächterwesens.

Zugang: 300 m östlich des Weilers Hofholz (Gemeinde Teisendorf, Ortsteil Rückstetten) direkt neben dem Bahngleis, zweigt der ausgeschilderte, befahrbare Waldweg nach Maria Tann ab. Nach knapp 1,5 km auf dem St. Rupert Pilgerweg erreicht man die Waldkapelle, die immer aufgeschlossen ist.

Ausgangsort	Hofholz, Gemeinde Teisendorf
Hinweg	bis zur Waldkapelle 20 Minuten zu Fuß *(auch per Auto erreichbar)*
Jahreszeit	ganzjährig
Gelände	leicht
Gasthaus	--
Sagen	Moaritann – Pilgerstätte zur Muttergottes Das Versprechen des Jägers

SCAN ME

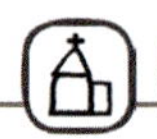
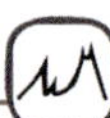

Heilsame Primusquelle von Bad Adelholzen

:: Von der Heilquelle zum Weltvertrieb ::

Der römische Legionär Primus hielt sich im 3. Jahrhundert nach Christus als Glaubensbote und Einsiedler im Chiemgau auf. 280 n. Chr. soll er dabei die Heilquelle „im Holze des Andlo“ (= Namensursprung) entdeckt haben. Mit dem heilsamen Wasser und durch Gebete soll der später heilig gesprochene Sankt Primus Arme und Kranke geheilt haben und wirkte zudem als Missionar.

Im 16. Jahrhundert wurde Adelholzen zum Kurbad für einheimische Bauern, Bürger und Handwerker. Im 17. Jahrhundert entdeckte der Adel das Kurbad für sich. Es gilt als das älteste Heilbad Bayerns. 1907 erwarb die Kongregation der Barmherzigen Schwestern vom hl. Vinzenz von Paul die Quelle und wollte dadurch das kostbare Heilwasser möglichst vielen Menschen zugängig machen. Inzwischen ist sie eine staatlich anerkannte Heilquelle und durch ihre stetig wachsende Popularität wurde die Adelholzener Alpenquellen GmbH zu den größten Mineralbrunnen in Deutschland.

Während unten im Tal neben dem einstigen Heilwasser jährlich 600 Millionen Mineralwässer und Erfrischungsgetränke in Flaschen abgefüllt werden,

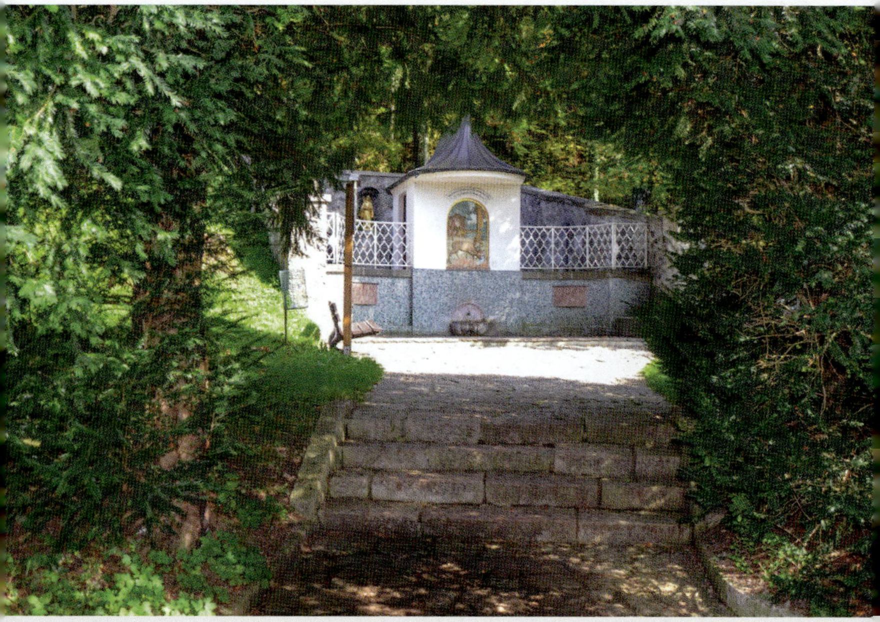

Das Quellheiligtum von Bad Adelholzen.

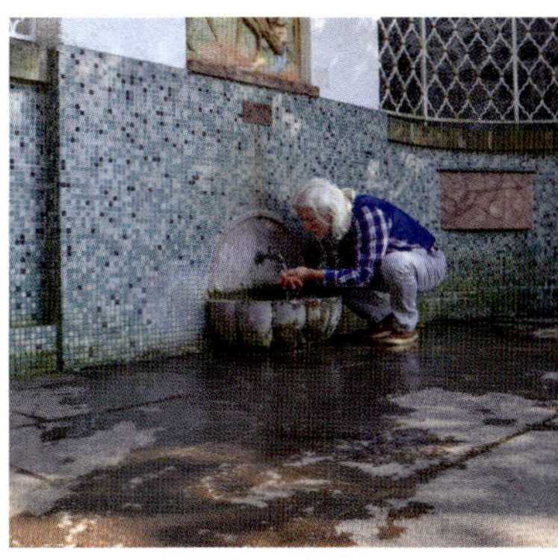
Der Autor an der Heilquellenfassung.

blieb oben am Berg beim Schwesternwohnheim eine sakrale Beschaulichkeit erhalten. Es öffnet sich der Blick zum gegenüberliegenden Wallfahrtsort Maria Eck und in der öffentlich zugängigen gepflegten parkähnlichen Gartenanlage am Waldhang lässt es sich gut einkehren und zur Ruhe kommen.

Die Quelle – eigentlich sind es drei Quellen, die im Abstand von wenigen Metern entspringen – wurde zu einem Quellheiligtum mit ansprechender Quellfassung und Kapelle gestaltet und alte Eiben und Linden als ehrwürdige Bäume des Volksglaubens tragen ihren Teil zum Entschleunigen bei. Hier liegt (christlicher) Kult- und Kraftort direkt beisammen. Am stetig fließenden Brunnen kann das Heilwasser kostenlos getrunken und abgefüllt werden. Allerdings wurde die Schüttung reduziert, um dem maßlosen Abfüllen vieler Wasserfans Einhalt zu gebieten. Dennoch reisen tagtäglich jede Menge Besucher mit Wasserbehältnissen an und es kommt daher immer wieder zu Wartezeiten.

Indikationen des Heilwassers sind: Gallenwegserkrankungen, Erkrankungen der ableitenden Harnwege, Magen- und Darmerkrankungen, Verstopfung, unterstützend bei Stoffwechselerkrankungen, Hypertonie, Initialtherapie bei Diabetes, Gicht und Fettsucht.

Wir haben erstlich das Wasser gekostet, und bemerket: dass es eine annehmliche Süße auf der Zunge und dem Gaumen hinterlässt. So ist das Wasser auch nicht schwer, noch matt, noch zu frisch, oder hart; sondern mild, lieblich, gelind und gut zu trinken; verursachet nicht leicht eine Blähung, und geht bald wieder durch.

Dr. Georgius Bopp, 1629

Ausgangsort	Adelholzener Str. 74, 83313 Siegsdorf *(kleiner Parkplatz auf der rechten Seite)*
Hinweg	zwei Minuten
Jahreszeit	ganzjährig
Gelände	leicht *(Treppen bis zum Brunnen)*
Gasthaus	--
Sage	Die Quelle des hl. Primus in Bad Adelholzen

SCAN ME

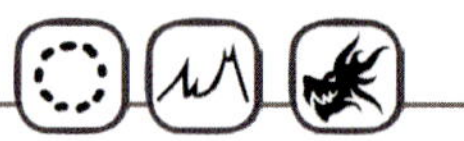

Frillensee bei Inzell-Adlgaß, 922 m

:: Der goldene Kühlschrank des Chiemgaus ::

In einem Talkessel an der Nordflanke des Zwiesels und Staufens in der Gemeinde Inzell liegt der **idyllische Bergsee** (Fläche: 4,3 ha, Länge: 340 m, Breite: 130 m, Tiefe: 7,5 m). Da der See oft schon im November zugefroren und als kältester See Deutschlands bekannt ist, war er lange Zeit bei den Eissportlern beliebt. 1959 begann dort die Eissportgeschichte Inzells, die mit dem Bau des Eisstadions Inzell jedoch wieder endete. Eine Besonderheit ist, dass der See nicht wie üblich vom Rand, sondern von der Mitte her zufriert.

Heute ist er ein beliebtes Ausflugsziel und die Mythen deuten auf die geheimnisvollen Kräfte seines Wassers hin. Wieder einmal sind es die verborgenen Schätze eines Berges, die ihn so geheimnisvoll und unnahbar erscheinen lassen. Da wird von Goldsand berichtet (Goldtropfwand und Goldener Zweig am Staufen, Goldbrünnlein am Zwiesel) und von seinen Gefahren am Frillensee (Strudel, Erdbeben, Vulkanausbruch). Bergseen und Quellen gelten als Zugänge zu den Berggeistern. Hier fließt ihr Blut, ihre Lebensader –

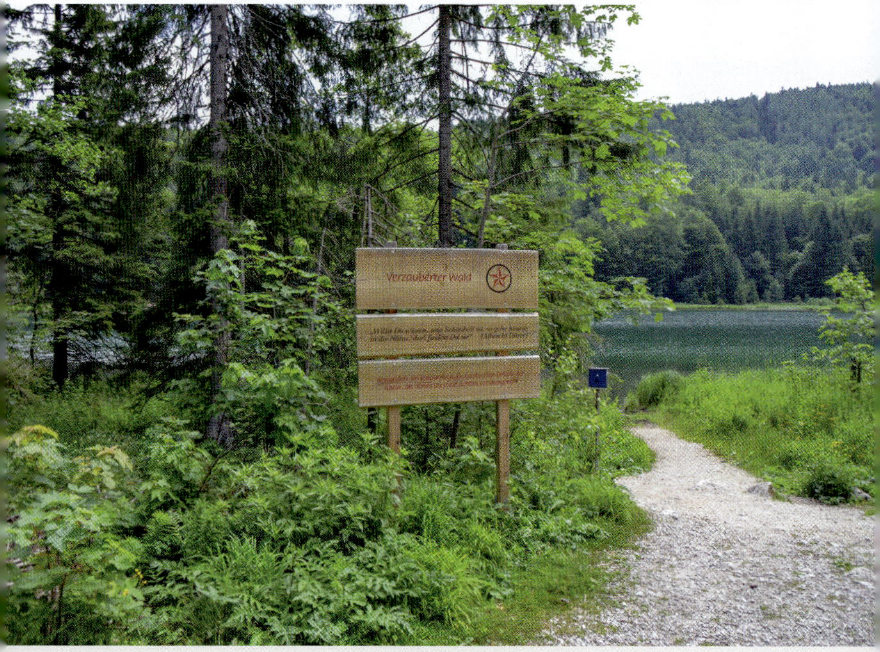

Blick vom Walderlebnispfad mit einer Infotafel auf den Frillensee.

hier sind die Ursprünge des Lebens zu finden. Und gerade jene Geheimnisse und Schätze des Lebens und der Urmutter gelten seit Urzeiten als schützenswert und verborgen in den Tiefen der Erde und des Wassers. Die Menschen sollen sie ehren und nicht herausfordern.

Die Frillensee-Sage

Karl der Große soll seinen Töchtern, leidenschaftliche Jägerinnen, in der Gasse zwischen Staufen und Zwiesel ein prächtiges Jagdschloss erbaut haben und ihm den Namen nach seiner jüngsten Tochter Adelheid „Adelheidgaß" gegeben haben. Aus dem Staufenberg floss damals eine Quelle, das „Gülden-Zweigl" genannt. Es brachte Gold aus dem Berg in Gestalt von Körnchen und Goldsand, aus dem sich die Kaisertöchter wundersame Geschmeide machen ließen. An einem Sonntagmorgen ist Adelheid mit ihrem Gefolge trotz des Verbotes des Vaters und der Mahnung der Mutter, den Tag des Herrn nicht mit wilder Jagd zu entweihen, wieder auf der Hetzjagd gegangen. Da ertönt vom nahen Kirchlein am Zellberg das Glöcklein einladend zum Besuch des Gotteshauses. Aber Adelheid, hingerissen von der Jagdleidenschaft, und aufgestachelt vom Gespött eines jungen Ritters, durchstreift auf der Suche nach edlem Wild die Wälder. Nach beendeter Hetzjagd aber wird im Jagdschloss ein wildes Gelage gehalten bei Wein und Tanz. Da ertönt ein dumpfes Donnergrollen, wie aus tiefem Erdenschoß kommend, ein ohrenbetäubendes Geheul bricht los, eine grelle, rotglühende Feuersäule steigt zum mitternächtlichen Himmel empor. Als der Morgen graute, war das stolze Jagdschloss „Adelheidgaß" mit all seinen Inwohnern verschwunden. Tief unten, in einem riesigen Felstrichter, lagen die Trümmer des einstigen Lusthauses, und das Wasser des Goldbrünnleins füllte allmählich das große Loch am Fuße des Zwieselberges aus. So entstand im Verlauf der Jahrhunderte der Frillensee. Das nahegelegene Forsthaus hat heute noch den Namen Adelgaß.

Zugang: Sowohl vom Wanderparkplatz Adlgaß (Weg Nr. 14) als auch direkt vom rechts darüber liegenden Gasthaus führt der Wanderweg als „Bergwald-Erlebnispfad" gestaltet mit elf interaktiven Erlebnisstationen entlang des Frillenseebaches und durch einen stillen Mischwald in einer Stunde hinauf zum Frillensee. Kinder und Erwachsene können daher schon am Hinweg den Wald mit allen Sinnen erfahren. Dies ermöglicht u.a. ein Barfußparcours, ein Baumtelefon oder eine Naturklanganlage. Infotafeln und Baumartenstationen ergänzen das Walderlebnis pädagogisch wertvoll. In einem heißen Sommer bietet der See zudem stets eine gelungene Erfrischung, im Winter finden sich hier gern die Eissportler ein.

Der Seerundweg mit seinem imposanten Blick hinauf zu Staufen und Zwiesel führt über das Ostufer zu einer Unterstandshütte und weiter über das

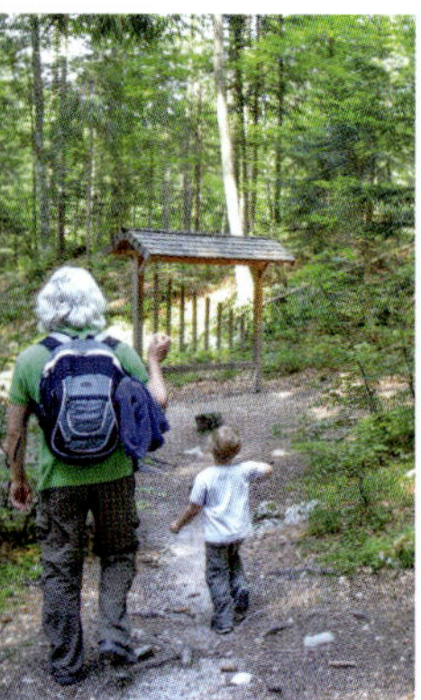
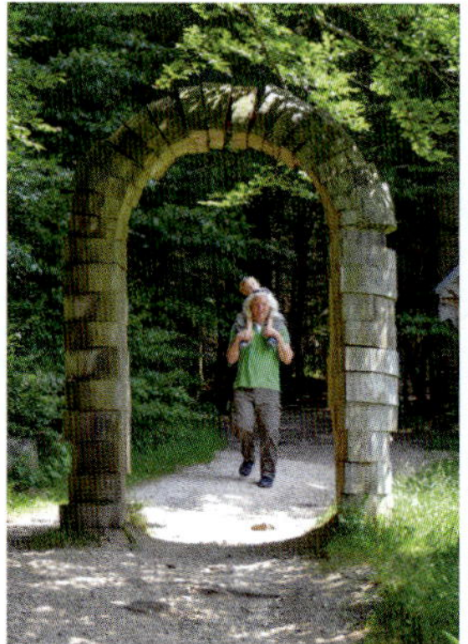
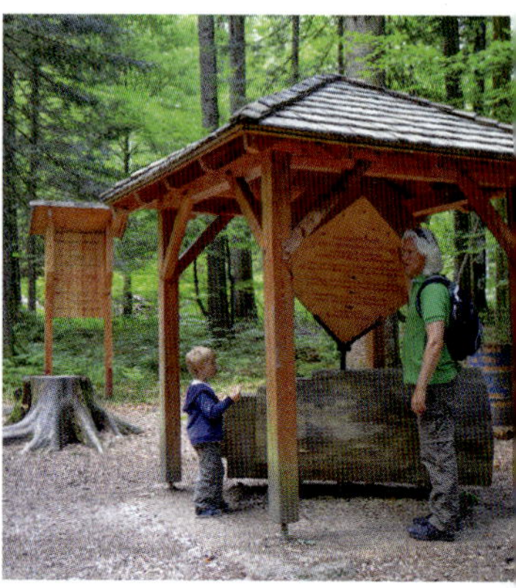

Natur-Klanganlage, Eingangsportal und Baumartenstation am Walderlebnisweg.

Südufer. Der aufmerksame Wanderer wird am Wegesrand immer wieder kleine Quellzuläufe entdecken. Eine dieser Quellen ist als mythisches Goldbrünnlein bekannt und darf mit etwas Gespür entdeckt werden.

Am Nordufer gibt es über einen Holzbohlenweg und eine Steganlage Einblicke in die vielfältige Pflanzen- und Tierwelt des Frillenseehochmoores (Landschaftsschutzgebiet zusammen mit dem See). Hier entscheidet der Wanderer, ob er als Rundweg über den westlich gelegenen Forstweg zum Ausgangsort oder wieder über den Walderlebnispfad im Osten zurückkehrt.

Ausgangsort	Wanderparkplatz Adlgaß, 780 m *(kurz vor dem Gasthaus links)*
Rundweg	2 Stunden
Jahreszeit	ganzjährig (Wanderschuhe empfehlenswert)
Gelände	leicht
Gasthaus	Forsthaus Adlgaß
Sagen	Der geheimnisvolle Strudel im Frillensee und der unterirdische Gang Das Goldene Bründl am Frillensee Die Frillensee-Sage Der Goldene Zweig *(s. Magisches Berchtesgadener Land Tour 3)**

SCAN ME

** Das Quellgebiet „Goldener Zweig" liegt allerdings am Südfuß des Staufens beim Bad Reichenhaller Ortsteil Staufenbrück. Das Quellgebiet „Goldenes Bründl" am Nordfuß von Staufen und Zwiesel. Beide weisen aber ähnliche energetische Qualitäten auf, was sich in der Namensgebung widerspiegelt.*

St. Georgskircherl am Berg bei Vachendorf, 675 m

:: Kultplatz am heiligen Hain ::

Keltenspezialist Dr. Georg Rohrecker schrieb über die vorchristliche Traditionen von Georgskirchen: *Georg bedeutet einfach Bauer und steht für Fruchtbarkeit und nahe Beziehung zur allesgebenden Urmutter Erde. (...) Die dem Maienbringer Georg geweihten Kirchen stehen zumeist an besonders markanten Punkten, Geländevorsprüngen, Bergkuppen – eben an Stelle alter Kultplätze für Belenus, den keltischen Licht- und Fruchtbarkeitsheros – sowie als tapferer Begleiter einer einst Großen Mutter nahe uralten, zu katholischen Frauenwallfahrten umfunktionierten, Bethen-Kultorten.*

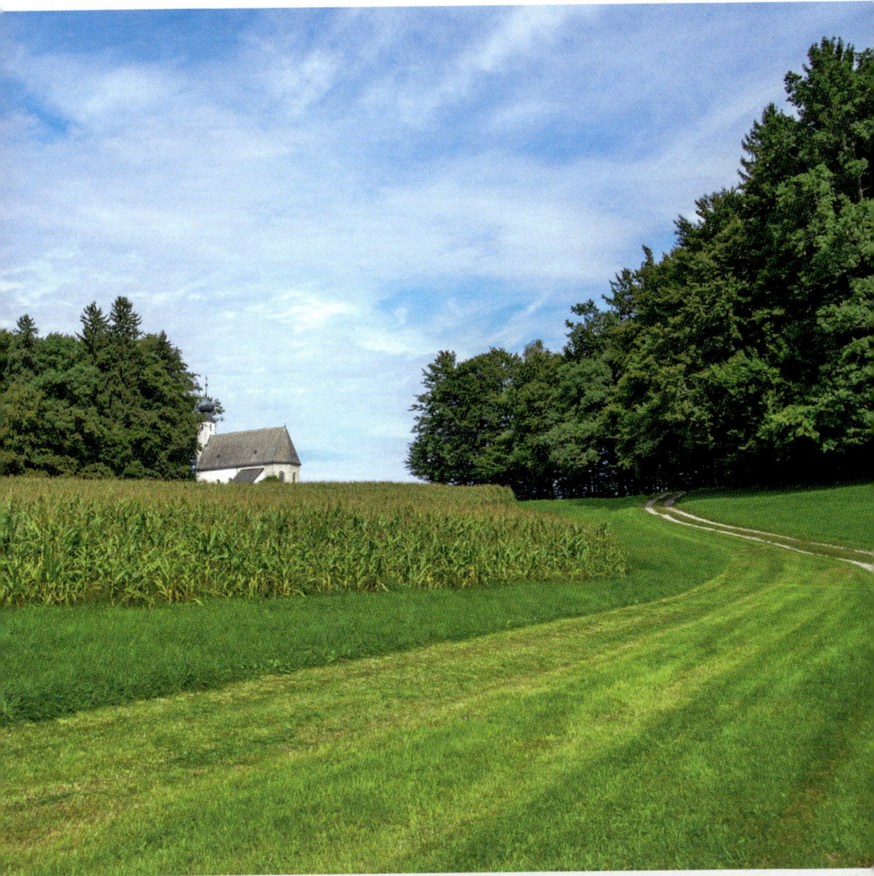

Das Georgskircherl auf einer Anhöhe oberhalb von Vachendorf.

Nach der Überlieferung wurde in hellen Vollmondnächten auf diesem Hügel ein mystischer Schimmel gesehen, dessen Erscheinen sich heute noch im Hauptaltar mit dem heiligen Georg als Kirchenpatron auf einem Schimmel reitend widerspiegelt. In einem heiligen Hain am Hügel wurde das weiße (lichtvolle) Ross gehalten und verehrt. Viele sogenannte „Schimmelkapellen“ in Bayern weisen noch auf diese alten heidnischen Wodanskulte hin.
Wodan (oder Odin) ist der Hauptgott der germanischen Mythologie – ein Gott der Magie und Ekstase mit schamanischen Grundzügen.
Die Georgskirche wurde im 17. Jahrhundert auf romanischen Grundmauern errichtet. Auch wird von einer Eremitage berichtet – eigentlich zur Vermeidung vor Diebstählen, vermutlich jedoch auch zur Eindämmung von heidnischen Umtrieben/Kulten. Zu dieser Zeit erreichte auch die Wallfahrt zur Kirche ihren Höhepunkt.
Von der Kirche aus bietet sich nach Norden ein schönes Panorama bis zum Chiemsee und nach Süden auf die Chiemgauer Bergwelt. Es ist ein wahrhaft lichtvoller Platz.
Auffallend ist der Bewuchs von Holunder am nördlichen Abhang. Sie gelten als Bäume der Frau Holle, als Baum des Lebens und des Todes. Die Namensähnlichkeit von Holda/Holle, die Muttergöttin aus der germanischen Mythologie, ist nicht zufällig. Holda/Holle bedeutet die Strahlende, die als Hausgöttin verehrt wurde und Schutzpatronin für Menschen und Pflanzen war. Sie vermochte Menschen von Krankheiten zu heilen. Ihn ihr verkörperte sich die Güte von Mutter Erde und das Strahlen des Himmelslichts gleichermaßen.

Zugang: Von der A8 Autobahnausfahrt Schweinbach nördlich Richtung Vachendorf über die Vachendorfer Straße fahren und nach einem Kilometer links abzweigen (ausgeschildert nach Alferting). Beim Bauernhof fragen, ob geparkt werden darf. Hier gibt es auch den Schlüssel für die Kirche.
Über einen nach Norden verlaufenden Feldweg erreichen wir in zehn Minuten die bereits von Alferting sichtbare Kirche auf einem Hügel.

Ausgangsort	Alferting 1, 83337 Vachendorf
Hinweg	10 Minuten
Jahreszeit	März bis November
Gelände	leicht
Gasthaus	--
Sage	Der geheimnisvolle Schimmel bei St. Georg am Berg

Der Schlossberg auf dem Streichen, 814 m

:: Kultberg mit versiegter Heilquelle ::

Der **Streichenberg** hoch über der Tiroler Ache soll eine vorchristliche Kultstätte gewesen sein. Archäologische Funde gibt es bereits aus der Urnenfelderzeit (1000-800 v. Chr.). Unten im Tal bei Schleching siedelten die Kelten. Auch eine germanische Thingstätte ist sogar urkundlich belegt. Diese heiligen Plätze dienten der politischen Beratung, der Versammlung ebenso wie Gerichtsverhandlungen und auch kultischen Zwecken. Bei den Römern wurde das Gebiet als Saumpfad und als kürzeste Verbindung vom Süden nach Norden genutzt (Wortherkunft Streichen von Strich/strictus = Saumpfad). Im Mittelalter wurde von den Schlechinger Säumern auf ihren Rössern Güter wie Wein und Salz transportiert. Die Streichenritter erbauten auf dem Schlossberg im 12. Jahrhundert oberhalb der heutigen Kirche eine Burg, von der heute nichts mehr zu finden ist. Von hier aus überwachten sie den Talübergang. Aus den Steinen der Burg wurde die Streichenkirche St. Ser-

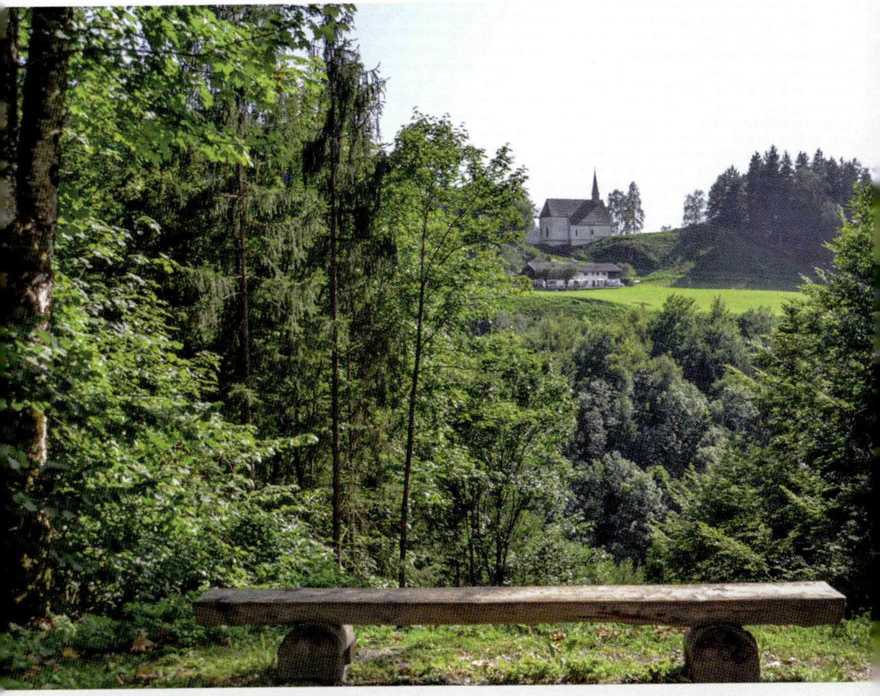

Blick auf den Streichberg mit der Streichenkirche St. Servatius und dem unterhalb gelegenen Berggasthof Streichen.

vatius errichtet. Sie ist eine Filialkirche von der Mutterpfarrei Grassau und hat sich auf der Thingstätte angesiedelt. Sie gilt heute als das bedeutendste Kunstdenkmal im bayerischen Achental.

Die Mauer, die auf der Seite der Sakristei den Berg befestigt, gehört vermutlich zu der Befestigungsanlage des Mittelalters. Der Namenspatron Servatius ist einer der Eisheiligen und ein vielseitiger Nothelfer und Wetterpatron. Die früher blühende Wallfahrt wurde durchgeführt, um gutes Wetter und reiche Ernte zu bekommen. Vermutlich hatte auch die Heilquelle in der Kirche noch eine große Bedeutung für die Wallfahrer. Auf der Rückseite im Inneren der Kirche sieht man links noch einen großen Felsen im Eck, aus dem wohl einst die heilkräftige Quelle entsprang.

Beeindruckend sind die vielen alten freigelegten Fresken aus dem Mittelalter. Besonders hervorzuheben ist dabei das Fresko vom heiligen Christopherus. Der als Riese Dargestellte gilt als Heros der Bergmutter Percht, deren Kult vor Urzeiten hier wie im ganzen Alpenraum noch lebendig war.

Am westlich von der Kirche gelegenen Waldrand ist die ursprüngliche weibliche Erdmutterkraft des Ortes noch gut zu erspüren. Ameisenhaufen geben einen klaren Hinweis auf die starken dortigen Erdstrahlen. Spürige Menschen der heutigen Zeit haben Gebetsfahnen zu deren Markierung dort aufgespannt.

Die Sage „Die Geister bei der Servatiuskapelle auf dem Streichen“ berichtet von Raben, Irrlichtern und Geistern. Raben gelten als Götterboten und

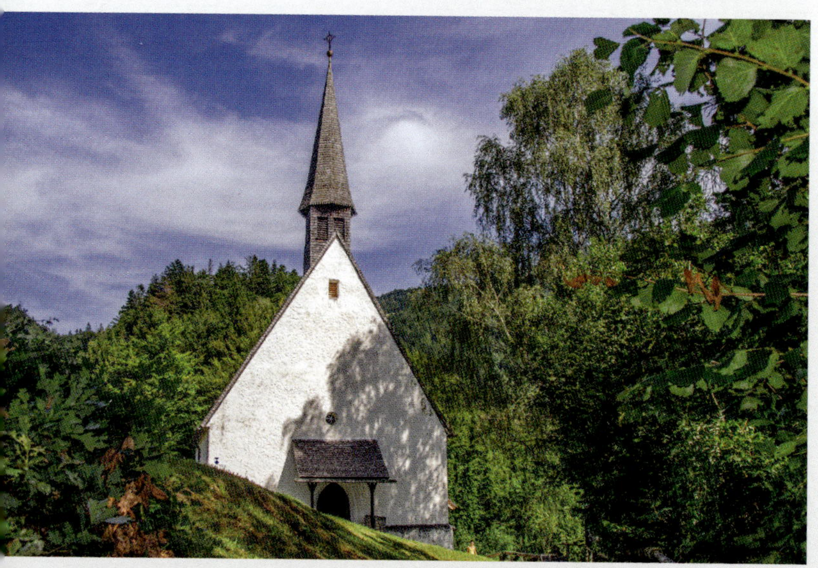

Kirche am ehemaligen Thingplatz und ehemaliger Quellstein im Kircheninneren.

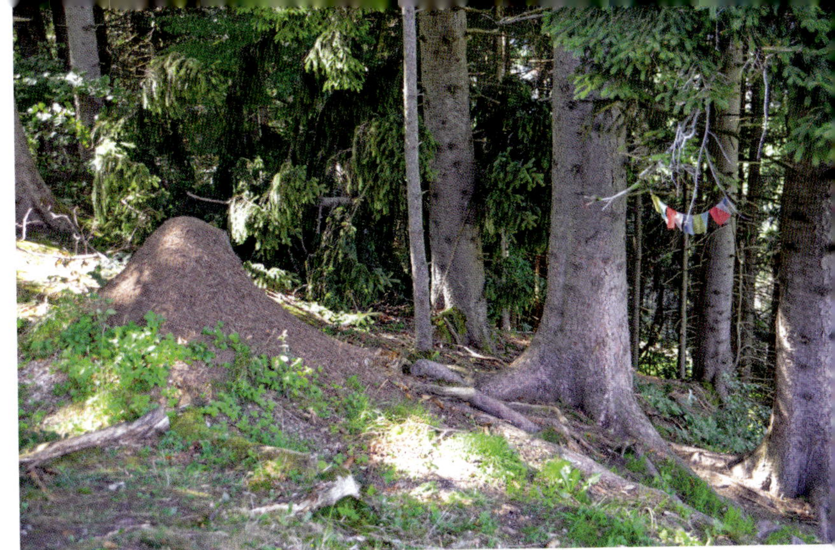

Kraftort am Streichen.

Wächterwesen. Die Irrlichter bezeichnen die auch als „Arme Seelen" bekannten umherirrenden Seelen, die ihren Weg in die Ahnenwelt zur Urmutter noch nicht gefunden haben. Verborgenes Wissen um einen uralten Kultplatz.
Vom **Streichenberg** bietet sich ein grandioses Hochgebirgspanorama auf die Chiemgauer Berge mit dem Geigelstein im Westen und der Kampenwand im Norden und im Süden auf den Wilden Kaiser und das Almgebiet der Bäckeralm. Auch gibt es einen schönen Einblick in den Schlechinger Talkessel.

Zugang: Kurz vor dem ehemaligen Zollamt Schleching zweigt links die steile Straße Richtung Achberg hinauf zum Streichen ab (ausgeschildert). Vom Wanderparkplatz erblickt man bereits die Streichenkirche und den Berggasthof. Der Streichenberg ist in 20 Minuten bequem über einen breiten Forstweg erreichbar. Am Fuße der Almwiesen befindet sich das ehemalige Mesnerhaus und der heutige Berggasthof (814 m). Von dort geht es in wenigen Minuten hinauf zum Streichen.

Ausgangsort	Wanderparkplatz Streichen
Hinweg	15 Minuten
Jahreszeit	März bis November
Gelände	leicht
Gasthaus	Berggasthof Streichen
Sagen	Die Streichenburg bei Schleching
	Die Geister bei der Servatiuskapelle auf dem Streichen

SCAN ME

 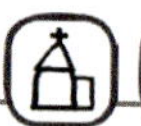 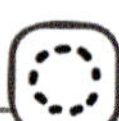  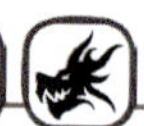

Kirche St. Jakobus in Urschalling bei Prien

:: Der Heidenstein und die Göttin im lichten Fokus ::

Sakralbauten wie Kirchen sind in meinen Wanderführern nur zu finden, wenn in ihnen noch das Ursprüngliche, die ursprüngliche Kraft zu erfahren oder zu entdecken ist. Im kleinen **Dorf Urschalling** präsentiert sich so eine Besonderheit. Während bei der nahegelegenen Priener St. Salvator-Kirche die Überlieferungen von Geistermessen der Untersbergmandl und einem unterirdischen Gang berichten, besitzt auch die ebenfalls nahe Prien gelegene St. Jakobus-Kirche in Urschalling den Nimbus des Geheimnisvollen. Ein Fresko, ein Schalenstein und das Bildnis der Heiligen Margarethe lassen eine vorchristliche Anderswelt durchschimmern. Ist jener wunderschön auf einem Hügel südwestlich oberhalb des Chiemsees gelegene Ort ein alter heidnischer Frauenkultplatz, der sich in den kirchlichen Insignien noch widerspiegelt?

Eine alte Burg, an deren Rand schon eine Kapelle erbaut wurde, soll hier gethront haben. Von der Burg ist nichts mehr übrig – außer der wunderbaren Sicht auf Frauen- und Herrenchiemsee. Doch die erhabene Lage sollte nur ein Grund zum Besuch sein.

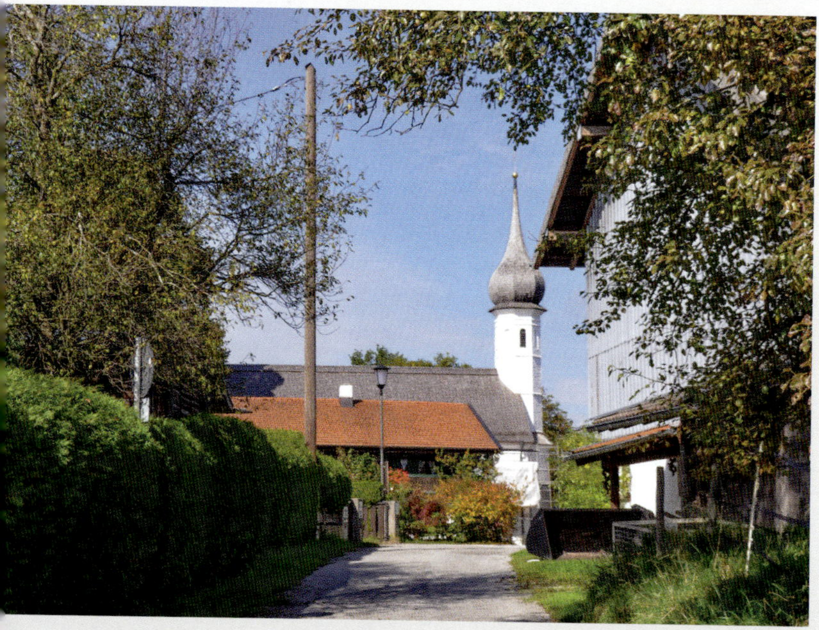

Die Jakobskirche mit dem ehemaligen Mesnerhaus davor, heute Gasthaus Mesner Stub´n.

Die Kirche wurde schließlich als Wehrkirche angelegt. Der Turm soll noch aus römischer Zeit stammen und später durch das kleine Kirchenschiff ergänzt worden sein.
Beim Betreten der Kirche fällt sogleich auf dem Mittelgang des Kirchenschiffes eine tischhohe runde Steinsäule mit einer überwölbenden Abschlussplatte auf. Auf darauf befinden sich sieben schalenförmige Vertiefungen. Ähnliche Schalensteine sind auch in Kirchen des Rupertiwinkels zu finden (Bad Reichenhall-Nonn, Bad Reichenhall-Marzoll) zu finden. Es wird vermutet, dass der Verwendungszweck aus heidnischen Zeiten stammt, möglicherweise als Lichterstein für einen Totenkult.

Dr. Franz Haller schreibt über ähnliche Schalensteine in Südtirol:
Es besteht kein Zweifel, dass es sich hier um einen tragbaren Schalenstein handelt, der als Lichtträger bei einer kultischen Handlung oder als Beleuchtung in einer prähistorischen Behausung gedient hat. *(Quelle: Die Welt der Felsbilder in Südtirol)*

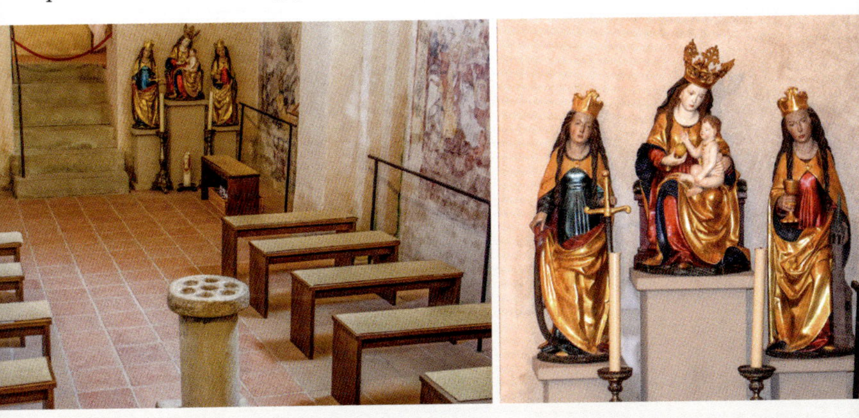

Der Schalenstein im Vordergrund und im Hintergrund die Figuren der weiblichen Trinität.

Tatsächlich wurden solche Schalensteine auch als Grabbeigaben bei keltischen Grabanlagen – wie im bronzezeitlichen Hügelgrab von Vietlübbe (Mecklenburg-Vorpommern) gefunden. Auch eine Fortführung des Totenkultes im christlichen Sinne – wie hier in der Kirche St. Jakobus – wird in Erwägung gezogen. Die Säule mit den Steinschalen wurde im 19. Jahrhundert hinter dem Altarstein eingemauert. Der Grund dafür ist unbekannt, ebenso warum der Stein nun diesen zentralen Platz erhalten hat. Es ließen sich in den Schalen auch Spuren von Öl nachweisen. Damit wäre die Nutzung als Lichtträger, Kräutergefäße oder Räucherschalen belegt.

Nun sollte unser Blick nach oben zu den Fresken und Bildnissen wandern. Manche sind bereits acht Jahrhunderte alt. Bei der Kirchenrestaurierung 1923 wurde festgestellt, dass diese alten Fresken im 16. Jahrhundert und auch später mehrmals übermalt worden sind – vielleicht um ein Sakrileg zu verbergen? Das **Dreifaltigkeits-Fresko** ist Teil einer figurenreichen Wand- und Deckenbemalung aus dem 14. Jahrhundert und füllt die untere Spitze eines Gewölbezwickels. Links ist Gott Vater mit weißem Bart, rechts Jesus mit blondem Bart zu erkennen. In der Mitte aber befindet sich der Heilige Geist, eindeutig als Frau - also eine Geistin - mit weichen weiblichen Formen, langem Haar und vollem Busen dargestellt. Im Hebräischen, der Ursprache der Bibel, ist der Heilige Geist = ruach noch weiblich. Dies wurde im Konzil zu Konstantinopel 896 abgeschafft. Aus dem Mysterium der weiblich-männlichen Schöpfungskräfte wurde nun im patriachalen Sinn der Heilige Geist geschlechtslos. In der Kirche überwiegen jedoch auffallend die Frauendarstellungen.

In der Mitte der **Heidenstein**, links oben die Heilige Geistin und rechts die weibliche Trinität mit den Figuren von Katharina, Barbara und Maria, als Gottesmutter, die eigentlich Margareta ersetzt.

Die Figuren fanden im 16. Jahrhundert hier ihren Platz. Die Drei Heiligen Madln gehören zu den 14 Nothelfern und sind die vorchristlichten Nachfolgerinnen der heidnischen drei Bethen, der Priesterinnen der Urmutter, die im Alpenraum auch als die drei Wildfrauen oder die drei Saligen bekannt sind. Die Drei Heiligen Madl wurden zum christlichen Ausdruck der zyklischen Dreifaltigkeit der Göttin, die uns in allen Naturgesetzen entgegentritt.

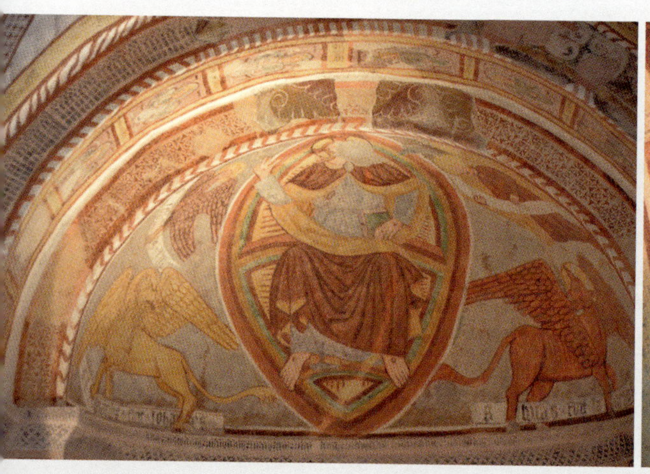

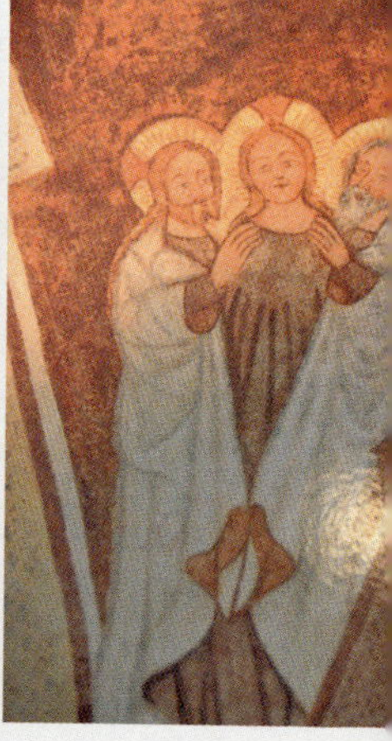

Mystische Deckenfresken mit der Darstellung der Heiligen Geistin (rechts).

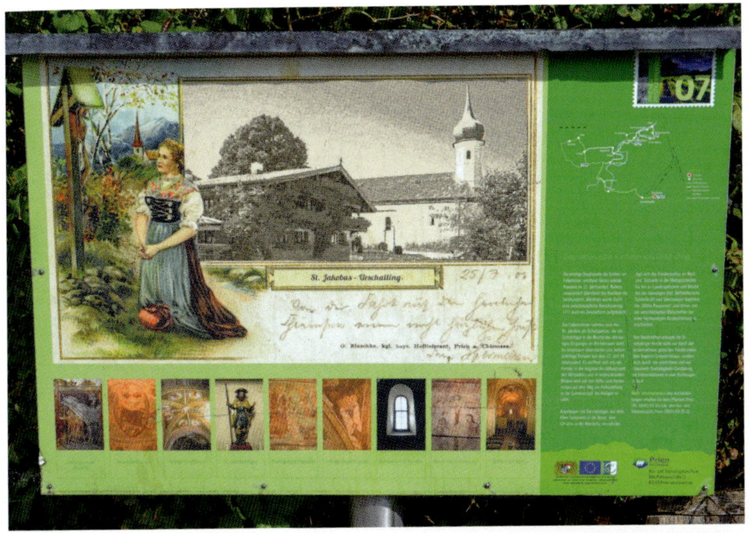

Infotafel vor der Kirche.

Margarethe mit dem Wurm,*
Barbara mit dem Turm
und Katharina mit dem Radl,
das sind die drei heiligen Madl.

Volksmund

** Wurm = Drache*

An jenen Orten, wo die weibliche Urkraft der Fruchtbarkeit zu stark in den Vordergrund getreten ist, wurde sie durch die Gottesmutter Maria „ersetzt“. Die heilsamen Drachenkräfte der Erdenmutter galten nun als teuflisch und mussten getötet werden.

Und damit finden wir die ursprüngliche Bedeutung des Kirchenplatzes als ein heilsamer Kraftort und Frauenkultplatz.

Ausgangsort	Parkplatz bei Kirche, Mesner Stub'n *(Urschalling 4, 83209 Prien)*
Hinweg	--
Jahreszeit	ganzjährig
Gelände	leicht
Gasthaus	Mesner Stub'n
Sage	--

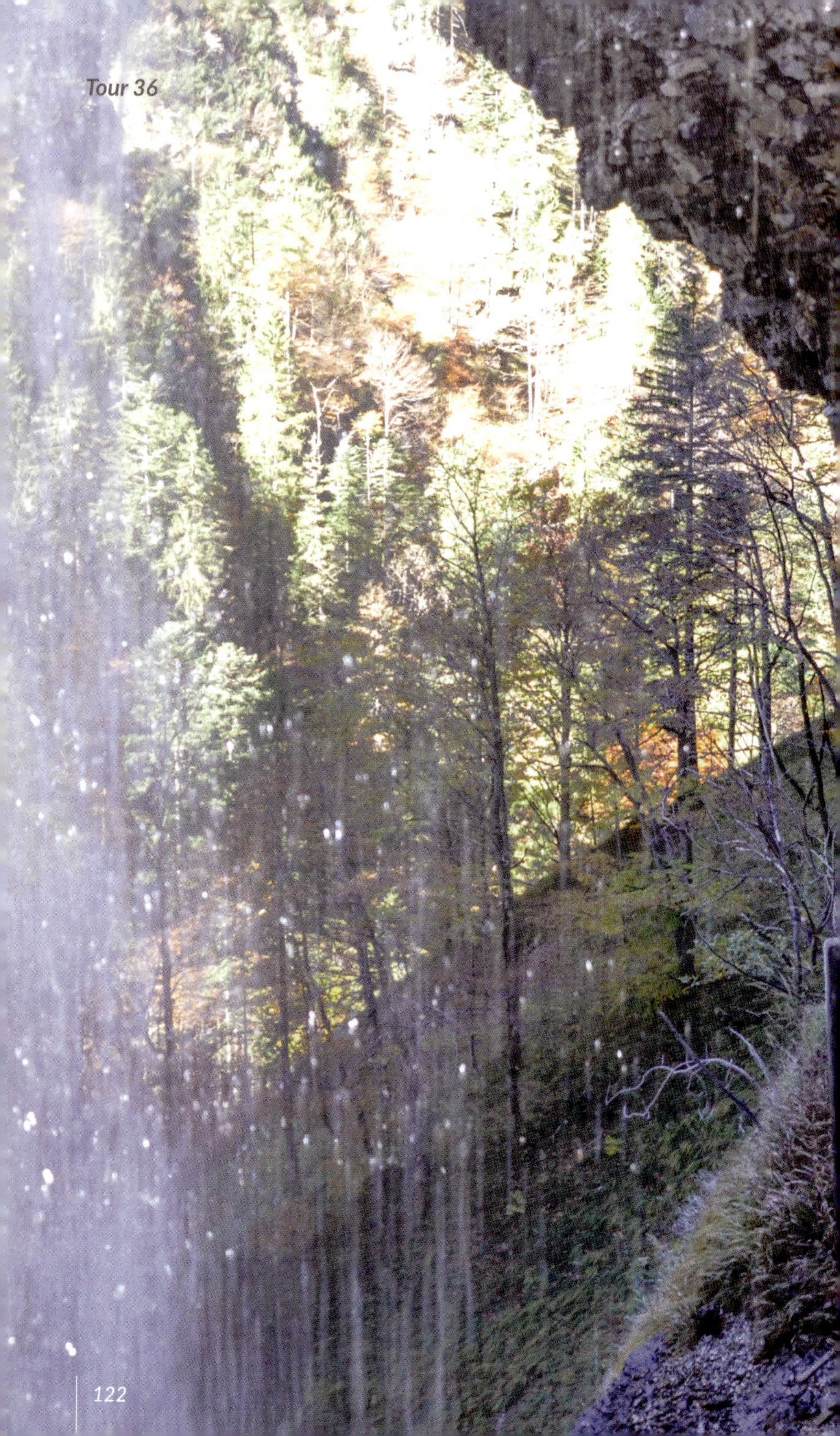

Staubfall bei Ruhpolding

:: Grenzerfahrung hinter dem Wasserfall ::

Wasserfälle können immer eine heilsame Erfahrung sein. Der hohe Anteil an negativen Ionen in der Luft wirkt sich bereits im Wald mit bis zu 3.000 Einheiten pro Kubikzentimeter aus, bei einem Wasserfall können es mehrere Zehntausend sein. In der normalen Raumluft sind nur 300 Ionen feststellbar. Die Luftionen haben eine beruhigende Wirkung auf den Organismus und zwar auf das Autoimmunsystem. Ähnlich wirkt schon das Rauschen des Wasserfalles, welches als sogenanntes weißes Rauschen als ein stark höhenbetontes Geräusch empfunden wird und sich dementsprechend therapeutisch auswirkt. Für sensitive Menschen öffnet sich über das weiße Rauschen ein Kanal in andere Sphären – der Zugang zum Geist des Wassers.
Der **Wasserfallsteig** führt uns sogar hinter den Wasserfall und lässt uns somit seine andere Seite erfahren und ermöglicht uns den Blick durch den Schleier. Das Erlebnis wird im doppelten Sinn zu einer Grenzerfahrung, da die Grenze zwischen Deutschland und Österreich im Bereich des Wasserfalls verläuft. Mit seiner 200 m Sturzhöhe befindet sich der Staubfall (= Naturdenkmal) in einer Scharte des Kammverlaufes vom Dürrnbachhorn zum Sonntagshorn. Kurz vor Erreichen des Heutals passiert man rechter Hand einen zweiten Wasserfall, den Fischbachfall.

Zugang: *(Achtung Mountainbiker unterwegs!)*
Vom Wanderparkplatz beim Holzknechtmuseum geht es zunächst über eine schmale Teerstraße nach Süden, bis wir die Brücke über den Fischbach erreichen. Weiter geht es nach rechts über den Forstweg Nr. 30 und über die Fuchswiese in die wildromantische Gebirgslandschaft des Fischbachtales. Am sanft plätschernden Fischbach entlang geht es nun stetig leicht bergauf bis zum Talschluss, wo sich eine Unterstandshütte mit Brotzeitplatz und Infotafel zum Naturwaldreservat befindet: „Sie betreten das Naturwaldreservat auf eigene Gefahr. Dieser Wald ist sich selbst überlassen. Hier können jederzeit morsche Äste herabfallen und modernde Bäume umfallen."
Ein schmaler Fußweg überquert nun zwei Holzbrücken, bis ein gut angelegter Serpentinenpfad durch den Bergwald über den ehemaligen Schmugglerweg aufwärts und über die Landesgrenze führt. Der spektakuläre letzte Abschnitt zum Staubfall ist flach und mit Seilen gesichert. Es öffnet sich ein grandioser Tiefblick ins Fischbachtal. Schließlich geht der Weg nun hinter dem Wasserfall entlang und lässt uns das therapeutische Klima, das mächtige

Wasserfallschleier.

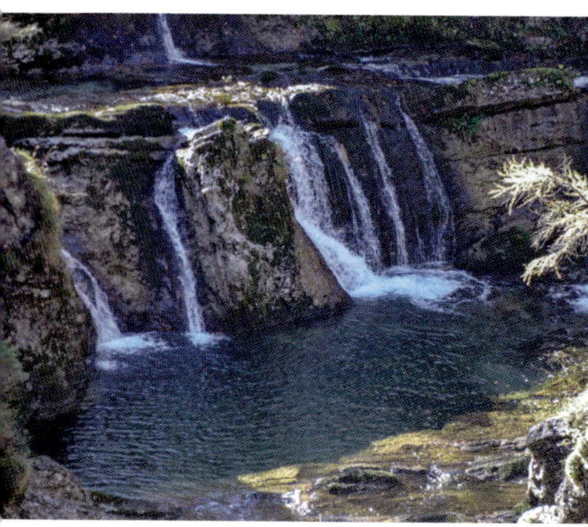
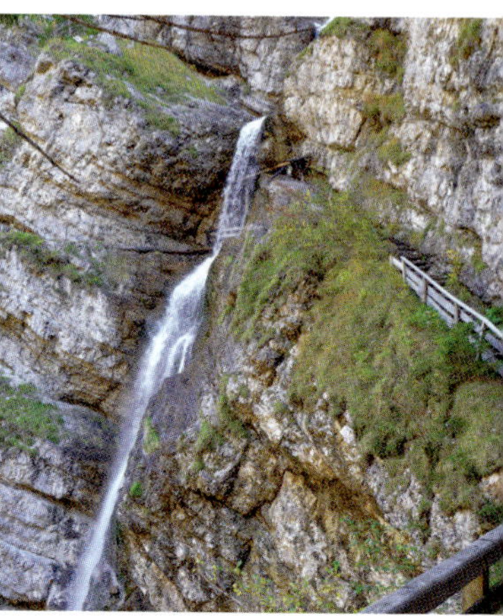

Der Fischbach mit seiner zur Erfrischung einladenden Gumpen und Wegführung hinter dem Staubfall.

Rauschen und den Blick durch den Wasserschleier genießen. Vom Wasserfall sind es noch 30 Minuten bis ins idyllische Heutal mit seinen Einkehrmöglichkeiten.
Der Rückweg erfolgt über die gleiche Route wie der Hinweg.

Allerdings lässt sich der Staubfall in kürzerer Zeit (30 Minuten) auch vom österreichischen Heutal (bei Unken) aus erreichen. Dazu parken wir am großen Wanderparkplatz am Ende des Heutales, gehen auf der Straße kurz zurück bis zum Hotel-Restaurant Heutaler Hof, wo der beschilderte Weg zunächst über die Almwiesen zum ersten Wasserfall, dem Fischbachfall und dann hinunter zum Staubfall führt.

Ausgangsort	Parkplatz Laubau Holzknechtmuseum, 692 m
Hinweg	2,5 Stunden
Alternative	30 Minuten vom Heutal bei Unken im Pinzgau/Österreich *(Start: Heutaler Hof)*
Jahreszeit	April bis Oktober
Gelände	mittel *(teilweise steil, Trittsicherheit und Wanderschuhe erforderlich)*
Gasthaus	Alpengasthof Laubau, Restaurant Heutaler Hof
Sagen	Der Geisterbär am Prügelberg bei Ruhpolding Der Goldschatz bei Ruhpolding

Der Frauenbrunn in Traunwalchen

:: Ein lebendiger Wasserkult im Dorfzentrum ::

Die Sage berichtet von einem von einer Augenkrankheit geheilten Edelfräulein vom nahen Schloss Pertenstein. Im Jahre 1606 soll daraufhin der dankbare Vater die Kapelle über dem Heilbrunnen gebaut haben. Der Altar befindet sich heute direkt über der Heilquelle. In der Folgezeit hat sich eine Wallfahrt zu jenem magischen Brunnen und der nahen Marienkirche entwickelt. Die Liebfrauenkirche von Traunwalchen ist jedoch vorher schon eine beliebte Wallfahrtskirche gewesen, was das dortige Mirakelbuch und die zahlreichen Votivtafeln oder in Wachs gegossenen Körperteile, die den Heilungsort symbolisieren, belegen.

Die Quelle lag einst einsam auf dem Weg zur 100 m entfernten, im 16. Jahrhundert erbauten Wallfahrtskirche. Das Wasser tritt heute unter dem Altar der Kapelle, zu Füßen einer Marienstatue hervor und muss durch einen Schwengel heraufgepumpt werden. Die hohe Grundwasserbeanspruchung der stark angewachsenen Besiedlung des umliegenden Ortes führt allerdings immer wieder – insbesondere in heißen und regenarmen Sommern – zur Wasserknappheit. Es kann dann auch sein, dass gar kein Wasser mehr fließt.

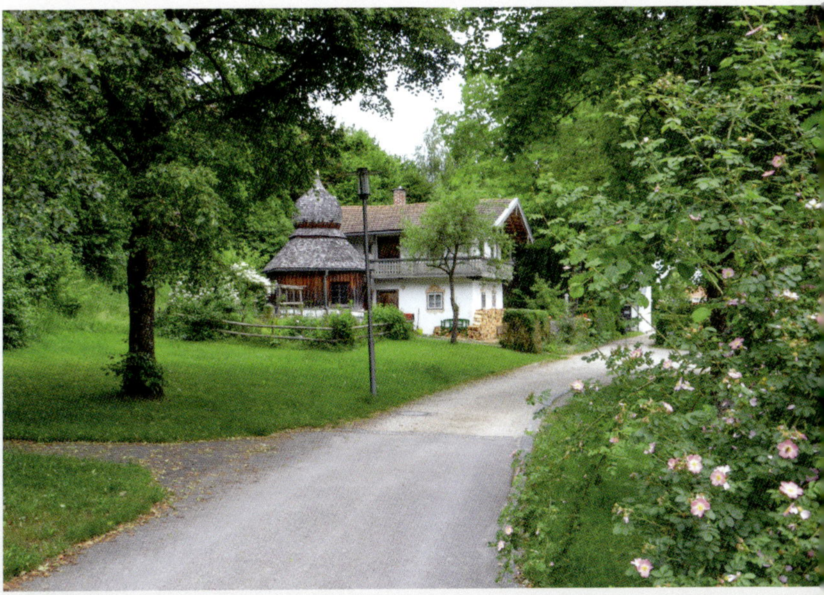

Brunnenkapelle mit Mesnerhaus.

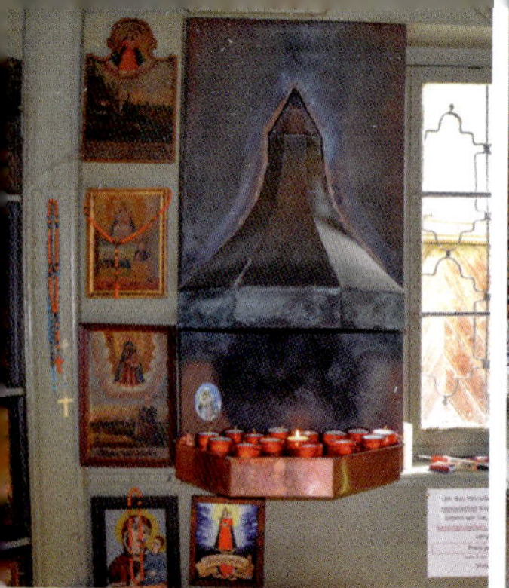
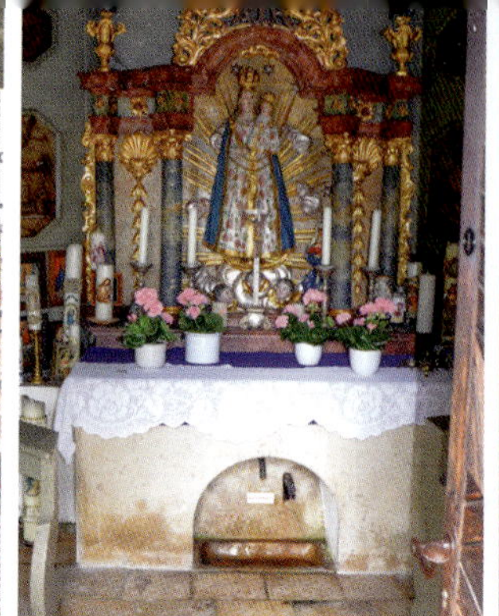
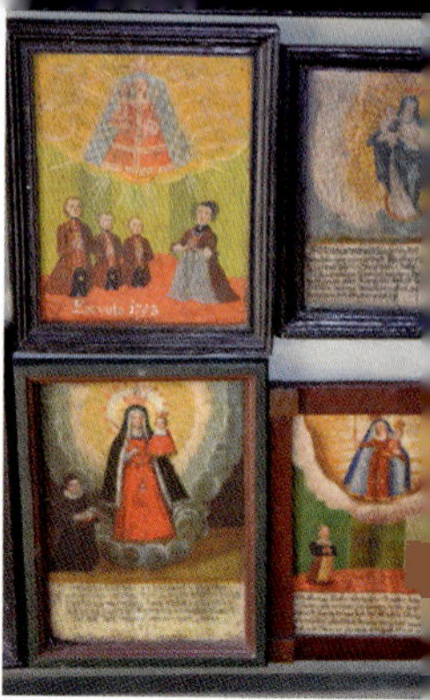

Heute befindet sich der **Frauenbrunn im Dorfzentrum** und ist stark umbaut. Lediglich die hölzerne, achteckige Brunnenkapelle mit der Zwiebelkuppel und mit ihren unzähligen Votivtafeln sowie das Mesnerhaus (früher Schulhaus) und der liebevoll gepflegte Garten dazwischen strahlen noch eine urwüchsige Kraft und Ruhe aus. Gleich nebenan befindet sich der neue Friedhof von Traunwalchen.
Frauenbrunn *(auch Frauenbründl)* und **Liebfrauenkirche** weisen wieder einmal auf die weibliche Dominanz des alten Kraftortes hin. Die Reduzierung der Heilkraft des Wassers auf Augenerkankungen ist zudem als „Degradierung" eines mächtigen Wunderwassers zu verstehen, das schon durch die vielen Votivgaben zu unterschiedlichen Heilungserfolgen deutlich wird. Viele Frauen mit unerfülltem Kinderwunsch oder Frauenkrankheiten besuchten die Quelle, woraus sich wohl auch ihr Name ableitete. Die Heilkraft und Macht von Mutter Natur und ihrer Elemente war der Kirche schon immer ein Dorn im Auge und musste transformiert werden.
Die Frauenbrunnkapelle und das Mesnerhaus sind heute im Besitz des Heimatbundes Schloss Pertenstein und zählen zu den bedeutendsten Baudenkmälern in der Gegend. Den heutigen Besitzern gelang auch eine Instandsetzung der lange Zeit desolaten Pumpenanlage. Das Wassers des Frauenbrunnens wird heute noch stark genutzt und viele Pilger kommen hierher, um sich das Wasser abzufüllen und mit nach Hause zu nehmen.

Ausgangsort	Friedhofparkplatz Traunwalchen *(Kreisstr. 12, 83374 Traunreut)* Mesnerhaus/Frauenbrunn-Kapelle *(Frauenbrunnstr. 5)*
Hinweg	5 Minuten
Jahreszeit	ganzjährig
Gelände	leicht
Gasthaus	Gasthof Springer *(100 m südlich über Frauenbrunnstraße)*
Sage	Der Frauenbrunn und die Wallfahrt nach Traunwalchen

Heilquellen St. Koloman + Fieberbründl bei Kirchanschöring-Koloman

:: Magische Kopf- und Wasserkulte ::

In einem stillen Wald zwei km östlich von **Kirchanschöring in der Lebenau**, aber zum Pfarrdorf Fridolfing gehörig (Ortsteil Koloman), ganz in der Nähe der Bundesstraße B20, finden sich **zwei Heilquellen**. Eine, die Kolomanquelle, wird noch heute gut besucht, die Zweite, das Fieberbründl, liegt etwas versteckt 50 m weiter westlich. Zwischen den beiden, auf einem Geländevorsprung, steht die ehemalige Wallfahrtskirche St. Koloman. Die Wallfahrt ist durch die Heilkraft des Quellwassers entstanden. Welche der beiden der Ursprung jenes Wasserkultes ist, lässt sich nicht mehr feststellen. Die nahegelegen Burg Lebenau soll von einem der beiden Quellen per Holzrohrleitung mit Wasser versorgt worden sein.

In einer Kirchenchronik des 16. Jahrhunderts wird der Brunnen erstmals erwähnt. Die Kirche (=Baudenkmal) selber wurde ab 1510 erbaut und 1518 geweiht. Später wurden am Kolomanbrunnen, der wenige Meter unterhalb der St. Koloman-Kirche liegt, eine Brunnensäule, ein Brunnentrog und Anfang des 18. Jahrhunderts ein hölzernes Brunnenhaus mit Opferstock errichtet. Die Heilquellen wurden zum Ursprung der Wallfahrt. Auch heute empfängt den Wasserpilger noch ein einfaches Holzbrunnenhaus.

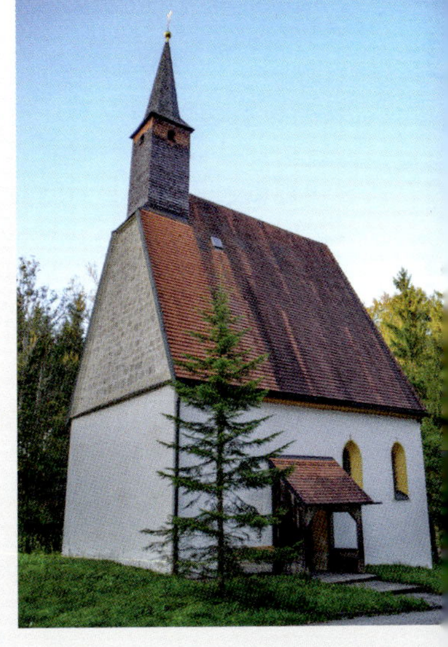

Kolomanskirche.

Anfang des 20. Jahrhunderts waren beide Quellen noch bekannt, bevor das Fieberbründl in Vergessenheit geriet und zuwuchs. Erst Anfang der 1990er Jahren wurde es durch eine Privatinitiative wieder freigelegt und neu gestaltet. Wie der Name schon besagt, galt es als heilsam bei Fieber aber auch – wieder einmal – bei Augenleiden.

Auch die **Kolomanquelle** wurde überwiegend bei Augenerkrankungen aufgesucht und gibt damit schon den Hinweis, dass ihre Heilwirkung wesentlich umfangreicher war. Der Kirchenpatron Koloman galt als Patron gegen Kopfkrankheiten und wurde auch bei Gewitter und Seuchen angerufen. Als be-

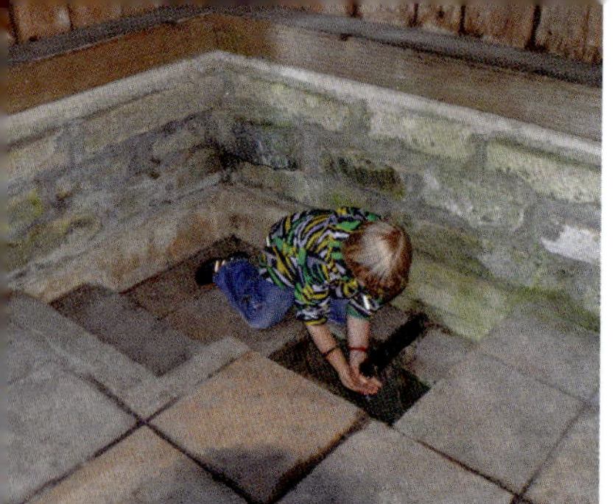

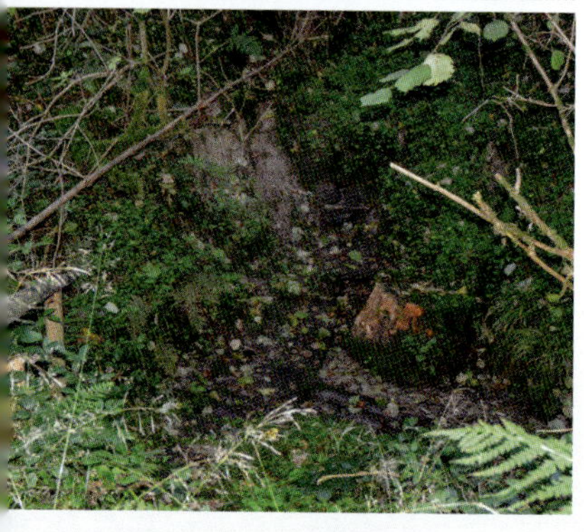

Oben Kolomanquelle, darunter Fieberbründl hinter der Kirche.

sondere Votivgaben wurden dem heiligen Koloman einst mit Getreide gefüllte Tonkopfurnen, sogenannte Kolomaniköpfe, zur Abwendung von Kopfleiden geopfert. Es war dies ein magischer Brauch des „Verpflöckens“ von Krankheiten. Offensichtlich wurde der Ort auch bei unerfülltem Kinderwunsch aufgesucht, wie eingeritzte Darstellungen von Wiegen auf dem massiven Eichenportal der Kirche belegen. Die Wallfahrer hinterließen an der Kirchentür noch viele weitere Kerbschnitzereien.

Die Überlieferung von „St. Koloman und die Heilquelle“ berichtet von einem Heidentempel, der hier einst gestanden haben soll und vom Kult der Kolomaniköpfe. Es heißt sogar, dass dem heiligen Koloman schwarze Hühner geopfert worden seien und dazu auch ein Hühnerkäfig einst hinter dem Altar stand. Seltsame, heidnisch anmutende Bräuche, die alle auf die Kraft jenes Ortes und seiner Heilwässer hindeuten.

Auch der Keltenforscher Dr. Georg Rohrecker erkennt an Orten mit Kolomanskirchen einstige keltische Wasserkultorte. Die Urkraft des Ortes kann der Besucher im Trinken der Quellwässer erfahren. Viele Besucher füllen die Wässer auch ab und nehmen sie mit nach Hause.

Die Kolomansquelle ist die Quelle mit dem Brunnenhaus vor der Kolomanskirche. Das Fieberbründl liegt hinter der Kirche am Ende eines schmalen unscheinbaren Waldpfades, welcher wenige Meter nach der Kirche rechts abzweigt und nach ca. 50 m zum Quellursprung führt, der vor einigen Jahren durch einen Bauern aus der Nähe wieder freigelegt wurde.

Ausgangsort	kleiner Parkplatz direkt vor dem Brunnenhaus
Hinweg	10 Minuten bis zum Fieberbründl
Jahreszeit	ganzjährig
Gelände	leicht
Gasthaus	--
Sage	St. Koloman und die Heilquelle

SCAN ME

Traunstein an der Traun

:: Das steinerne Wahrzeichen einer Stadt ::

Ein mächtiger **Felsblock** in der **Traun bei Traunstein** soll der Stadt Traunstein seinen Namen gegeben haben. 100 m östlich der Salinenstraßenbrücke über die Traun befindet sich ein 280 m^3 großer eiszeitlicher Nagelfluhblock am rechten Flussufer (flussabwärts). Schnell erreichbar ist er vom Parkplatz Steingraben/Sparzer Graben.

Zwei Überlieferungen geben Hinweise auf seine Bedeutung. Das Fluchen eines Fuhrmanns im 19. Jahrhundert (siehe Sage S. 130) – in einer anderen Version – eines französischen Diplomaten zur Zeit der spanischen Erfolgekriege im 18. Jahrhundert im Zorn sollen bei gleichzeitigem Glockenläuten der Haslacher bzw. der Salinenkirche einst den Felsen aus der Ufersteilwand gelöst haben.

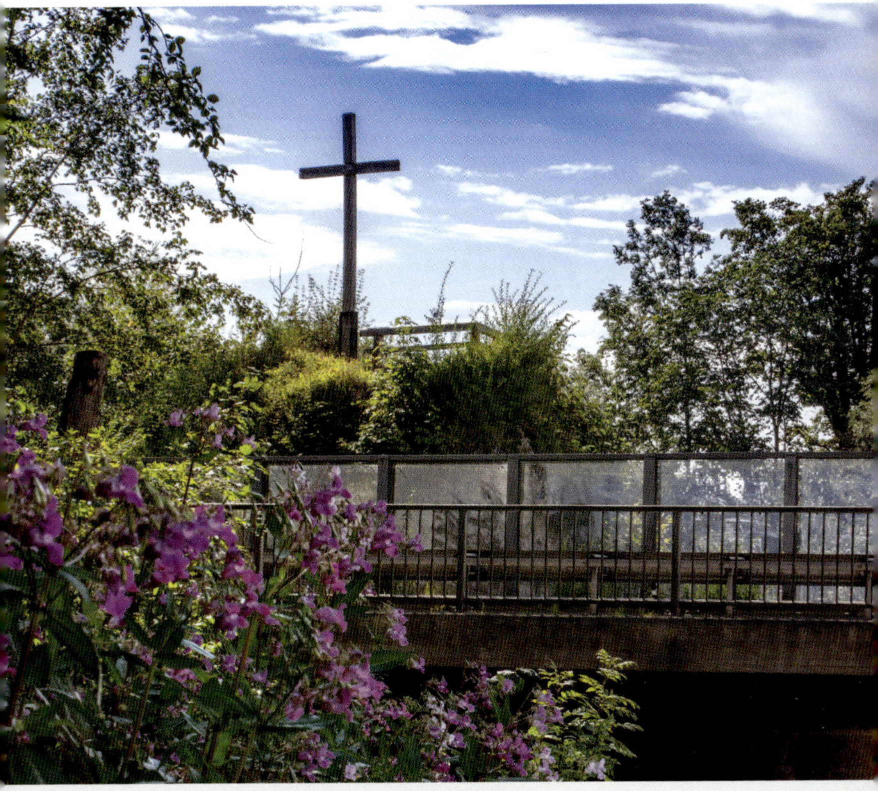

Der Traunstein (im Vordergrund die Umgehungsstraße).

„Der Traunfluss wird manchmal so seicht, dass selbst schwere Wagen durchfahren, sich den Weg abzukürzen. In alter Zeit wollte einmal ein Fuhrmann mit schwerbeladenem Wagen durchpassieren, doch in der Mitte des Flusses brachte er es trotz allen Stachelns der Rosse nicht mehr vorwärts. Da begann man in Haslach drüben zum Abendgebete zu läuten; der Fuhrmann aber, statt zu beten, rief unter fürchterlichen Flüchen: Ich wollte gleich, dass Alles zu Stein würde! Im selben Augenblick waren Fuhrmann, Wagen und Rosse in einen Steinklumpen verwandelt. Noch sieht man Überreste inmitten der Traun, und von diesem Steine hat der Ort dann den Namen Traunstein erhalten."

J. N. Sepp, 1876

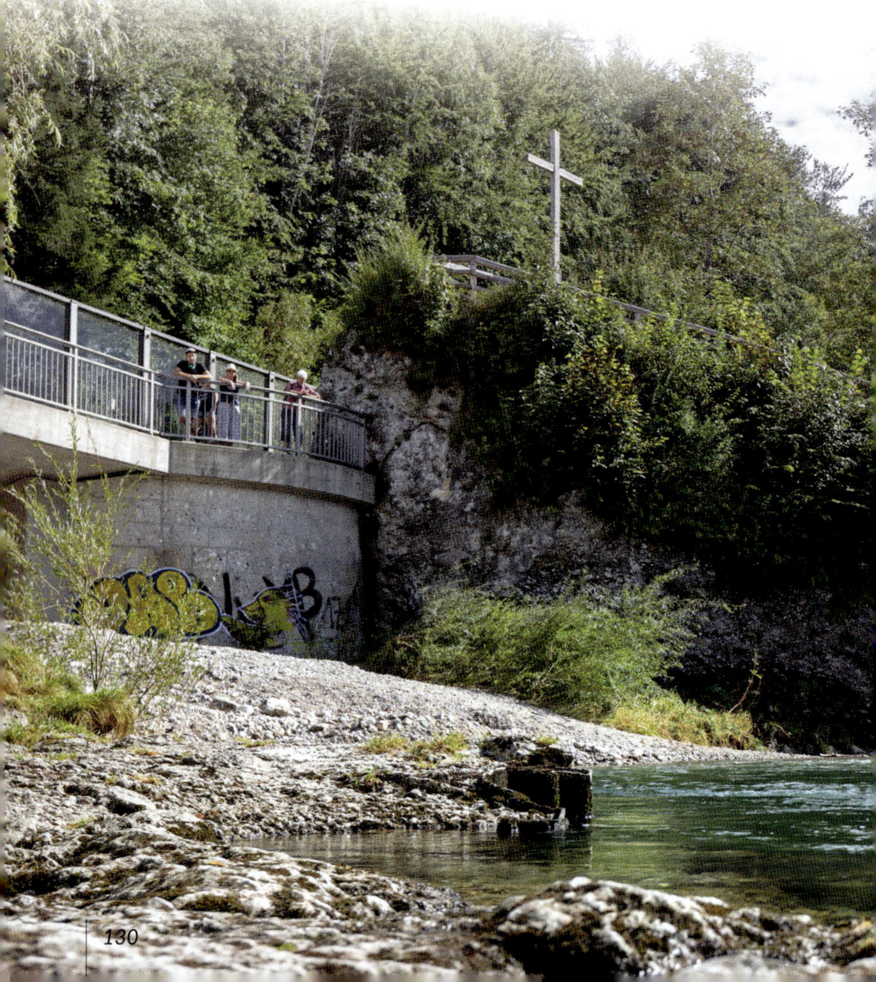

Durch den Bau der Umgehungsstraße von Traunstein kam der einst idyllisch im Fluss verweilende Felsen und damit das Wahrzeichen der Stadt an den Uferrand und wurde durch eine Lärmschutzwand von der Straße getrennt. Heute wie früher (ca. seit 1890) steht oben am Felsen, der über einen kurzen Steig mit Geländer begehbar ist, ein Kreuz und markiert damit einen christlichen Kultplatz. Aufgrund der unruhigen Lage an der Umgehungsstraße wird der sagenhafte Stein heute nur noch wenig besucht.
Für Waldbader bietet sich ab dem Parkplatz ein Besuch des nahen Bürgerwaldes mit seinem Waldlehrpfad und Trimmpfad an.

Ausgangsort Parkplatz Steingraben / Sparzer Graben
(Trimm- und Waldlehrpfad am Bürgerwald)
Hinweg 5 Minuten
Jahreszeit ganzjährig
Gelände leicht
Gasthaus --
Sagen Der Felsblock in der Traun
Woher der Name Traunstein kommt

SCAN ME

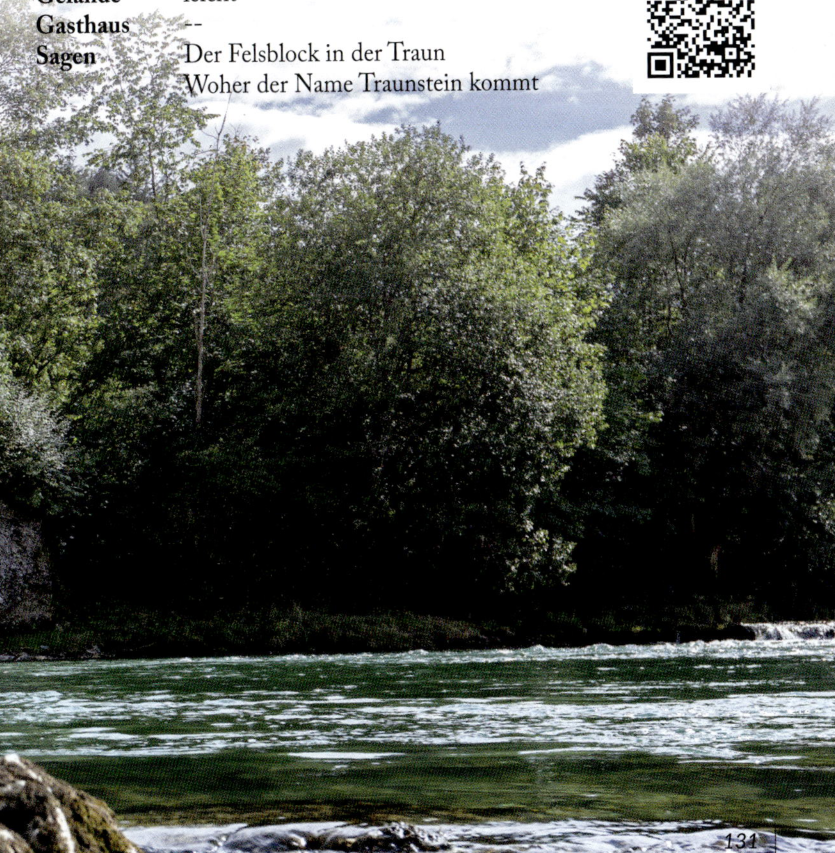

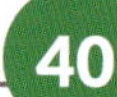

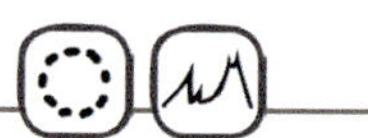

Zeller Quelle bei Ruhpolding-Maiergschwendt

:: St. Georg und das Heilwasser vom Miesenbachtal ::

Mitte des letzten Jahrhunderts entdeckte der Ruhpoldinger Rupert Zeller, dass 1901 sein Großvater für teures Geld eine Quelle im Ortsteil Maiergschwendt (auch Mayrgschwendt) erworben hat, um sein Anwesen mit Wasser zu versorgen. Als er es schließlich – auch amtlich – untersuchen ließ, wurde die besondere Reinheit und Qualität jener Zeller-Quelle deutlich und er investierte weiter, um das Wasser der Allgemeinheit zugänglich zu machen. Er baute ein Brunnenhäuschen und fasste die Quelle so, dass jeder Besucher gegen ein kleines Entgelt das Wasser bequem abfüllen konnte.

Auch wenn den **artesischen Brunnen** bis heute kein Sakralbau ziert und die Quellfassung eher zweckmäßig gestaltet ist, so ist die Lage im Wiesengebiet einer unverbauten Naturlandschaft mit einem grandiosen Panorama auf die umliegende Bergwelt einzigartig.

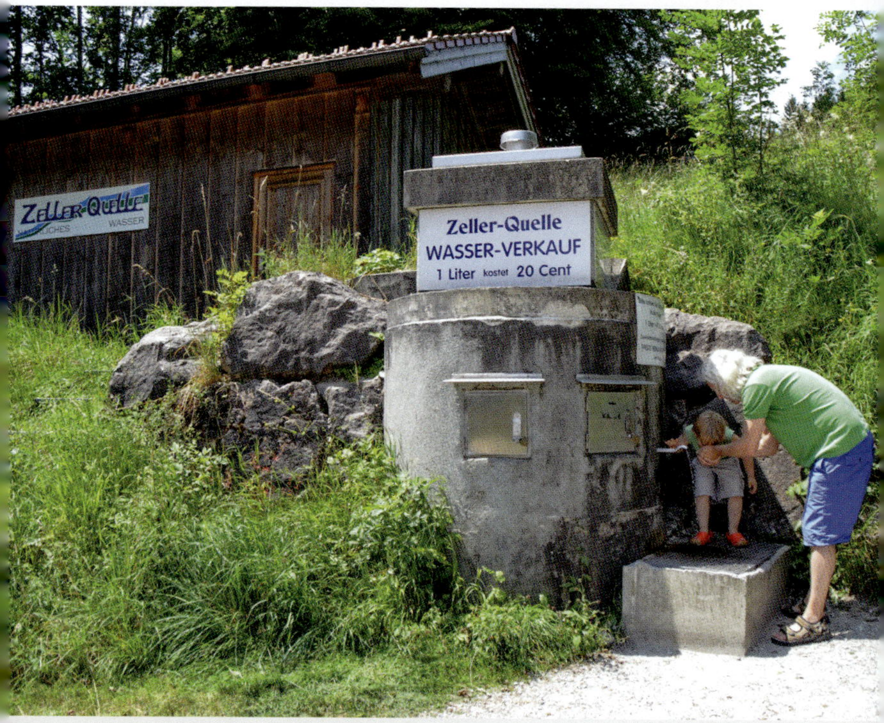

Autor mit Sohn an der Zeller-Quelle.

Das **St. Georgswasser** wird als natürliches Mineralwasser mit extrem niedrigem Natrium- und Nitratgehalt eingestuft und ist schadstofffrei. Es wurde festgestellt, dass es die Atemwege und das Immunsystem stärkt, insbesondere bei Erkältungen hilfreich ist, zudem bei Hauterkrankungen, Augen- oder Durchblutungsproblemen hilft und besonders geeignet für die Spülung und Behandlung der Schleimhäute ist.
Vom Abfüller heißt es, dass der Name Georgsquelle gewählt wurde, um damit auch auf die Bekämpfung des inneren Drachens hinzuweisen. Bioenergetische Messungen erfassten demnach besonders viele Frequenzen, die dem Immunsystem zugeordnet werden.

Zugang: Am östlichen Ausläufer des Hochfellnmassivs im Miesenbachtal, etwas abseits gelegen von Ruhpolding am südlichen Ende der Maiergschwendter Straße (beschilderte Abzweigung nach rechts), kurz vor dem Landhotel Maiergschwendt, führt eine Kiesstraße in 100 m zu einem schlichten kleinen Parkplatz direkt am Brunnen. Tagsüber finden sich dort stets einige Besucher, um sich ihr Wasser abzufüllen. Bei einer durchschnittlichen Tagesschüttung von ca. 35.000 Litern wurde die Quelle schließlich auch für einen bekannten regionalen Mineralwasserhersteller interessant. Der Seniorchef des St. Leonhardsbetriebs (siehe dazu auch Tour 50) Johann Abfalter erwarb die Zeller-Quelle und ließ sie ab 2006 unter den Namen St. Georgsquelle (St. Georg ist der Dorfpatron Ruhpoldings) abfüllen. Er schaffte auch einen weiteren Beitrag zu seiner Philosophie der „Wasserapotheke für jedermann“, da die Quelle weiterhin frei zugänglich ist.

Um den Quellgeist kennenzulernen empfiehlt sich ein Besuch in den frühen Morgenstunden oder am Abend, da tagsüber die Zapfstelle der Zeller-Quelle oft gut besucht ist. Aber auch eine Abfüllung bei Vollmond unterstützt die energetische Wirkung jenes besonderen Wassers.

Ausgangsort	Parkplatz an der Maiergschwendter Straße
Hinweg	--
Jahreszeit	ganzjährig
Gelände	leicht
Gasthaus	--
Sage	--

Gute Kombinationsmöglichkeit mit Tour 19 (St. Michaelsgrotte).

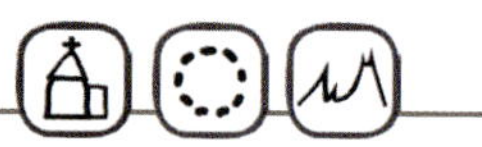

Augenkapelle mit Heilquelle in Traunstein

:: Das einstige Kurbadewasser von Traunstein ::

Traunstein besaß einst den Status eines Kurbades. Eine heilkräftige Mineralquelle – der Herzog-Wilhelm-Brunnen, im Volksmund das „Empfinger Wasser" genannt – versorgte den Ortsteil Empfing (früher „Bad Empfing"), die bereits im 16. Jahrhundert schon bekannt war. Das Wildbad Bad Empfing an der Traun war zuletzt noch von 1934 bis 1965 als Genesungsheim der Bahn in Betrieb. Wegen der zunehmenden Bebauung oberhalb des Kurgebäudes wurde der Brunnen schließlich geschlossen, da die Quellen im Hanggebiet auch zunehmend weniger Wasser spendeten.

Das einstige hervorragende **Heilwasser** ist allerdings heute noch vorhanden und zugänglich, nämlich 200 m südlich der ehemaligen, heute in Privatbesitz befindlichen Kuranstalt („Empfinger Gütl") an der Traun gelegen. Unscheinbar, am Wegrand im Gebüsch gelegen, steht die Augenkapelle mit ihrem Brunnen, einem Steinbecken mit einem Rohr aus dem das heilkräftige Wasser sprudelt. Wertvolle Bestandteile sind „kohlensauerer und schwefelsauerer Kalk, kohlensaueres Magnesia, salpetersaueres Kali und kohlensaueres Natron".

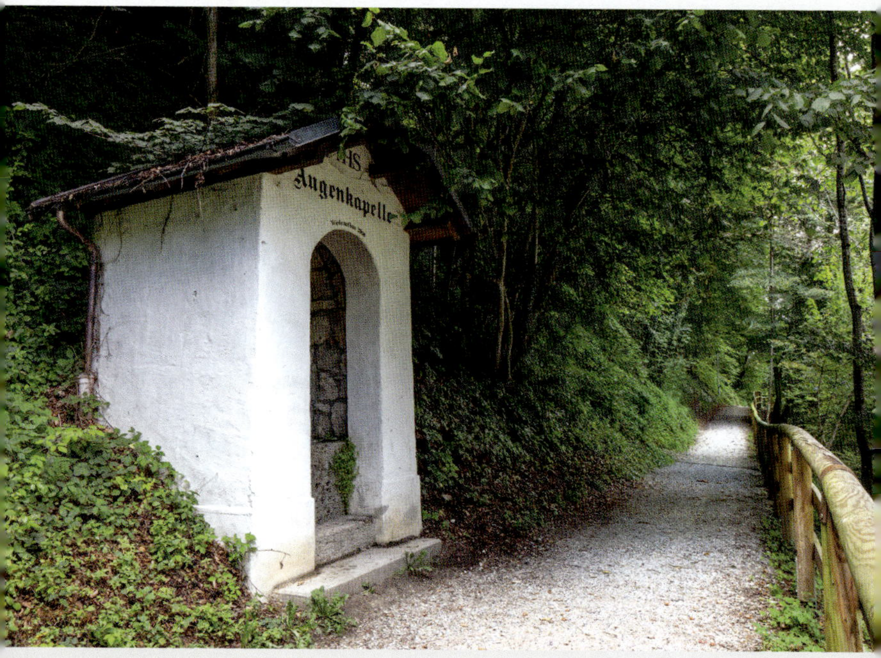

Augenkapelle am Uferweg der Traun, gelegen an der Empfinger Leiten.

Zu Zeiten des Heilbadebetriebes war der Brunnen bei der Augenkapelle der einzig freie Zugang zum begehrten Wasser. Die Kapelle an der Empfinger Leiten (= Hang) soll bereits seit „undenklichen Zeiten“ stehen. Bereits aus dem Jahr 1792 gibt es Aufzeichnungen von ihr.
Im Jahrbuch des Historischen Vereins Traunstein heißt es: *Das Heilwasser soll gegen rinnende Augen, Gicht, Verstopfung, Sterilität und Lähmungen und beim „blöden Blick“ helfen. Da das Bad Empfinger Heilwasser vor allen Dingen für seine Heilwirkung bei Augenleiden bekannt war, kam die Kapelle zu ihrem Namen „Augenkapelle“.*

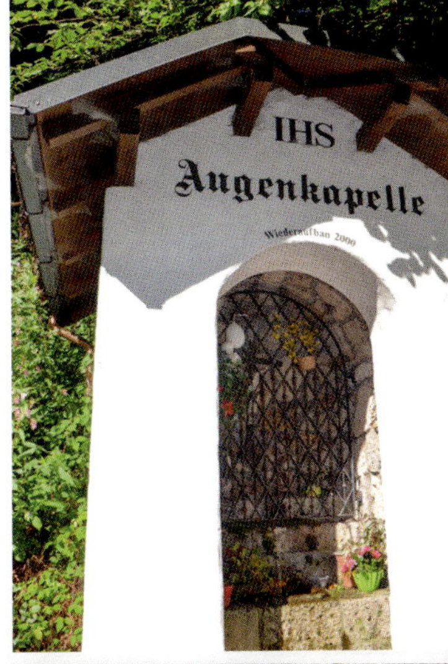

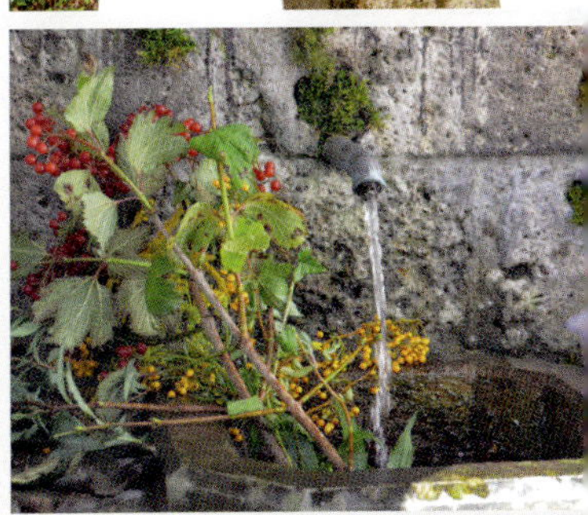

Augenkapelle mit Heilquelle.

Wie so häufig bei beliebten und verehrten Heilquellen wurde die christlich besetzte Heilquelle auf die Heilung von Augenerkrankungen reduziert, obwohl nachweislich im Kurbetrieb ein wesentlich umfangreicheres Anwendungsgebiet vorhanden war.
Die Kapelle mit ihrem Heilwasser wird heute noch stark von den Einheimischen aufgesucht, was auch schon aufgrund des stets frischen Blumenschmucks und der entzündeten Kerzen als Opfergaben deutlich ist.

Zugang: Parken beim Empfinger Gütl (Empfing 8) und dann in 10 Minuten flussaufwärts der Traun Richtung Eisenbahnviadukt über einen bequemen Spazierweg.

Ausgangsort	Parken an der ehemaligen Kuranstalt
Hinweg	10 Min.
Jahreszeit	ganzjährig
Gelände	leicht
Gasthaus	--

Gute Kombinationsmöglichkeit mit Tour 39 (Klobenstein an der Traun).

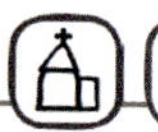
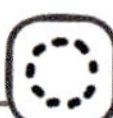

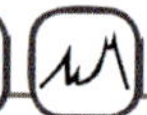

St. Coloman bei Tengling

:: Ein Kraftort mit Weitblick ::

Ein Kraftort und Kultplatz der Stille und des Weitblicks – so zeigt sich uns die Colomankirche am Nordende des **Tachinger Sees** bei Tengling (Gemeinde Taching am See). Die Überlieferungen berichten von seltsamen heidnischen Kulten, wie dem Verpflöcken von Krankheiten auf einen Colomanskopf aus Holz oder Ton, von einer früheren Wallfahrt, vom Ostersonntagritt, von vielen früheren Votivtafeln und von einer Heilquelle. Der Kirchenpatron Coloman galt im Volksglauben als Viehpatron und wurde gegen Krankheiten insbesondere des Kopfes, bei Gewitter, bei übler Nachrede und von heiratswilligen Mädchen angerufen.

Als lebendiger Kult wird das Pilgern im Rahmen des St. Rupert Pilgerweges zur Colomanskirche zelebriert. Noch im letzten Jahrhundert stand die Kirche noch viel näher am See, der jedoch zu dieser Zeit stark verlandete. Mit seiner erhöhten Lage auf einem Hügel bietet St. Coloman einen grandiosen Panoramablick auf die Chiemgauer Berge, den Tachinger und Waginger See. Erbaut wurde sie aus Steinen der nahegelegenen zerstörten Burg Alt-Törring

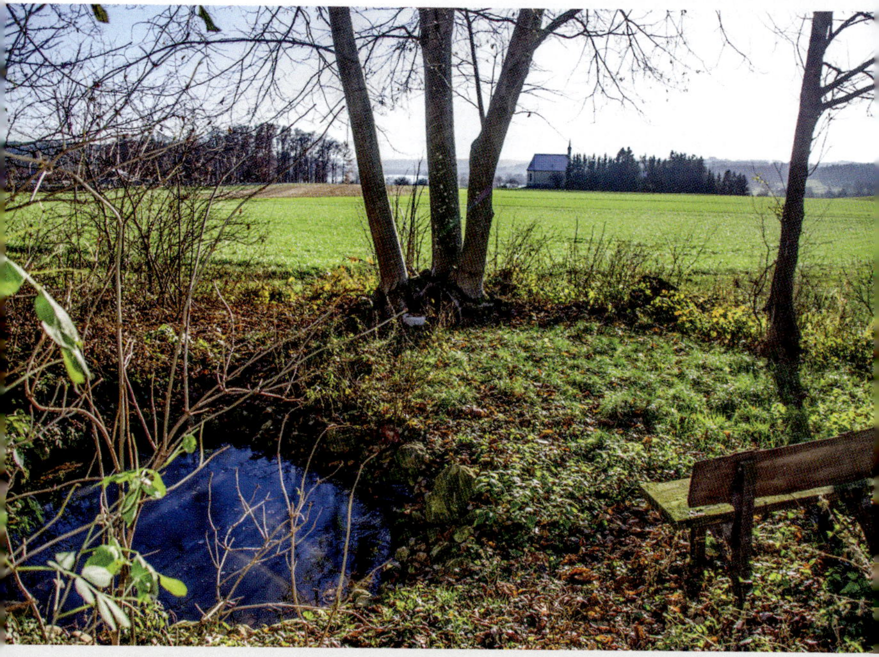

Etwa 300 Meter von der Kirche entfernt liegt der Quellort.

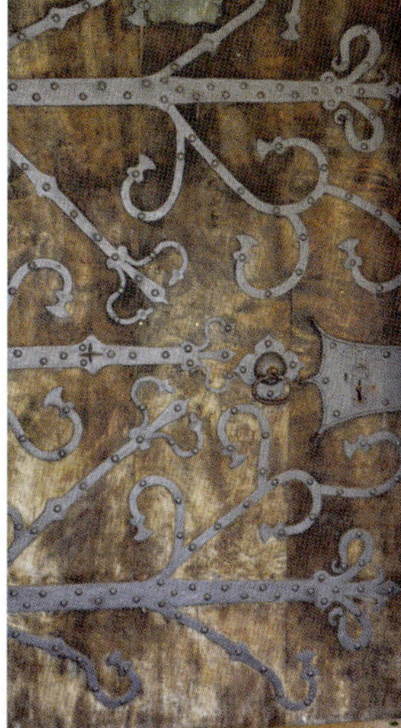
Kirchentüre.

um 1500. Bei der Mesnerin im Nachbarhaus kann der Schlüssel geholt werden, um die kunsthistorisch bedeutsamen Kirchenschätze zu besichtigen.
Als **Kraftort** erschließt sich die Lage schnell bei einer Rast an der Südseite. Der nach Süden gerichtete Blick auf Seen und Berge in Verbindung mit der Ruhe und Abgeschiedenheit des Platzes lässt das Herz sich weiten. Ein guter Platz für Meditation und Gebet. Die einstigen Colomansköpfe sind in irgendwelchen Museen verschwunden, die Wallfahrt ruht schon lange, die Votivtafeln sind größtenteils abgenommen und die Heilquelle in Vergessenheit geraten – oder gar versiegt?
Meine Freude war groß, den potentiellen **Quellort** (300 m nördlich der Kirche in einem Gebüsch) nach der Beschreibung eines Einheimischen so schnell aufgefunden zu haben. Eine Ruhebank und ein auffälliger gelber Baumschwamm waren aus der Ferne schon gute Signale. Die eigentliche Situation war allerdings irgendwie gedämpft/beruhigt. Da wollte kein Leben aufkommen. Rundherum die Felder lassen natürlich etwaige Verschmutzungen durch Dünger oder Pflanzengifte vermuten. Der potentielle Quellfluss wurde durch eine kleine Teichanlage „untergraben", die Dynamik des Quellgeistes zum Stillstand gebracht. Es erscheint sehr schwierig einen ursprünglichen Zustand wieder herzustellen. Was bleibt, ist ein angenehmer Ruheplatz mit Blick auf den nahen Kultort und die Möglichkeit, einen alten, aber zur Ruhe gebrachten Quellgeist zu kontaktieren und ihm zumindest Aufmerksamkeit zu schenken.

Ausgangsort	Parken nahe der Kirche: *Coloman 2, 83373 Tengling-Taching am See*
Hinweg	5 Minuten *(bis zur Quelle über einen Feldweg, der von der Zufahrtstraße kurz vor der Kirche abzweigt: 10 Minuten)*
Jahreszeit	in den Wintermonaten, am Besten nach der Erntezeit
Gelände	leicht
Gasthaus	--
Sagen	Die Colomankirche bei Tengling Das Gespenst ohne Kopf am Waginger See

SCAN ME

Gute Kombinationsmöglichkeit mit Tour 2 (Biberschwell bei Tengling), da nur 1,5 km entfernt.

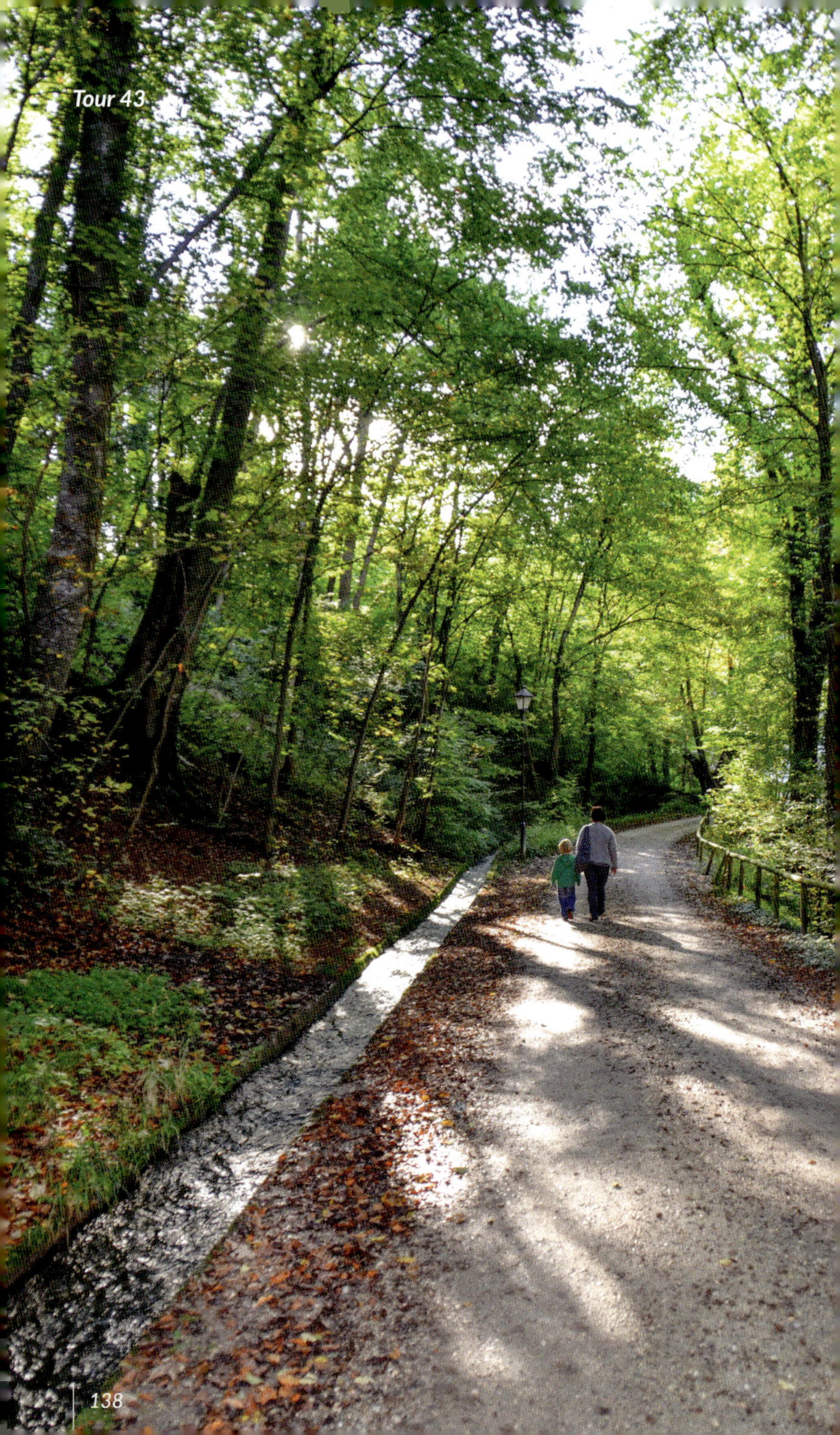

Heilquellen von Maria Ponlach bei Tittmoning

:: Lebendiger Wasserkult im Erdmutterschoß ::

Vor Urzeiten war dieses wasserreiche Gebiet oberhalb der Salzach besiedelt. Auch keltische und römische Siedlungsspuren lassen sich nachweisen. Gleich hinter der sehenswerten **Burg von Tittmoning** öffnet sich im Wald der **Ponlachgraben**. Er grenzt an die zur Burg hinaufführende Stadtmauer. Im Mittelalter war der Graben im Besitz der Salzburger Erzbischöfe und durfte von den Bürgern nicht betreten werden, daher der Name Ponlach (Pon = Bann und Lach = Wald). Geologisch betrachtet ist der kleine Graben ein Einschnitt der Hochterrasse des Salzachbeckens. Er wird vom Ponlachbach mit einigen Kaskaden durchzogen und die Weganlagen führen zu größeren und kleineren Quellen, die schon immer als heilkräftig galten.

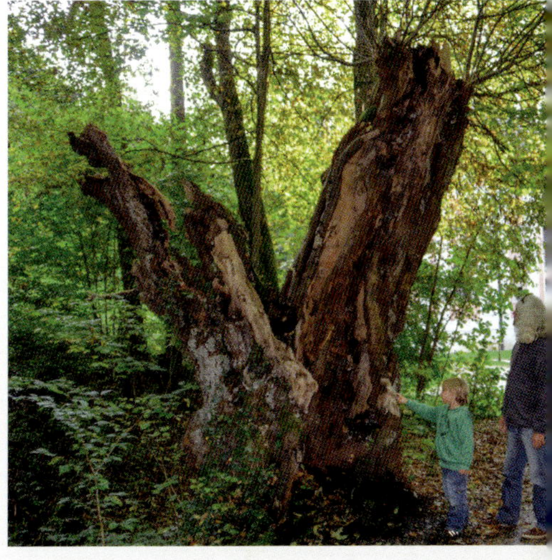

Torso eines einst mächtigen Göttinnenbaumes.

Geomantisch ist das Areal der Schoß der Erdmutter (verchristlicht als Maria und Marienheilgtum), aus derem schattigen beschützten Unterleib die Quellen des Lebens hervortreten. Auch die Sage von der wilden Jagd bei Tittmoning weist noch auf die ursprüngliche Bedeutung und Verehrung der Urmutter Percht in dieser Region hin.

Die **Quellen**, die links und rechts von der 1717 erbauten Marienwallfahrtskirche in zwei Brunnen – zwei mit Wasserschalen ausgestatteten Grotten – rinnen, helfen gegen Fuß- und Augenleiden, gegen Depressionen und Wunden aller Art. Sie wurden ebenso stark frequentiert, wie die etwas unterhalb der Kirche am Geländeabbruch zur Schlucht entspringende Quelle, früher als „Prun“ bekannt, bei der im 17. Jahrhundert schon eine Badehütte und eine kleine Holzkapelle („Grabenkapelle“, auch „Maria Brunn“ genannt) stand. Es wurden und werden bis heute dort neben Geld und Naturalien auch Wachsvotive und Votivbilder geopfert und sind in der Marienkirche noch zu sehen. Den Mirakelbüchern zufolge half das Wasser bei annähernd allen körperlichen Beschwerden.

Die Heilkraft der Quellen galt als Ursprung der Wallfahrt, die seit dem Ende des 18. Jahrhunderts nachgelassen hat. Jedoch ist das Marienheiligtum ein bis heute oft besuchter Wallfahrtsort geblieben, wofür natürlich die immer noch kräftig sprudelnden Quellen verantwortlich sind.
Auch das Trinkwasser der Stadt Tittmoning stammt aus dem Quelleinzugsgebiet.

Zugang: Vom Parkplatz an der Burg führt westlich ein beschilderter bequemer breiter Kiesweg entlang uralter mächtiger Linden in wenigen Minuten zu den Quellen. Schon beim Hinweg empfängt den Besucher ein Wasserplätschern von beiden Seiten des Weges. Wir spazieren entlang des Stadtbaches und hören aus der Tiefe der Schlucht den Ponlachbach über seine Wasserfälle rauschen. Von der einstigen Lindenallee sind noch einige der alten Göttinnenbäume lebendig geblieben und fordern uns zu einem Dialog mit

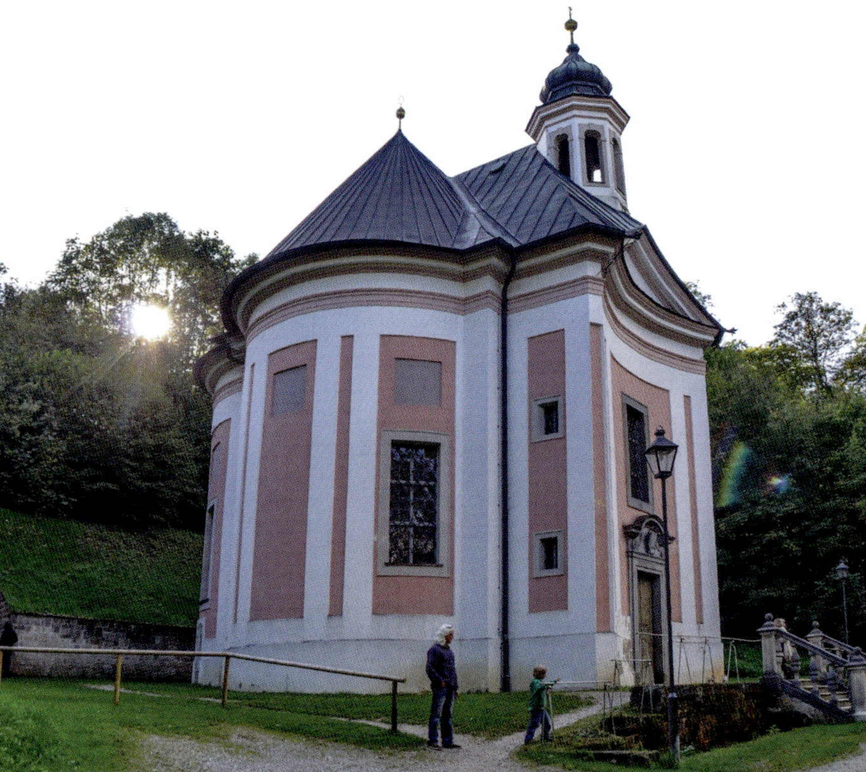

Hinter dem Kirchenschiff befinden sich die beiden Quellen.

den Baum- und Quellgeistern auf. Treppen führen bald nach rechts hinunter zu der von vielen Besuchern als (heil-) kräftigste empfundene Quelle. Oben am Weg empfangen uns dann schon nach wenigen Metern die Heilquellen bei der Marienkirche.

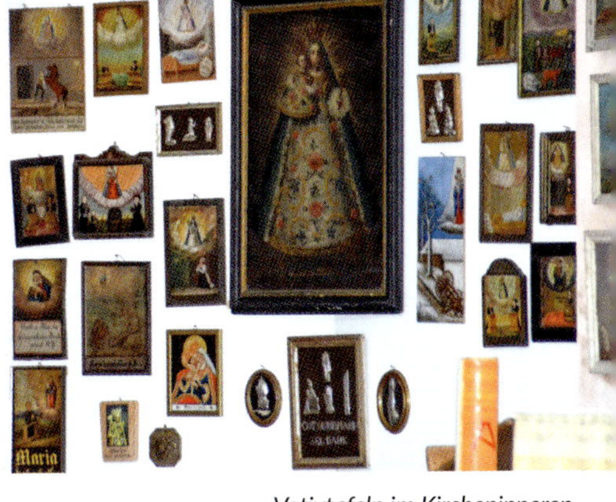

Votivtafeln im Kircheninneren.

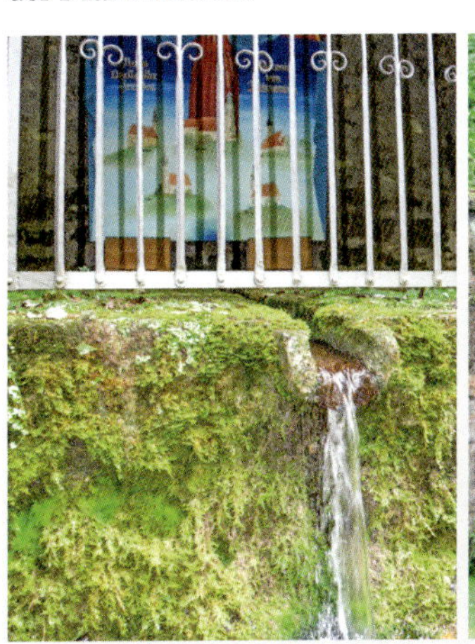

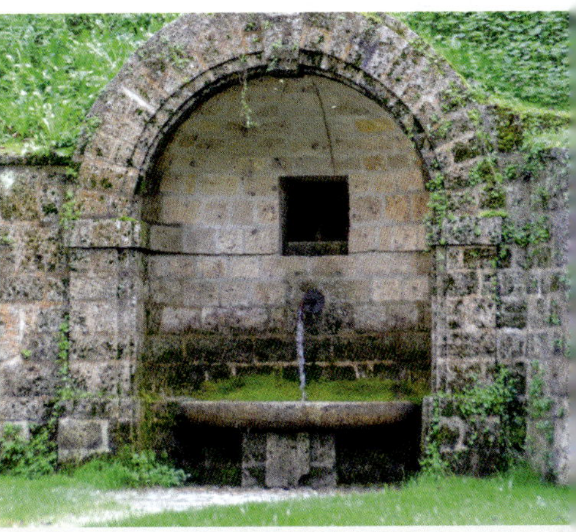

Die unterhalb der Marienkirche gelegene „Prun"-Quelle (links) und einer der beiden Heilquellen hinter der Marienkirche.

Das Wasser der Quellen soll besonders zu Vollmond gut wirken und wird daher in jenen Nächten gerne abgeholt. Mit dem Auto kann man sehr nahe an die Brunnen heranfahren, um dort das Wasser abzufüllen.

Ausgangsort Parkplatz an der Burg
Ponlach, 84529 Tittmoning
Hinweg 10 Minuten
Jahreszeit ganzjährig
Gelände leicht
Gasthaus Café in der Burg
Sagen Maria Ponlach
Das echte und das falsche Heilwasser von Salling
Die wilde Jagd bei Tittmoning

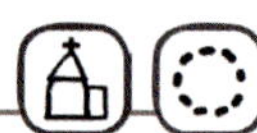
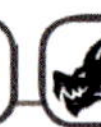
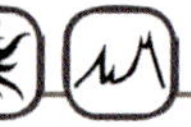

Maria Mühlberg bei Waging

:: Wie aus einem heilsamen Birnbaum eine liebevolle Linde wurde ::

Ein mächtiger **Baumriese**, ein versperrter **Brunnen**, eine **Wallfahrtskirche** auf einem Hügel und eine traumhafte Aussicht auf den **Waginger See** und die Chiemgauer und Salzburger Berge – so stellt sich heute der einst populäre Wallfahrtsort Maria Mühlberg dar.

Im 17. Jahrhundert soll eine fußkranke Magd namens Eva, die bei einem Bauern namens Adam arbeitete, eine himmlische – wiederum weibliche – Erscheinung gehabt haben. Dieses Wesen soll rituell einen am Mühlberg wild wachsenden Birnbaum umgangen haben. Als Eva sich der Erscheinung näherte, verschwand diese plötzlich und an ihrer Stelle fand sich zu Füßen des Birnbaums ein kleines Bildnis (= Kupferstich) der Muttergottes von Ettal, das ein Bauer von seiner Wallfahrt nach Ettal mitgebracht hatte und an den Birnbaum gehängt hatte. Als sie zu ihrem Bauern zurückkehrte und von ihrem wundersamen Erlebnis berichtete, war sie von ihrem Leiden befreit. Adam lies das Bildnis rahmen und hängte es wieder am Birnbaum auf, worauf schon bald zu jenem Wunderort eine Wallfahrt einsetzte. Der Pfarrer

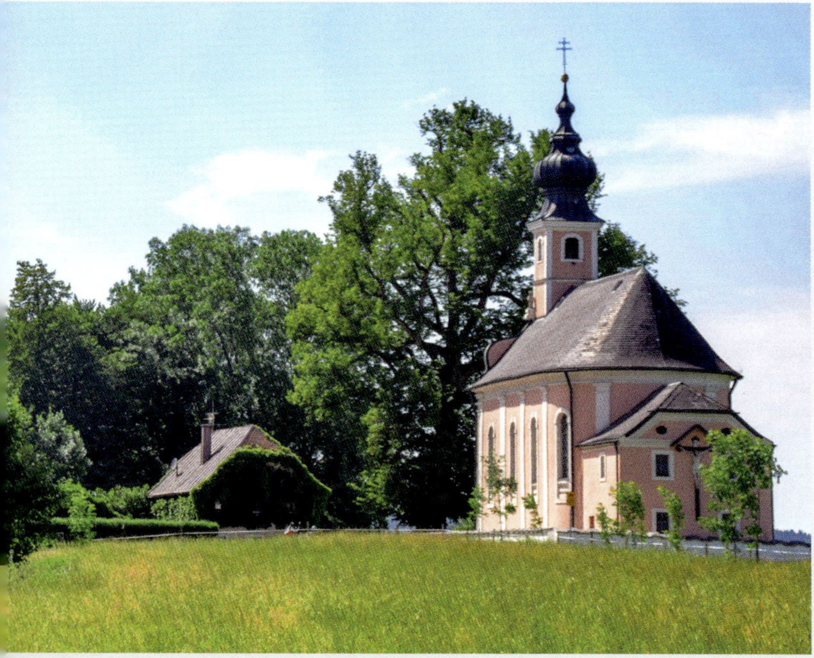

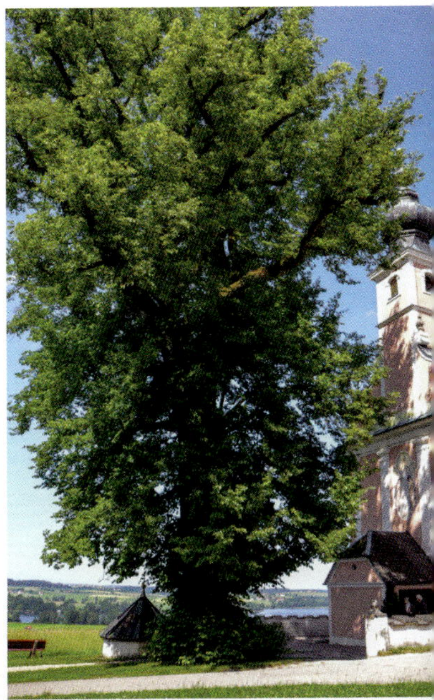

Brunnhaus unter der Linde hinter der Kirche.

von Waging brachte das Gnadenbild drei mal in seine Pfarrkirche. Doch auf ebenso unerklärliche Weise „wanderte“ das Marienbild immer wieder zurück auf den Mühlberg, wo schließlich Anfang des 18. Jahrhunderts eine Wallfahrtskirche erbaut wurde.
Da die Wallfahrt anfangs nicht von der Kirchenobrigkeit abgesegnet war, ließ diese sogar den Birnbaum fällen und aus diesem Holz eine Marienstatue nach dem Vorbild der Ettaler Madonna schnitzen. Sie wurde in den Hochaltar mit seiner außergewöhnlichen Form eines freistehenden vielästigen Birnbaumes oben in der Krone integriert. Der Baumaltar wurde im 19. Jahrhundert durch eine neubarocke Ausführung ersetzt.

Was hat es nun mit dieser Überlieferung und den biblischen Analogien auf sich? Eine von ihrem Leiden geheilte Eva und ein Adam, der für die Wunderfrau und Heilerin ein Denkmal am Baum errichtete, ein begehrter Obstbaum und eine Quelle im Zentrum des Geschehens, dreimalige Wiederholungen bei der Baumunrundung und bei der Versetzung des Frauenbildes – das sind starke Hinweise auf einen einstigen Frauenkultplatz, auf ein Baum- und Quellheiligtum.
Die mächtige alte Linde neben dem Brunnenhäuschen wurde wohl nach der Fällung des Birnbaumes gepflanzt. Als Baum der Liebe mit ihren herzförmigen Blättern mag sie der Wegbereiter für die heutige Bedeutung als Traungskirche gewesen sein.

Anscheinend hat die Kirche wenig Interesse an einem Aufleben des einstigen Wasserkultes und so ist die Pumpe im sieben Meter tiefen Schacht des achteckigen, mit einem spitzen Kupferdach abgedeckten Brunnenhauses schon seit den 1970er Jahren ohne Funktion und wird nicht repariert.
Offiziell wird es mit einer Verunreinigung des Wassers begründet. Die prächtig wachsende Linde daneben spricht jedoch eine andere Sprache.
Die im 17. Jahrhundert aufkommende Wallfahrt wurde von der Geistlichkeit versucht zu unterbinden, was nicht gelang. In der Kirche sind noch fast 400

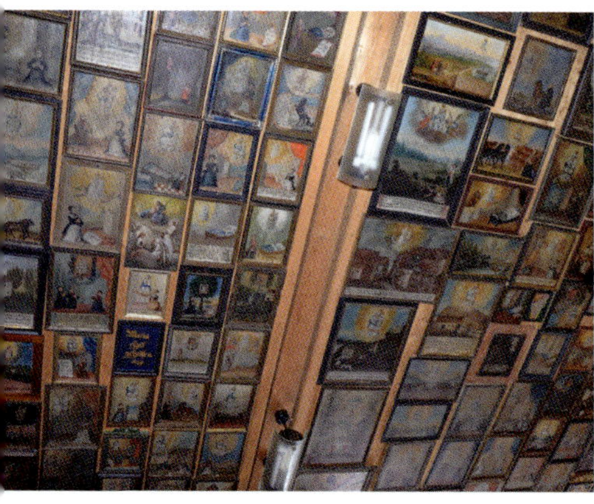

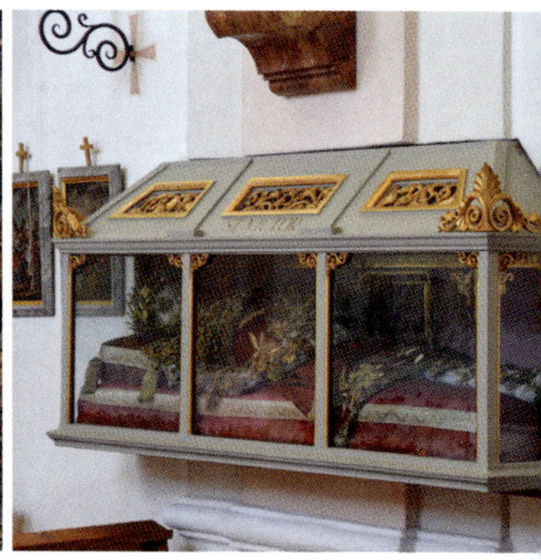

Jeder freie Platz, auch die Decke, wird von Votivbildern geschmückt.

Votivbilder zu sehen. Dies ist damit der umfangreichste Votivbilderbestand in dieser Region und belegt damit die einstige Bedeutung als Kraftort und Ort des Heils.
Der christliche Kult bleibt heute auf die jährlich am 1. Mai stattfindende Friedenswallfahrt der Krieger- und Soldatenkameradschaft aus Waging und umliegenden Orten beschränkt. Zudem gesellt sich noch ein reger Hochzeitskult. Die Kirche wird gerne von einheimischen und auswärtigen Brautpaaren als Trauungskirche genutzt.

Zugang: Vom kleinen Parkplatz Aglassing beginnt nach einer kleinen Brücke über den Schinderbach der **Kreuzweg** mit seinen 14 Stationen hinauf teils über Treppen in 20 Minuten zum Mühlberg. Als Rundweg bietet sich nun der Weiterweg an der Kirche vorbei Richtung Osten bis zu einer großen Eiche. Dort knickt der Weg nach rechts ab hinunter in den Forstgraben und dort entlang des Baches zurück zum Parkplatz an der Schinderbachbrücke.

Ausgangsort	Parkplatz an der Kirche *(Mühlberg 2, 83329 Waging am See)* oder am Beginn des Kreuzweges
Rundweg	50 Minuten
Jahreszeit	ganzjährig
Gelände	leicht
Gasthaus	--
Sagen	Der Birnbaum auf dem Mühlberg bei Waging Das Gespenst ohne Kopf am Waginger See Der Zauberbrunnen bei Waging

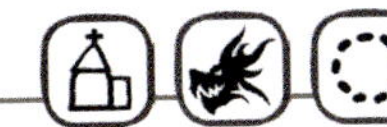

Kolomankapelle bei Rimsting-Höchstätt

:: Gedenkstätte für einen Heiligen / Heiler ::

Kolomanskapellen finden sich in dieser Region auch bei Kirchanschöring, bei Tengling am Tachinger See oder auch bei Hochstätt (Ortsteil von Rimsting) am Chiemsee. Alle besitzen eine starke Affinität zum Element Wasser.

Der aus Irland stammende Königssohn soll auf seinem Pilgerweg das Kloster Herrenchiemsee besucht haben. Schwimmend soll er die Insel und später wieder das Festland bei Hochstätt erreicht haben. Vom Volk wurde er fälschlicherweise als Spion verdächtig und in einem kurzen Prozess in Wien im Spätherbst aufgehängt. Der daraufhin zu grünen anfangende Galgen und der nicht verwesende Leichnam überzeugte das Volk schließlich von seiner Unschuld und so wurde Koloman zu einem Heiligen. Der Heilige wurde daher bei allen Krankheiten der Gliedmaßen, bei Kopf-, Hals-, Mund- und Zahnschmerzen, zur Erfüllung eines Kinder- oder Heiratswunsches und für einen gesegneten Hausstand angerufen. Als Votivgaben wurden Holzlöffel und Holzköpfe (= Kolomaniköpfe) mit Halskrausen geopfert. Deswegen wurde die Gnadenstätte auch Löffelkapelle genannt. Im Staatsarchiv des Historischen Vereins Oberbayern in München werden die hölzernen Votivköpfe aufbewahrt. Mit ihnen wurde der Kult der Verpflöckens von Krankheiten ze-

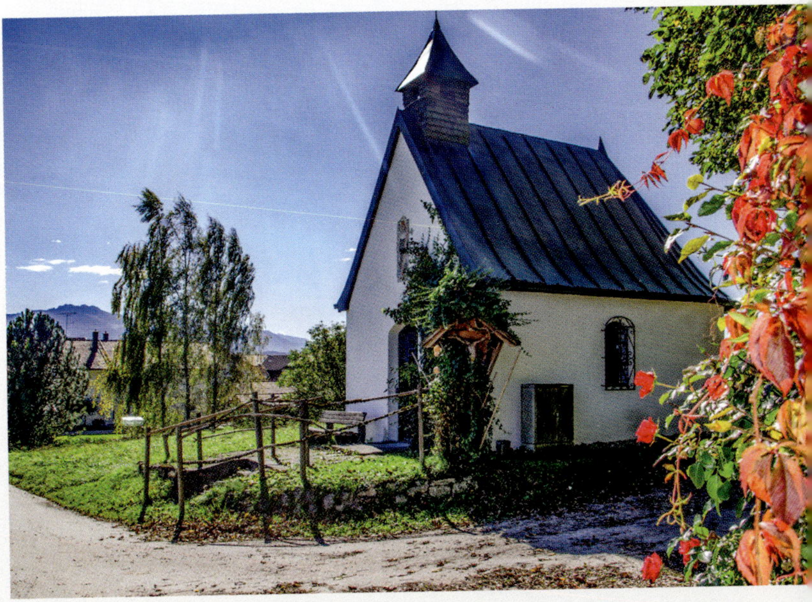

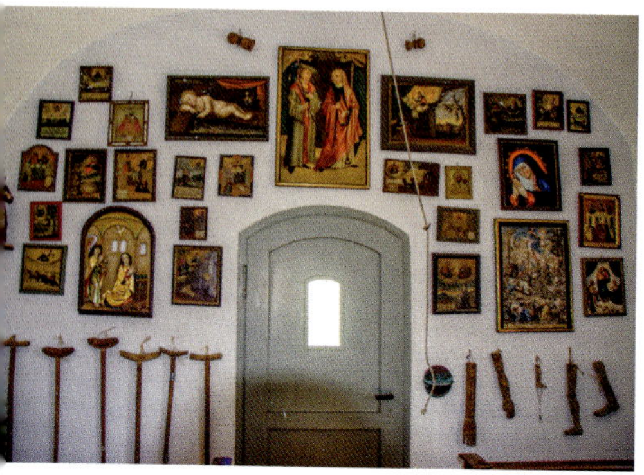

Votivgaben in der Kolomankapelle.

lebriert. Zahlreiche Votivgaben sind noch heute in der Kapelle vorhanden.
Seit 1604 besteht die Kapelle zum Gedenken an den heiligen Koloman und ist das Gemeinschaftswerk der Bauern des Ortes. Aufgrund der starken Wallfahrt im 17. Jahrhundert versuchte der Augustiner Chorherrenstift von Herrenchiemsee mit der Verlegung des Gnadenbildes von der Kolomanskapelle in ihr Kloster die gute Einnahmequelle auf die Herreninsel umzuleiten. Auf wundersame Weise „wanderte/schwamm" das Marienbild wieder nach Hochstätt zurück, wo es schließlich von den Dorfbewohnern wieder aufgefunden und zurück in die Kapelle gebracht wurde.
Wegen Straßenbauarbeiten wurde die Kapelle schon zwei Mal umgesetzt und wurde auch mehrfach renoviert. Seit 1956 steht sie am Ortsrand und scheint dort einen dauerhaften Platz bekommen zu haben. Den Schlüssel für die stets verschlossene, in Privatbesitz befindliche Kapelle, gibt es bei den nahegelegenen drei Bauernhöfen, die sich im Zweijahresintervall abwechselnd darum kümmern.

Ob der Geist des heiligen Koloman noch wirksam ist, lässt sich bei einem Besuch rasch feststellen. Es ist an diesem Ort nicht (nur) der Ortsgeist, sondern immer noch die Energie eines Heilers, den das Volk zunächst leider verkannt hatte.

Zugang: Gegenüber dem Seecafé Toni, auf Höhe der Bürgerbus-Haltestelle führt eine schmale Straße leicht ansteigend hinauf zur Kapelle.

Ausgangsort	Kolomankapelle in Oberhochstätt *(nördlicher Ortsrand)*
Hinweg	--
Jahreszeit	ganzjährig
Gelände	leicht
Gasthaus	Seecafé Toni
Sage	Die Kolomankapelle bei Hochstätt

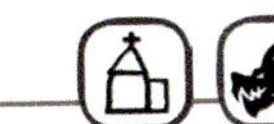
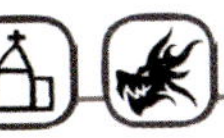

Ettendorfer Kircherl

:: Ein heidnischer Kultplatz von Linden umgeben ::

Die Stadt Traunstein ist von alten Kraftorten und Kultplätzen umgeben, obwohl es auf den ersten Blick nicht danach aussieht: der Klobenstein (Tour 17) und die Augenkapelle (Tour 41) bei Empfing, das Kalte Bründl im Norden an der Traun (Tour 47), das Wahrzeichen der Stadt – der Traunstein am Sparzer Graben (Tour 39) und die Wallfahrtskirche St. Veit und Anna in Ettendorf, östlich von Traunstein oberhalb der Traun gelegen. An dem im Volksmund genannten Ettendorfer Kircherl aus dem 12. Jahrhundert wird sogar ein heidnischer Kultplatz vermutet. Ettendorf gehört schon zur Nachbargemeinde Surberg. Die auf einer kegelförmigen Anhöhe gelegene Kirche bietet eine einmalige Sicht auf das darunter liegende Traunstein und die Chiemgauer Berge.

Die **Wallfahrt** ist schon lange erloschen, allerdings wird jeden Ostermontag der Georgiritt zelebriert und gehört zum christlichen Brauchtum. Er ist einer

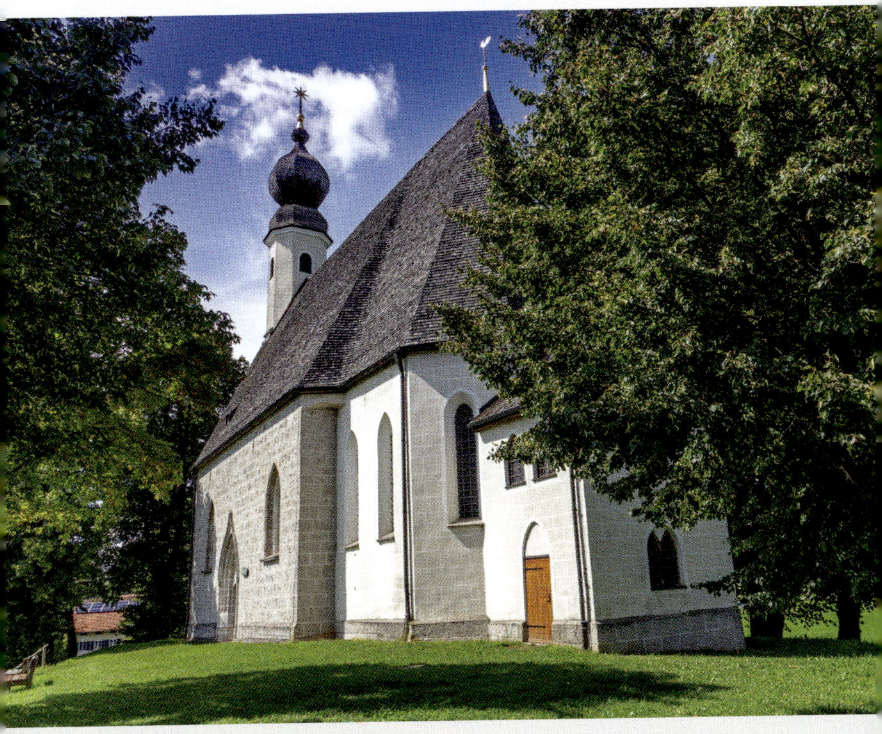

Das von Linden umgebene Ettendorfer Kircherl.

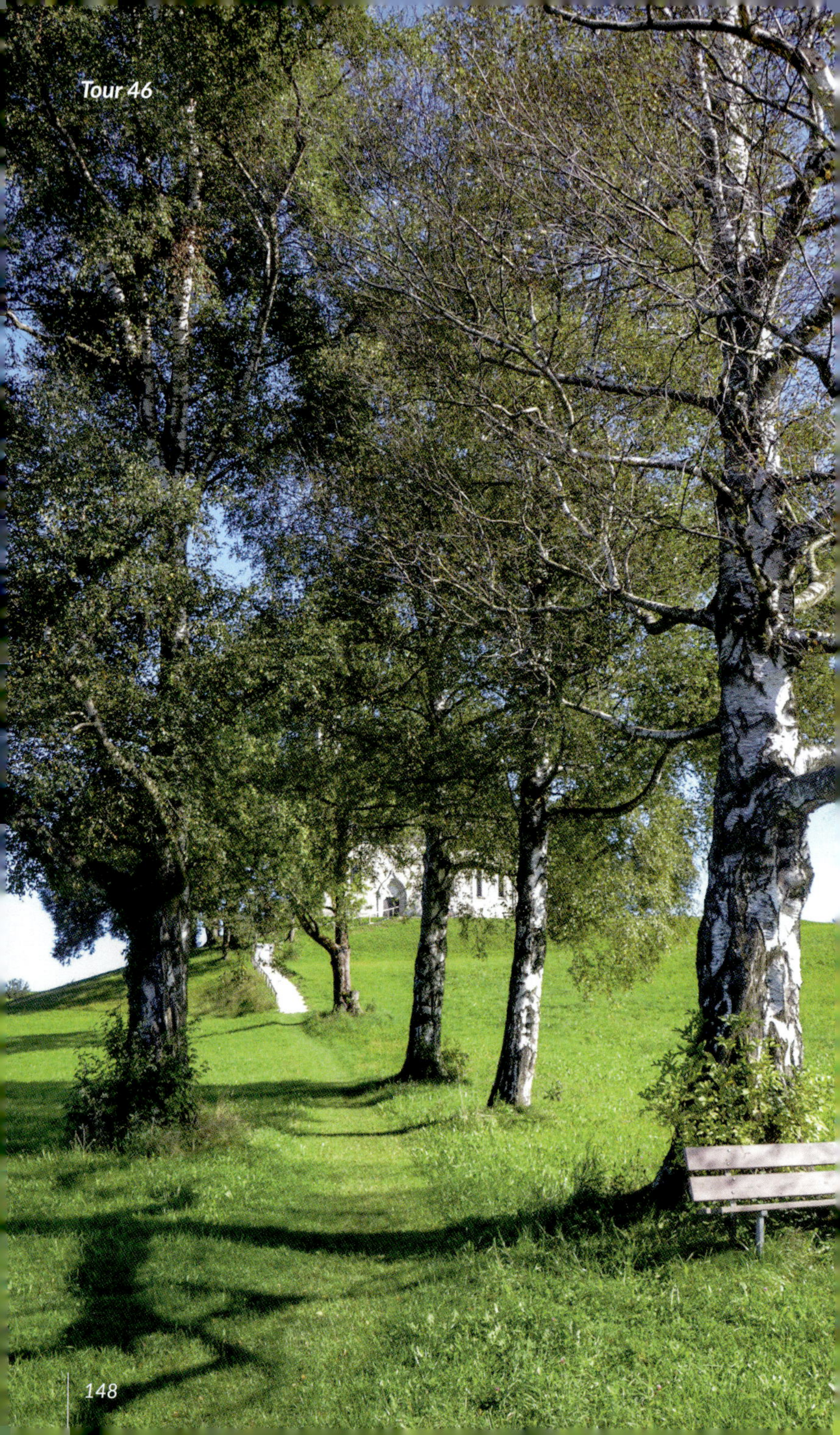

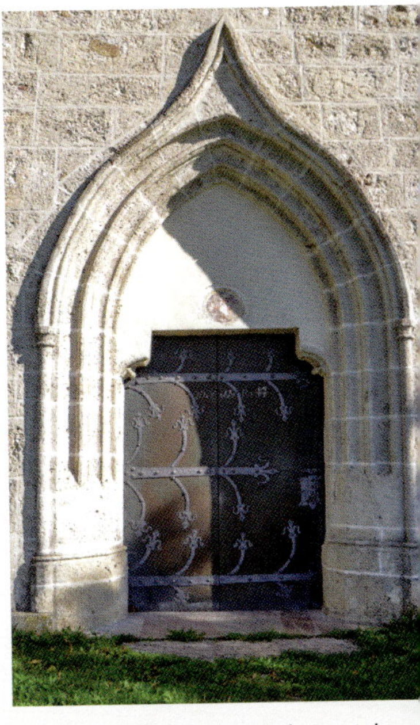

Imposantes Kirchenportal.

der bekanntesten Pferdeumzüge Bayerns und wurde bereits im 18. Jahrhundert ausgeübt. Es wird vermutet, dass der Georgiritt von einem germanischen Kult zu Ehren der Frühlingsgöttin Ostara abstammt. Der Wiesenhügel ist von einigen **mächtigen Linden** umstanden. Die Linden galten bei den Germanen als der Göttin Freya geweihter Baum. Sie war die Göttin der Fruchtbarkeit, des Glücks und der Liebe. Dies mag auch die Beliebtheit des Ettendorfer Kircherls als Hochzeitskirche erklären.
Linden beherbergen die guten Geister und man traf sich unter denen Linden, um Signale aus der Geisterwelt zu bekommen. Orte, an den Linden standen, hatten die Funktion als Gemeinschaftsmittelpunkt und Treffpunkt für alle Angelegenheiten. Sie waren somit Bäume des Volkes. Sie waren gleichzeitig auch eine Art Manifestation von Wahrheit, Gerechtigkeit, Klarheit, Entschlossenheit, Mitgefühl und göttlichem Wissen. Die alten Freyalinden wurden zu Zeiten der Christianisierung zerstört und durch Marienlinden ersetzt. An die Linden wurden Marienbildnisse gehängt.

Zugang: Entweder fährt man über die Ettendorfer Straße, die in die Georgistraße übergeht und parkt gleich nach der Bahnunterführung links und geht dann in wenigen Minuten zur Kirche oder man wandert dort, wo sich in Traunstein die Traun und die Brücke der Gasstraße kreuzen bergauf und erreicht in 15 Minuten über eine malerische Stiege den Hügel.

Ausgangsort	Parkplatz bei Bahnunterführung
Hinweg	5 bis 15 Minuten
Jahreszeit	ganzjährig
Gelände	leicht
Gasthaus	--
Sage	Der Georgiritt von Traunstein

Die Birkenallee geht in den lindenbestandenen Hügel über.

47

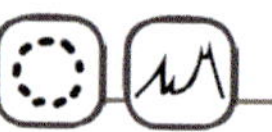

Das Kalte Bründl bei Traunstein

:: Eine vergessene Heilquelle ::

Das Kalte Bründl an der **Traun** liegt zwischen Traunstein und Aiging. Es ist eine wahrhaft vergessene Heilquelle, über die heute nur noch wenig bekannt ist. Die ruhige und schattige Lage hoch oberhalb des Traun-Flusses empfiehlt sich jedoch immer noch für einen Besuch. Der neue Granittrog, in den sich das kostbare Quellwasser ergießt, ist schlicht gestaltet. Nirgends finden sich Hinweise auf Opfergaben und dennoch ist es nicht nur die Kühle des Elementes, die zur Verkostung einlädt. Das Wasser schmeckt frisch, wirkt vitalisierend und kann durchaus für Heilzwecke wieder erprobt werden. Aufgrund der Trogtiefe sind auch Kneippanwendungen an Armen und Beinen möglich. Eine Bank neben dem Bründl lädt zum Ausruhen ein und lässt auf die unten im Tal mäandernde Traun blicken.

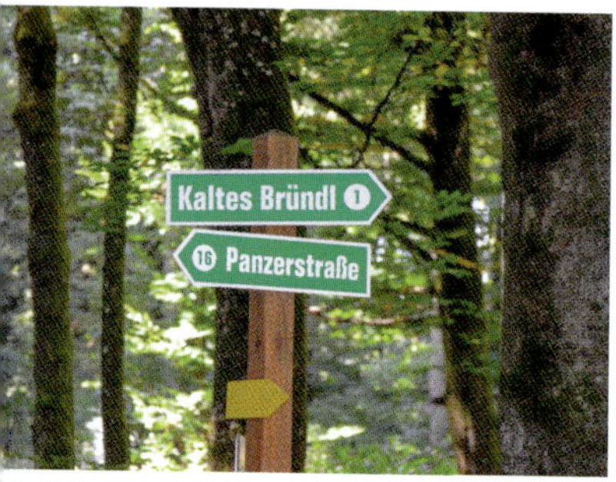

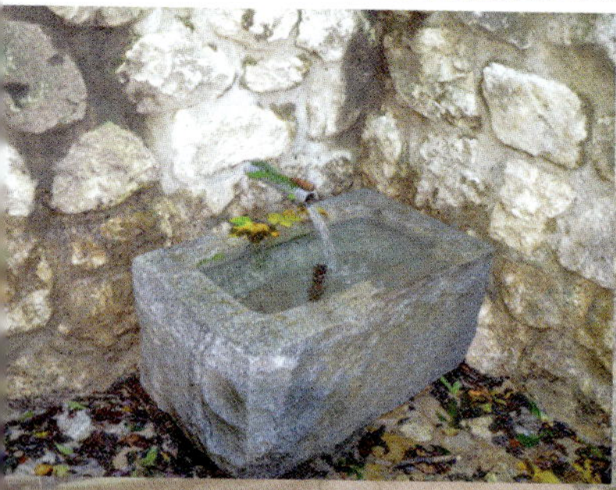

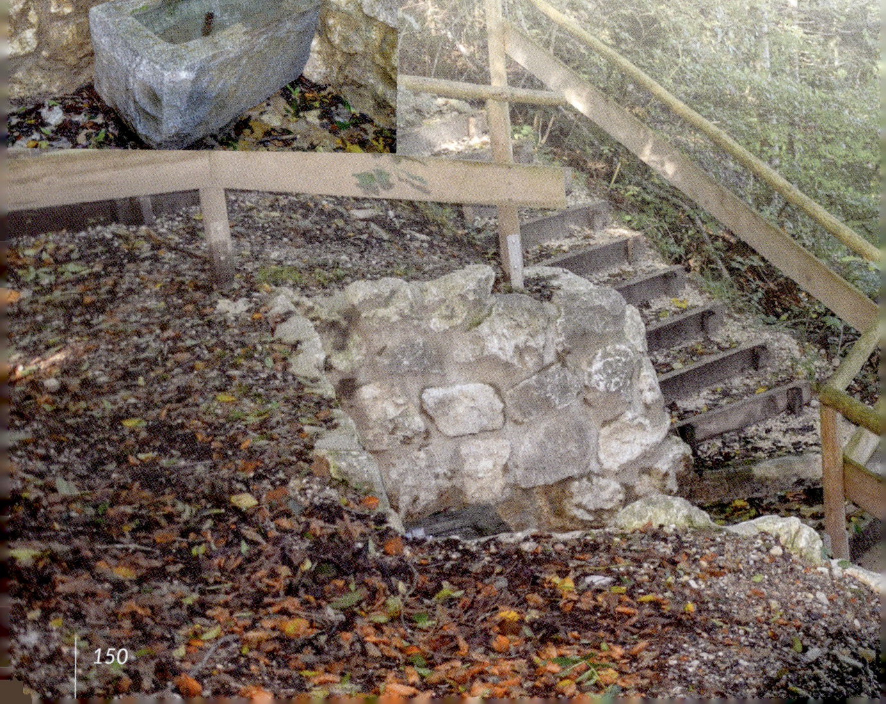

Zugang: Vom Wanderparkplatz Wasserburger Straße / Alte Panzerstraße geht es im Wald zunächst 300 m auf der Alten Panzerstraße nordöstlich geradeaus bis ein (beschilderter) Weg nach links zum Kalten Bründl abzweigt. Nach weiteren 300 m wird über eine Fußgänger-/Radfahrerbrücke die Bundesstraße B 304 (Traunsteiner Ortsumfahrung) überquert. Wir halten uns gemäß der Beschilderung zwei Mal nach rechts bis eine Abzweigung nach links über 50 Stufen hinunter zum Bründl führt.
Nach Norden bietet sich eine größtenteils asphaltierte Fortsetzung (= 1,5 km) über die aufgelassene alte Trasse der B 304 zum historischen Wirtshaus Aiging an.

Ausgangsort	Wanderparkplatz Wasserburgerstraße *Alte Panzerstraße, 83278 Traunstein*
Hinweg	30 Minuten *(insgesamt 1 Std. bis zum Wirtshaus Aiging)*
Jahreszeit	ganzjährig
Gelände	leicht
Gasthaus	Wirtshaus Aiging
Sage	--

SCAN ME

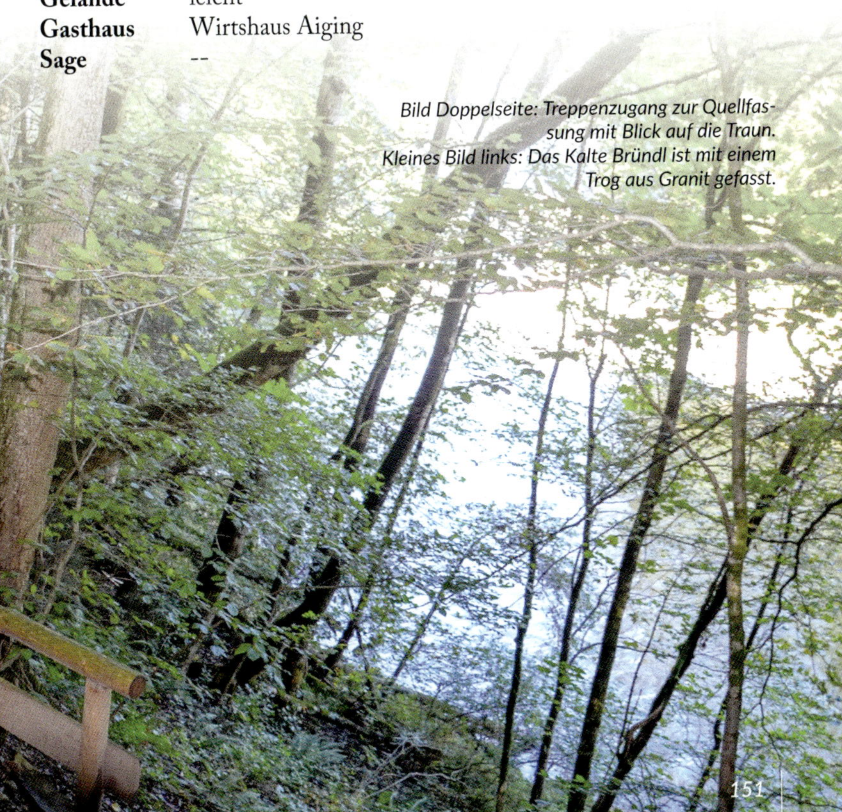

Bild Doppelseite: Treppenzugang zur Quellfassung mit Blick auf die Traun.
Kleines Bild links: Das Kalte Bründl ist mit einem Trog aus Granit gefasst.

 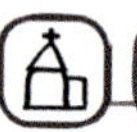 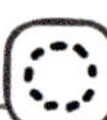  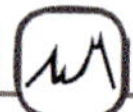

Kloster Baumburg

:: Vom heiligen Hain zum heiligen Bier ::

Von Baumburg ist bekannt, dass hier bereits im Jahre 925 eine Gerichtstätte auf bewaldetem Platz bestand, der Ortsname sich erstmals urkundlich nachweisen lässt und auf eine aus Baumstämmern errichtete Burg hinweist. 1020 ist eine erste kleine Möchszelle überliefert. Es wird eine vorangegangene heidnische Kultstätte bei einem heiligen Baum oder Hain vermutet.

Im Jahre 1109 hat Graf Bergengar I. von Sulzbach seiner Frau Gräfin Adelheid von Megling-Fronthausen zur Bedingung für seine Hinterlassenschaft an sie, den Umbau seines Schlosses Baumburg in ein Kloster gemacht. Da Adelheid kurz vor ihrem Ableben, aber erst nach zwei weiteren Hochzeiten, von ihrem letzten Mann die Erfüllung dieses Versprechens verlangte, sei durch diese Verzögerung ihre unglückliche Seele als Geist noch lange Zeit in der Gegend umgegangen.

Das **Kloster** war lange Zeit ein Augustiner-Chorherren-Stift und wurde erst im Zuge der Säkularisation im Jahr 1803 aufgelöst. Die Klosterkirche wurde zur Pfarrkirche von Altenmarkt und blieb daher erhalten. Heute ist Baumburg in das Dekanat Traunstein eingegliedert.

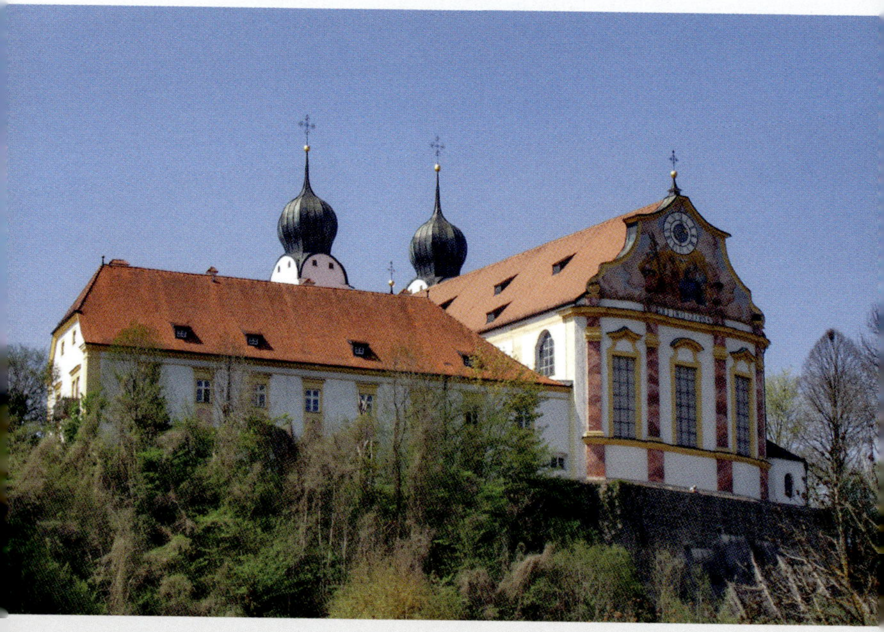

Baumburg Südansicht von Altenmarkt aus gesehen.

War einst ein heiliger Baum der Begründer dieses Kraftortes und Kultplatzes, so entwickelte er sich über einen Gerichtsort, eine Mönchszelle, ein Schloss bis zu einem späteren Kloster. Heute stellt sich das überwiegend in Privatbesitz befindliche Gelände in verschiedenen Gebäudetrakten dar:

- Pfarrkirche
- Pfarrhof
- Seminarhotel
- Klosterbrauerei
- Bräustüberl

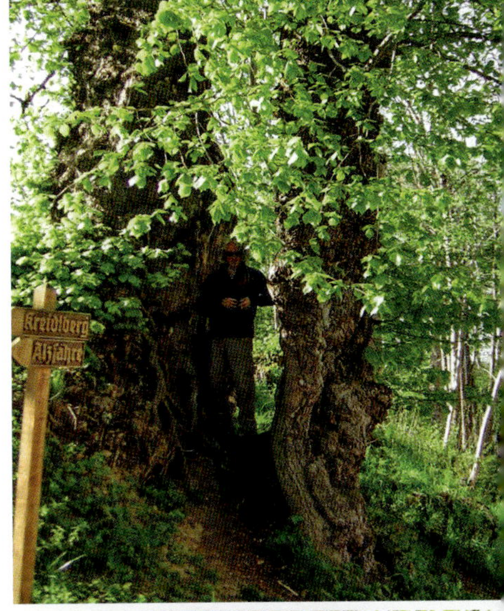

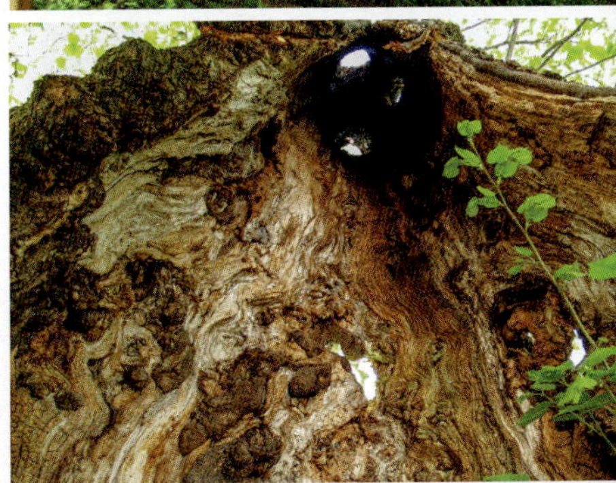

Oben: Ein gespalteter Baum lädt zum Durchschlupf ein.
Darunter: Innenansicht des Baumtorsos.

Schon vor Betreten/Befahren des Baumburg-Areals fallen dem Besucher am rechten Straßenrand **mächtige Baumfragmente** auf. Sie wirken hier wie ein Mahnmal für die einstige Bedeutung. Sensitive Menschen mögen beim Betreten des hohlen Baumtorsos in die Frühgeschichte hineinspüren oder gar Visionen bekommen. Die Bäume waren einst die Herrscher dieses Ortes, die jetzt jedoch von den gewaltigen Mauern des einstigen Klosters überragt werden. Am Fuße der steilen Anhöhe von Baumburg fließen Alz und Traun zusammen und gestalteten einst das elementare Zusammenspiel von Wasser, Erde (Bäume) und Luft (Hügel).

Eine weitere Sage berichtet von dem Buchenhain unterhalb des Klosters, der für 2.000 Soldaten, die bei der Schlacht bei Hohenlinden im Jahre 1800 gefallen sind, zur letzten Ruhestätte wurde. Die Buchenwald-Kapelle dient dort auch als Krieger-Gedächtnis-Stätte für die toten Soldaten späterer Kriege. In dem ganzen Geschehen und den Namen (Buchen, Linden, Hain) verbirgt sich der Ursprung mit seiner Kraft des Ortes.

Doch auch in der Klosterkirche setzt sich das Resonanzphänomen fort. In der Nische über dem Portal steht die Patronin der Kirche mit dem Kreuzestab und dem bezähmten Drachen: die heilige Margareta, eine frühchristliche

Märtyrerin aus Antiochien in Pisidien, die beim Volk als eine der 14 Nothelfer hochverehrt wurde. Ihre Darstellung ist auf den Wunsch des Grafen Bergengars zurückzuführen. Margareta ist noch auf weiteren Gemälden in der Kirche zu sehen. Margareta (mit dem Wurm = Drache) gehört auch zur Trinität der heiligen drei Madln, als Verchristlichung der drei Bethen. Neben dem Altarbild stehen vier überlebensgroße Stuckfiguren: unter ihnen die heiligen Märtyrerinnen Barbara (mit dem Turm) und Katharina (mit dem zerbrochenem Rad). Somit sind Göttermutter, Sonnen- und Mondfrau in ihrer heidnischen Dreieinigkeit in der einstigen Klosterkirche verewigt.

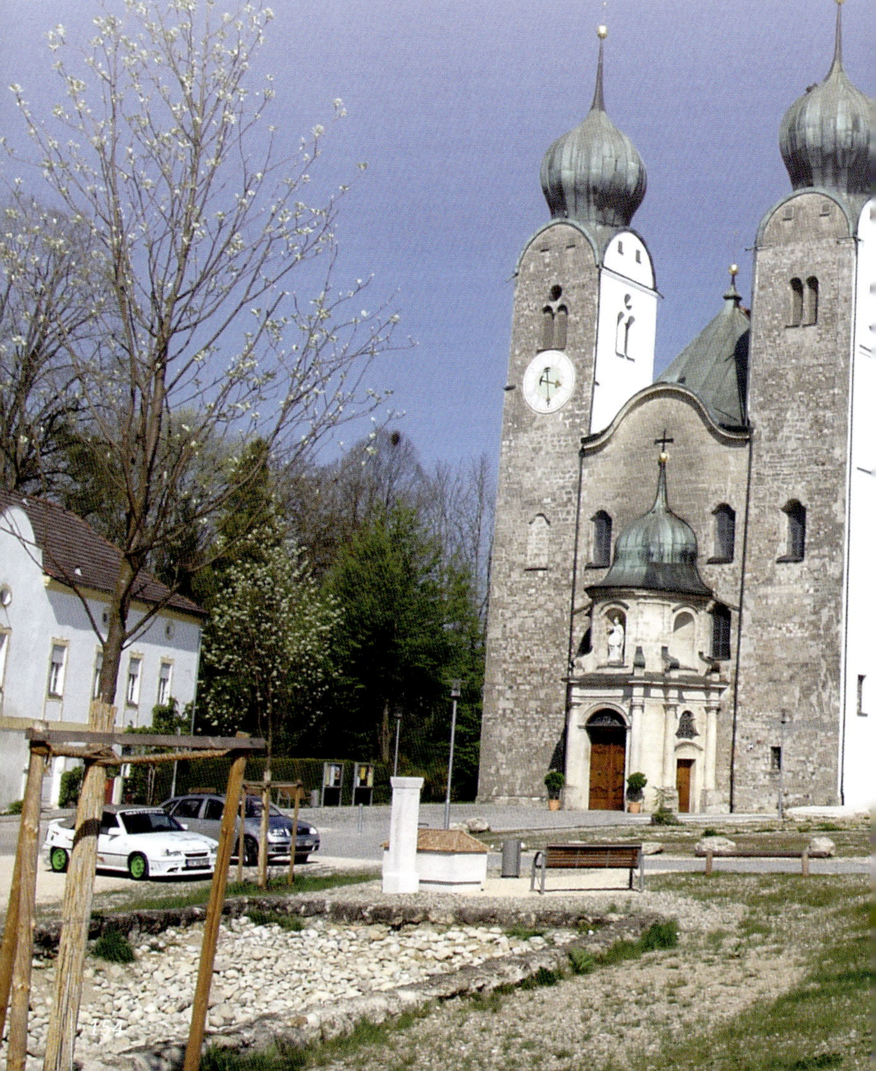

Vom sakralen Ort sind es nur wenige Schritte zum Bräustüberl bzw. zur inzwischen weltlichen Klosterbrauerei, wo bei einem Gerstensaft die seltsamen Wandlungen eines einst heiligen Hains überdacht werden können.

Ausgangsort Parkplatz Kloster Baumburg, *Baumburg 12, 83352 Altenmarkt an der Alz*
Hinweg --
Jahreszeit ganzjährig
Gelände leicht
Gasthaus Bräustüberl Baumburg
Sagen Baumburg in der Heidenzeit
Der Geist der Gräfin Adelheid auf Baumburg
Der Buchenhain bei Baumburg

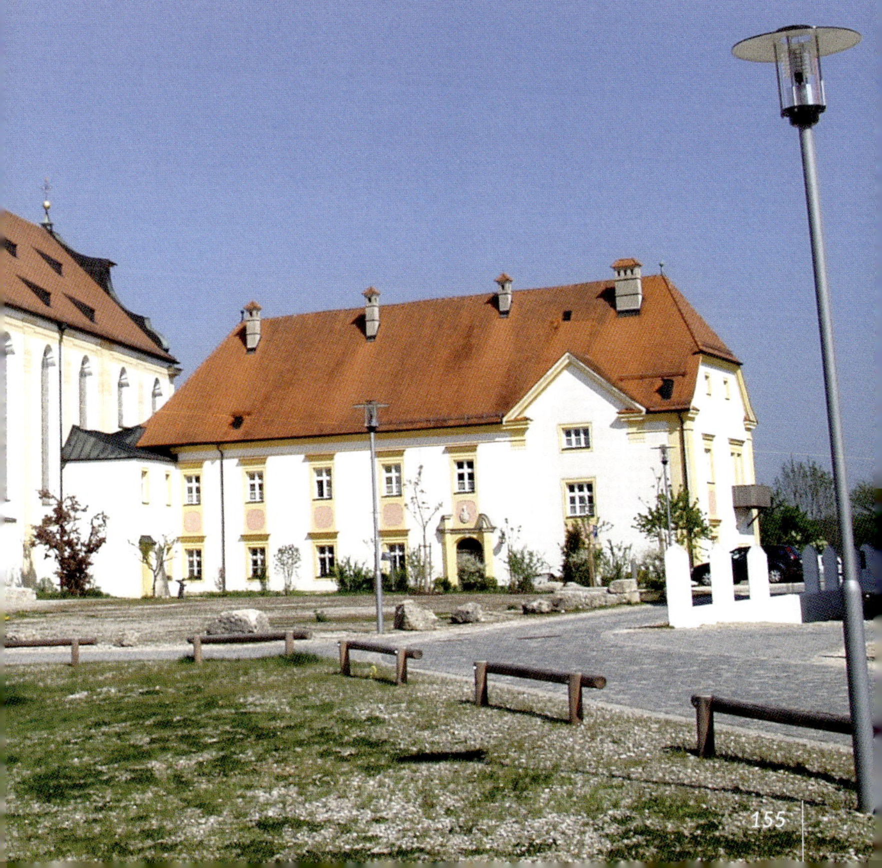

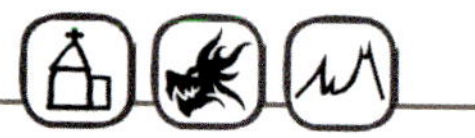

Frauenbründl bei Schnaitsee

:: Ein heilsamer (Quell-) Ort im stillen Buchenhain ::

Ein typisches Szenario für einen alten Kraftort und Kultort mit vermutlich alter Geschichte. Ein zum Heilen von Augenerkrankungen degradiertes Heilwasser in Verbindung mit der Erscheinung der Muttergottes sind schon genug Hinweise für „übernatürliche" Kräfte, die dort wirken und die damit kirchlich sanktioniert (begrenzt) werden mussten. Auch im Namen „Frauenbründl" steckt noch der mögliche Ursprung eines archaischen Frauenkultortes. Bis heute hat sich zu der kleinen Waldkapelle eine Wallfahrt erhalten und auch zahlreiche Wassergläubige pilgern hierher, um sich ihr Heilwasser zu holen, auch christliche Kulte, wie Hochzeiten und Taufen finden statt und manch einer kommt „lediglich" zur Einkehr, zum Gebet.

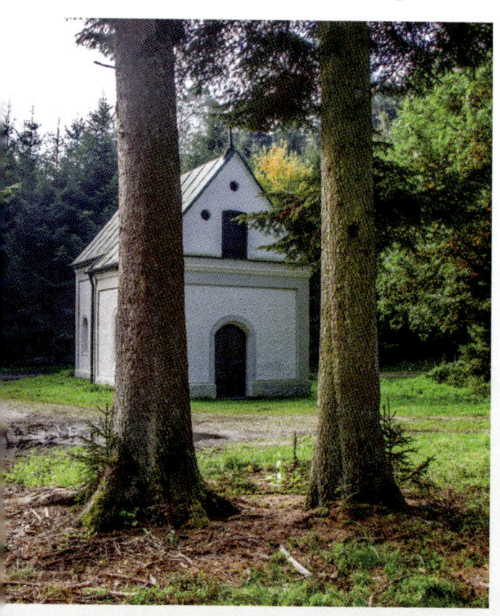

Ein Baumportal vor der Marienkapelle.

Die besondere Quelle findet sich in einem Buchenwald. Das Wort Buche ist germanischen Ursprungs. Dieser Baum war bei den Germanen der Baum der Göttin Frigg, der Gemahlin des Odins, Trägerin des Lebens und Beschützerin der Ehe.

Die Buche wurde bei den Kelten als Wunschbaum verehrt, sie stand für Stärke und Kraft, Weisheit, Wissensvermittlung, Klarheit, Heiligkeit und Glauben. Aus Buchenstäben formte man Runen, aus denen man das Schicksal erfragte. Hieraus entwickelten sich unsere Buchstaben im Buch, aus denen wir Wissen erlangen. Die **Magie** eines stillen und abgeschiedenen **Buchenwaldes** wird am Frauenbründl noch spürbar und durch das energetisierende Wasser der Quelle unterstützt. Die Region zwischen Babensham und Schnaitsee ist durch den Wasserreichtum mit vielen Seen und Bächen gekennzeichnet, was schon im frühen Mittelalter zu Menschenansiedelungen geführt hat. Der Name Schnaitsee kommt von „Schneide" und deutet auf eine Wasserscheide hin. Das **Frauenbründl** selbst liegt jedoch sehr versteckt und einsam. Die Kapelle wurde wohl – wieder einmal – direkt auf den Quellenursprung gebaut und der Brunnen in einem gleich daneben errichteten Brunnenhaus.

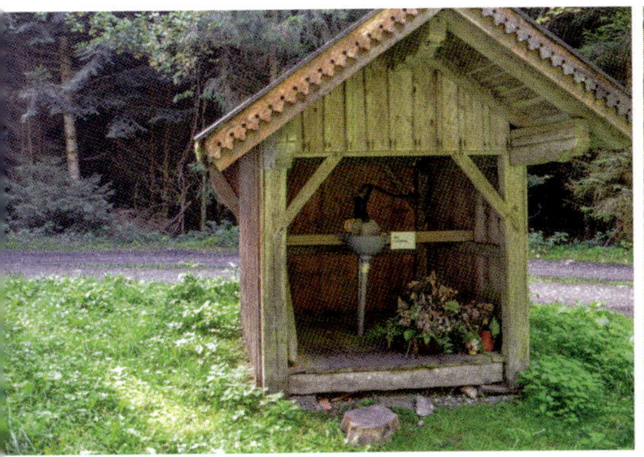

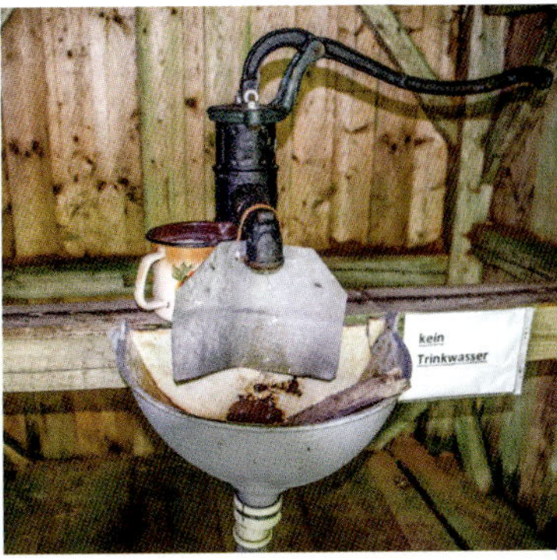

Gleich neben der Kapelle befindet sich die heilsame Quelle im hölzernen Brunnenhaus.

Dass das Quellwasser einer einst erblindeten Bäuerin die Sehkraft wieder zurückgegeben hat, macht deutlich, welche Heilkraft darin steckt – und daher wohl bis heute so rege besucht wird. Die Überlieferung berichtet, dass der Bäuerin die Mutter Gottes in Form eines Marienbildes auf dem Wasser erschienen ist. Zum Dank und zu Ehren Mariens wurde eine größere Kapelle im 19. Jahrhundert neben dem Bründl errichtet. In den Kapellenbüchern lassen sich viele Bitt- und Dankesschreiben für Heilungen nachlesen und auch viele Votivgaben-/bilder betrachten.

Am Brunnen selber muss der Besucher erst mehrmals pumpen, bis ein Wasserstrahl aus der Tiefe nach oben kommt. Eine daneben stehende Kanne ermöglicht das Abfüllen in mitgebrachte Behältnisse.

Zufahrt: Auf der Kreisstraße TS 12 (Übergang) RO 39 von Schnaitsee nach Gars am Inn, auf der Strecke zwischen den Ortschaften St. Leonhard am Buchat und Unterreit, 200 m nach dem Weiler Holzwimm nach links abzweigen (Beschilderung zum Frauenbründl).

Ausgangsort	Parken direkt im Wald vor der Kapelle
Hinweg	--
Jahreszeit	ganzjährig
Gelände	leicht
Gasthaus	--
Sage	Das Frauenbründl und die blinde Bäuerin

SCAN ME

 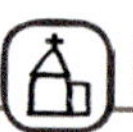 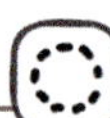 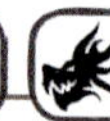 

Leonhardibründl bei Leonhardspfunzen

:: Lebendiges Wasser mit alter Geschichte ::

Schon zu Zeiten der Römer soll das **Quellwasser** des Leonhardibründls als Kraftort bekannt und beliebt gewesen sein. Der Ortsname „Pfunzen" hat sich aus dem Namen des römischen Brunnengotts Fontinalis gebildet, der als Schutzheiliger in dieser Gegend verehrt wurde. Eine weitere Namensherleitung ergibt sich aus dem Lateinischen „Pons Aeni", was „die Brücke über den Inn" bedeutet, die zur damaligen Zeit den Ort mit der anderen Flussseite verband.

Der **Brunnentrog** steht auf einem antiken Altarsockel aus dem Mithräum der nahen Römersiedlung Ad Enum. Der Marmorblock wurde umgedreht und an der früheren Standseite leicht ausgehöhlt. Hinter der Kapelle führt die Straße weiter über den Doblergraben zum Gut Mühlthal, wo einst diese römische Siedlung gewesen sein soll.

Es gibt weitere Hinweise auf einen noch älteren Kultursprung eines heiligen Hains. Im 19. Jahrhundert bildete sich sogar ein reger Kurbadbetrieb und ein ebenso reges Wallfahrtswesen aufgrund der Heilkraft der Quelle. Heute hat sich direkt neben dem Quellort ein Mineralwasserabfüller (St. Leon-

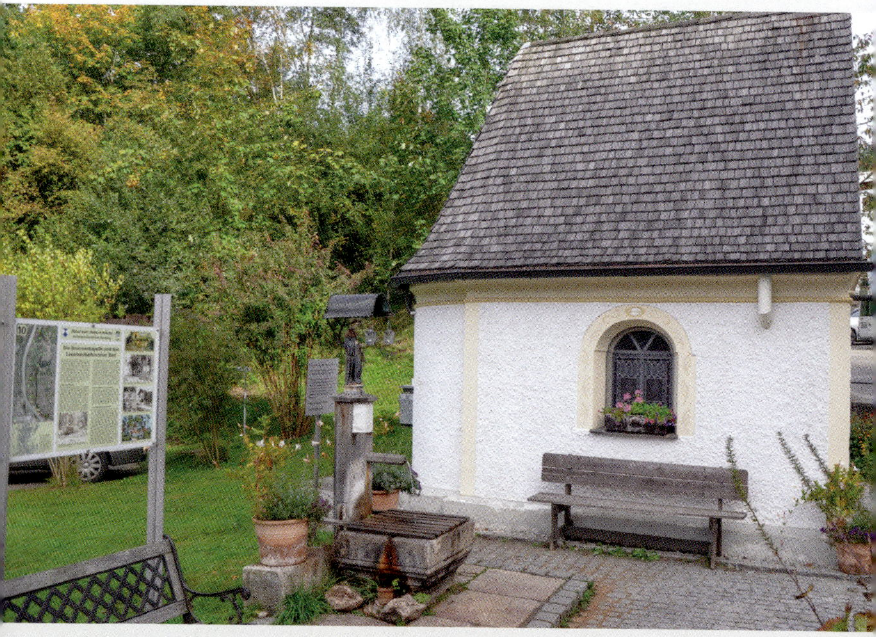

Das Bründl mit der Kapelle. Rechts davon ist gleich der Mineralwasserabfüller.

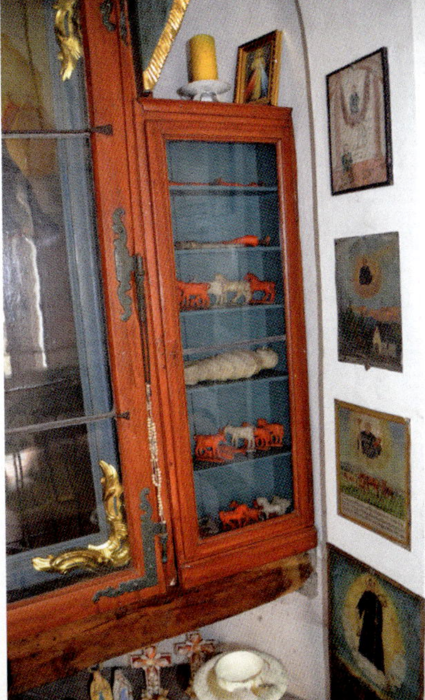

hards-Vertriebs GmbH & Co. KG) niedergelassen. Die Legende von der Wiederentdeckung des Bründls stammt aus dem Jahre 1734. So soll dem leidenden Fischer Christoph Riele (siehe Votivtafel in der Kapelle) im Traum der heilige Leonhard erschienen sein und dem Kranken empfohlen haben, an einer bestimmten Stelle am Hochufer des Inns bei der hölzernen Leonhardskapelle einen Brunnen zu graben und dieses Wasser zu seiner Genesung zu trinken. Durch die tatsächliche Heilung des Gläubigen setzte schon bald eine Wallfahrt ein.

Der aus dem 15. Jahrhundert stammende christliche Leonhardskult mit der Wallfahrt und der Leonhardiritt bei der Kirche St. Leonhard im 400 m entfernten oberhalb der Innleite gelegenen Weiler Leonhardspfunzen sollen einen vorchristlichen Ursprung besitzen. Demnach wurde einst für einem Fruchtbarkeitsgott der heilige Ort vor Sonnenaufgang umritten und dann geopfert.

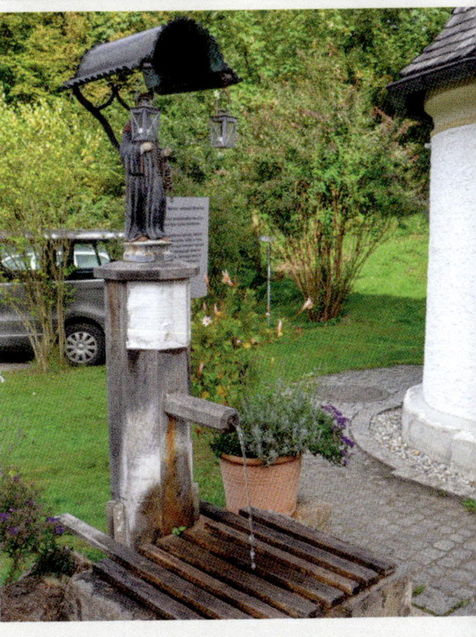

Zwischen dem heutigen Gasthaus „Baodwirt“ (= Badwirt), an dem von 1877 bis 1925 die Heilbäder in Holzwannen betrieben wurden und dem Mineralwasserabfüllbetrieb steht die kleine Leonhardskapelle am östlichen Inn-Steilufer mit ihrem Bründl, welche noch oft besucht werden. Zahlreiche Votivtafeln, Wachsmodelle und alte Holzkrücken belegen die Heilerfolge. Jedoch war es nicht die schlichte Kapelle, sondern das Wasser des Brunnens, welches im Mittelpunkt des Interesses stand. Erst später errichteten die Bürger aus Dank über die segensreiche Wirkung des Wassers eine gemauerte Kapelle. Der

St. Leonhardsvertrieb ist bei Naturbewussten beliebt und Marktführer für Mineral- und Quellwasser im Esoterik- und Naturkosthandel. Er vertreibt neun verschiedene Sorten aus sechs unterschiedlichen Quellen in der Region. Seither wurden auf demselben Quellgebiet drei weitere Tiefenquellen an der östlichen Hangleite erschlossen: Im Jahr 1999 die Mondquelle, 2003 die Lichtquelle und die Sonnenquelle. Diese lebendigen Mineralwässer gelten als besonders wertvoll.

Zufahrt: Das Leonhardibründl in Bad Leonhardspfunzen ist von Rosenheim oder Stephanskirchen über die Innleitenstraße und den anschließenden Mühltalweg, die sich durch das Landschaftsschutzgebiet Innleite winden, bequem per Auto erreichbar. Gegenüber der Kapelle, auf der anderen Straßenseite, führt ein schmaler Weg durch den Hangwald in 20 Minuten hinauf nach Leonhardspfunzen zur Wallfahrtskirche.

Ausgangsort	Parkplatz am Bründl beim Baodwirt *Mühlthalweg 45, 83071 Leonhardspfunzen*
Hinweg	--
Jahreszeit	ganzjährig
Gelände	leicht
Gasthaus	Waldgasthof Zum Baodwirt
Sagen	Das Leonhardibründl bei Leonhardspfunzen Der dumme Teufel und der schlaue Schmied

SCAN ME

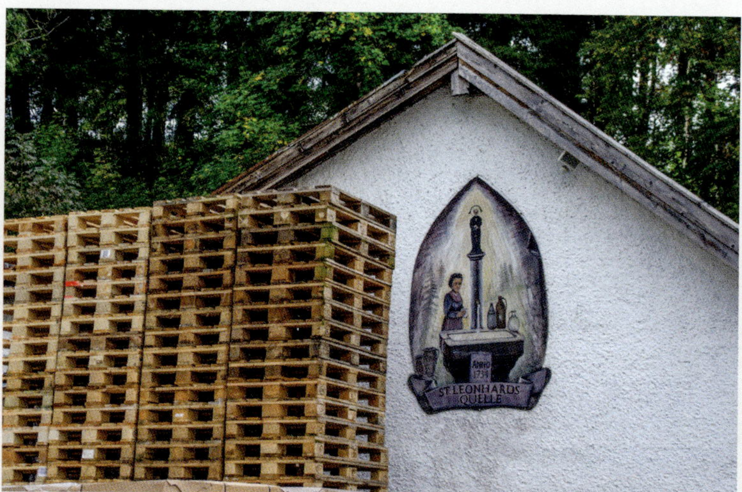

Fresko an der Lagerhallen-Wand des Mineralwasserabfüllers.

Westerbuchberg + Osterbuchberg bei Übersee

:: Magie unter dem Kirchendach ::

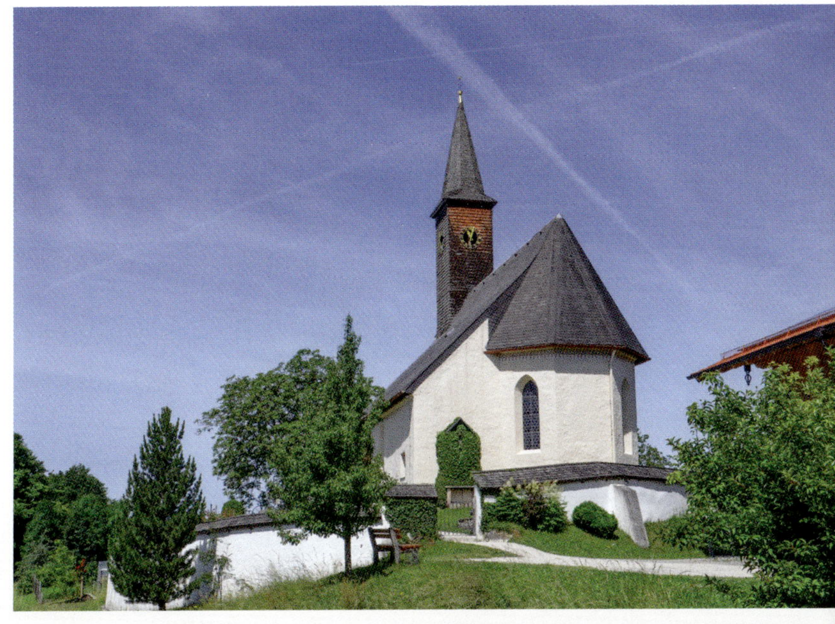

Westerbuchberg Kirche St. Peter und Paul.

Die beiden **Buchberge**, beide auf 603 m, im Gemeindegebiet von Übersee am Chiemsee und Grabenstätt sind sogenannte Inselberge im Schwemmland des Achentals. In der Eiszeit waren sie tatsächlich Inseln des Chiemsees. Der Osterbuchberg, östlich der Tiroler Ache, ist ländlich geprägt und von der Staatsstraße 2096 über die schmale Osterbuchbergstraße erreichbar. Er bietet bis auf einen schönen Blick auf den mystischen Engelstein (sieheTour 15) keine Besonderheiten.

Der Westerbuchberg verbirgt jedoch in der kleinen Kirche St. Peter und Paul auf der Anhöhe eine geheimnisvolle Wandmalerei.

Natürlich ist auch die reizvolle Lage der Kirche am Ende des langgezogenen Weilers Westerbuchberg mit ihrer grandiosen Aussicht auf die Berge und das Hochmoor Kendlmühlfilzen ein Anziehungspunkt. Die Kirche selbst gehört zu den ältesten Kirchen der Region und ist von einem ummauerten Friedhof umgeben. Es wurden Fresken aus dem 15. und 16. Jahrhundert entdeckt. Bemerkenswert ist auch das Altarfresko der 14 Nothelfer (als Nachfolger keltisch-heidnischer Heroen) aus dieser Zeit an der Wand des Seitenschiffes

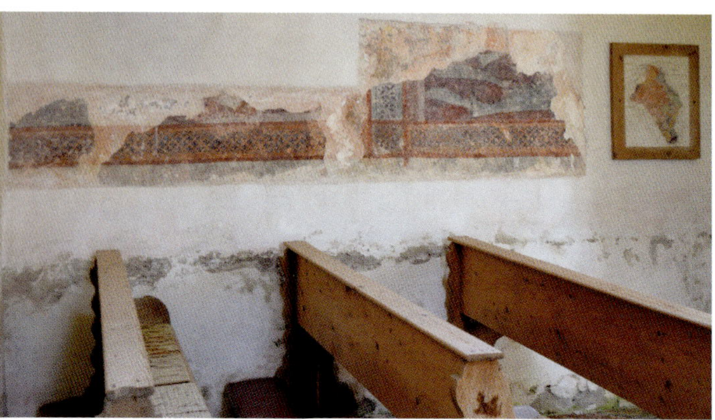
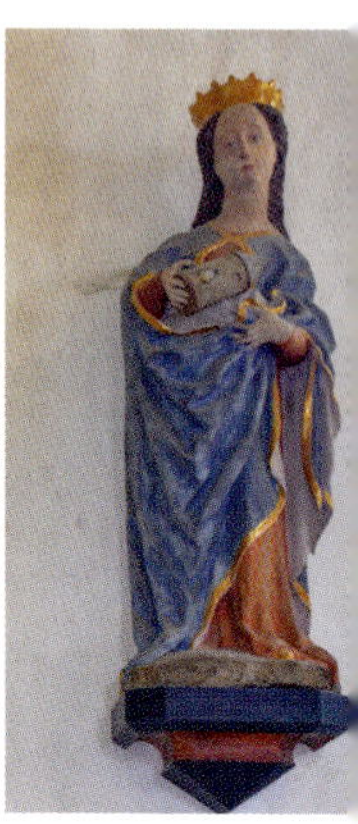

Mittelalterliche Fresken im Inneren der Kirche und Figur der heiligen Barbara mit dem Krug.

ebenso wie eine Darstellung der Anna Selbdritt (als Verkörperung der dreifachen großen Muttergöttin) und der heiligen Barbara (als Teil der keltisch-heidnischen Göttinnendreifaltigkeit Borbeth, Ambeth, Wilbeth).
Die nicht mehr vorhandene Burg der Westerberger soll in der Nähe gestanden sein. Auch der frühere Name „Brandbritten" (= Hügel auf dem Feuer abgebrannt wurde) des Berges soll sich auf einen Wachturm der Burg beziehen. Romanische Teile der Südmauer aus Langhaustuffstein stammen aus der Zeit um 1200.

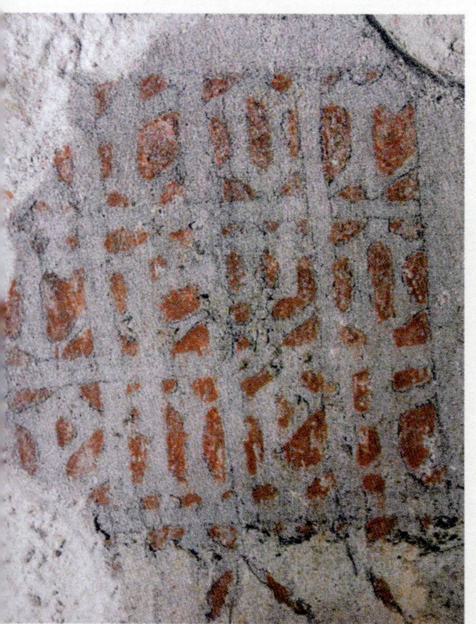

Im finsteren Dachboden der Kirche (beim Mesner im Bauernhof nebenan fragen) findet sich eine teilweise zerstörte Wandmalerei mit gotischen Minuskeln, einer Schrift, die magische Eigenschaften besitzen soll. Es ist das sogenannte Sator-Quadrat mit der lateinischen Wortfolge SATOR AREPO TENET OPERA ROTAS – ein Satzpalindrom, das sich als magisches Quadrat vorwärts und rückwärts sowie horizontal und vertikal lesen lässt. Es ist die verbreiteste Zauberformel des Abendlandes. So sollen die magischen Worte auf Papier geschrieben eine schadensab-

Alter Zauberspruch im Dachboden.

wehrende Wirkung haben und z.B. vor Feuer im Haus schützen. Bis ins 18. Jahrhundert gab es mehrere Anordnungen, Teller mit dieser Sator-Formel im Haus zu haben, um sie, falls nötig, in brennende Gebäude zu werfen. Als Amulett soll der Spruch vor dem bösen Blick, Behexung und Flüchen schützen und entsprechende Zaubersprüche auch neutralisieren. Im Mittelalter schützten sich die Menschen damit vor Seuchen und Unheil – und so fand sie schließlich auch Eingang in den sakralen Raum und damit wohl auch in die Kirche St. Peter und Paul.

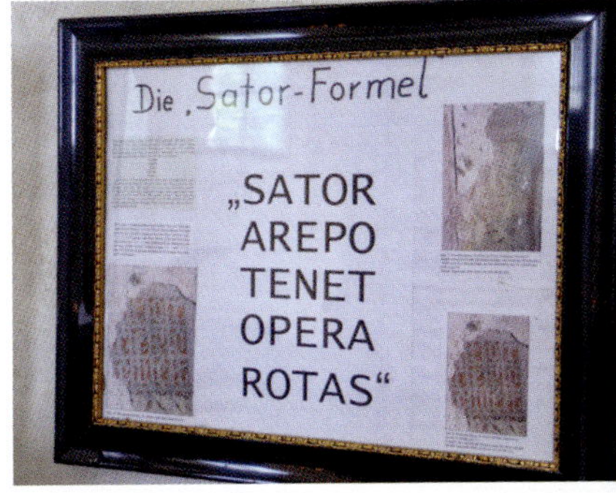

Infotafel zur Übersetzung des Zauberspruchs.

Bis in die Neuzeit hinein spielte die Sator-Formel besonders im ländlichen Raum eine beachtliche Rolle. In Verbindung mit den Fresken der 14 Nothelfer, Anna Selbdritt und der heiligen Barbara deutet hier vieles wieder auf einen uralten Frauenkultort hin. Es gibt bezeichnenderweise keinen Hinweis auf den Ursprung jenes geheimnisvollen Zauberspruches und die Besucher müssen sich hier ihrer Intuition besinnen und vielleicht sogar experimentieren. Allerdings ist von der St. Peter und Paul Kirche am Westerbuchberg auch überliefert, dass die Untersbergmandl zur nächtlichen Einkehr erschienen. Vielleicht waren sie – die geheimnisvollen Zwerge vom Untersberg – die Überbringer des Zauberspruches.

Interpretationen der Sator-Formel:
Der große Sämann, also Gott, hält die Werke, also die Schöpfung, in seiner Hand.
Der Sämann Arepo hält mit Mühe die Räder.

Ausgangsort	Parken vor der Kirche St. Peter und Paul *Mesner Vinzenz Feil, Westerbuchberg 102A, 83236 Übersee*
Hinweg	--
Jahreszeit	ganzjährig
Gelände	leicht
Gasthaus	Restaurant Alpenhof
Sage	Das Sator-Quadrat

SCAN ME

Weizenreiter Quelle bei Frasdorf, 690 m

:: Quellwasser als Lebenselexier: ein Quellheiligtum ::

Die Quelle bei **Weizenreit** ist wohl die **Ursprungsquelle**, aus der sich die „Wassertrinkerin von Frasdorf", Anna Maria Furtner, in ihrer Kindheit und Jugend und in ihren letzten Lebensjahren ernährte. Der Bauernhof der Furtners ist heute eine Ruine, die durch einen Bauzaun abgesichert ist. Auch der Brunnen des Bauernhofs soll nicht mehr existieren.

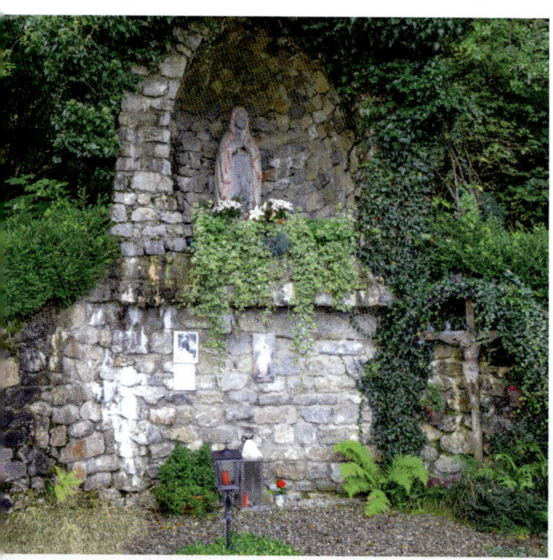

Die Lourdesgrotte neben der Heilquelle.

Und dennoch verzaubert hier oben am Waldrand nicht nur die schöne Aussicht auf Frasdorf. 50 Meter östlich vom Weizenreiter Hof sprudelt eine Quelle aus zwei Fassungen. Die obere Quellfassung ist mit Felsen und einem ansehnlichen Brunnentrog und gärtnerisch liebevoll mit Blumen gestaltet. Daneben wurde eine imposante Lourdesgrotte als Marienheiligtum errichtet. Ein großes aber schlichtes weißes Kreuz ist sogar nachts beleuchtet und strahlt ins Tal herunter.

Hier ist ein Quellheiligtum entstanden, dass der Bedeutung des Heilwassers gerecht wird und wohin viele Menschen zur andächtigen Einkehr hinpilgern, beten und vom Wasser trinken oder es sich abfüllen.

Über eine Treppe ist unterhalb des christlichen Heiligtums eine zweite Quellfassung mit einem schlichten Rohr zu erreichen, aus dem ebenfalls das geschätzte Lebenselexier fließt. Keine Spur von Kommerz und Massenkonsum: nur Stille, Natur und Abgeschiedenheit vermittelt die Weizenreiter Quelle. Hier darf der Quellgeist noch wahrhaft entdeckt und eine Aussprache mit ihm gesucht werden.

Zugang: *Die Weizenreiter Quelle ist über zwei Wege erreichbar.*

Variante I: Am Beginn des Wanderparkplatzes Lederstube, der über die Lederstubenstraße erreicht wird, setzt an einem Bildstock links ein Weg an, der als Kreuzweg zunächst in den Wald und zur Ebnater Ache führt. Der Bach wird überquert und der Kreuzweg führt danach über einen Wiesenhang mit Obstbäumen bis zur Bauernhofruine. Ein neuer Bauzaun leitet den Wanderer sicher um das verfallende Gebäude herum und nach insgesamt insgesamt 20 Minuten trifft man auf die Quelle.

Variante II: Über die Sagbergstraße wird der Weiler Ebnat erreicht. 50 Meter danach setzt in einer Kurve (Parken) der beschilderte Weg zur Quelle an, die in wenigen Minuten erreicht wird.

Ausgangsorte	*Variante I:* Parkplatz Lederstube an der Lederstubenstraße *(gebührenpflichtig!), Lederstube 5, 83112 Frasdorf* *Variante II:* Sagbergstraße: in der Kurve am Sagberghang zwischen Ebnat und Haslau, beschilderter Weg zur Quelle
Hinweg	*Variante I:* 20 Minuten *Variante II:* 5 Minuten
Jahreszeit	ganzjährig
Gelände	leicht
Gasthaus	Landgasthof Karner
Sage	Die Wassertrinkerin von Frasdorf

SCAN ME

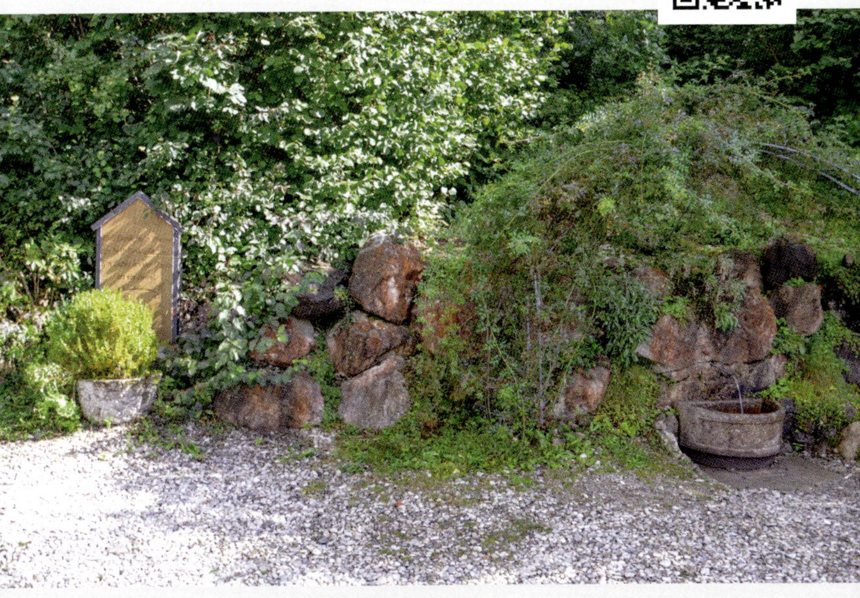

Ein stilles Idyll: der Brunnentrog der Heilquelle.

 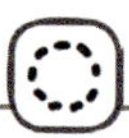 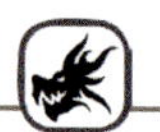

Sankt-Rupertus-Quelle bei Frasdorf, 640 m

:: Quellwasser als Lebenselixier ::

An einem Hang des **Sagberges** südlich von Frasdorf liegen wohl die berühmtesten Quellen des Chiemgaus: die Weizenreiter Quelle und die Sankt-Rupertus-Quelle. Es ist ein wasserreiches Gebiet und die dortigen Quellwässer wurden untersucht und inzwischen als Heilwasser anerkannt. Es soll sich positiv bei Gicht, Ekzemen, Ischias, Magen-Darm-Bescherden, Kreislaufbeschwerden, Rheuma, Stoffwechselstörungen und Altersschwäche auswirken. Also auch ein wahrhafter Jungbrunnen?

Der Mythos von der „Wassertrinkerin von Frasdorf" (Buchtitel vom Ortsansässigen Musiker und Volksmusiksammler Wastl Fanderl aus dem Jahre 1985) ist ungebrochen, ist lebendig und ruft seit vielen Jahre unzählige Wunder- und Heilwassergläubige nach Frasdorf.

Anna Maria Furtner, eine fromme Bauerntochter von Weizenreit, erkrankte mit zwölf Jahren an den Pocken und erholte sich davon nie mehr vollständig. In der Folgezeit soll sie keinen Hunger mehr gehabt haben und nur noch von

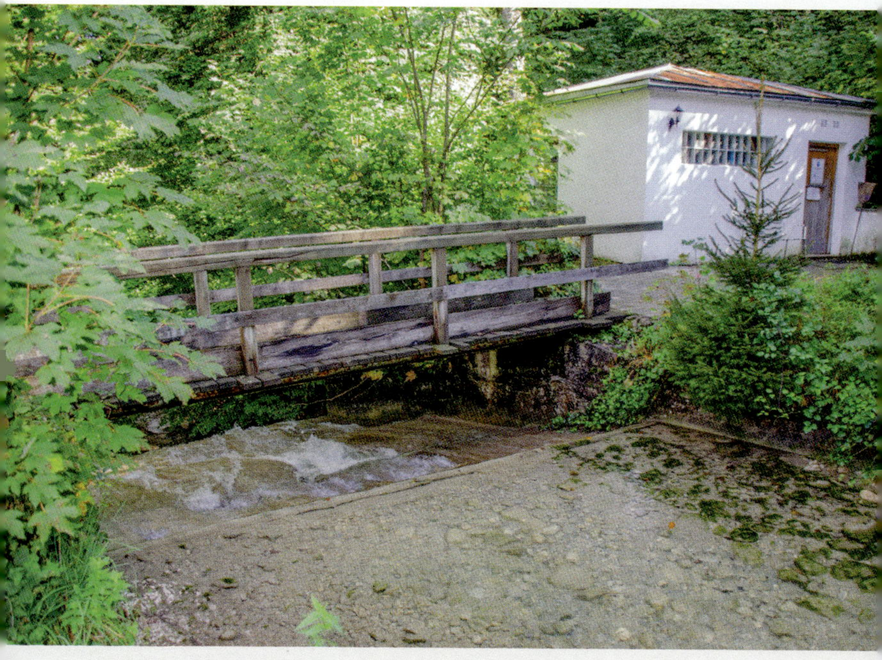

Brücke über die Ebnater Ache zum schlichten Brunnenhaus.

Wasser aus einer nahen Quelle getrunken haben. Mit 20 Jahren wurde sie in der Münchner Uniklinik fünf Wochen lang in einem abgesonderten Zimmer untersucht. Es konnte ihr weder Betrug noch Prahlerei oder Täuschung aus Gewinnsucht nachgewiesen werden, allerdings blieb das Rätsel auch ungelöst.

52 Jahre soll die „Wasser-Mari" *(auch „Weizenreiter Mädei")* – wie sie dann auch genannt wurde, nur von Wasser aus der Weizenreiter Quelle, der Sankt-Rupertus-Quelle und geweihten Hostien gelebt haben. Sie soll keine feste

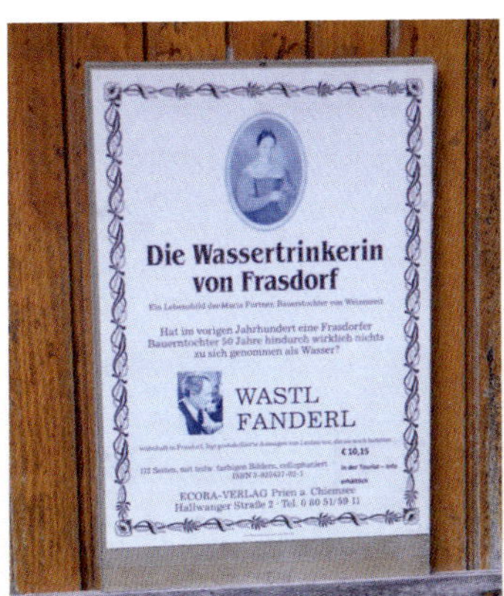

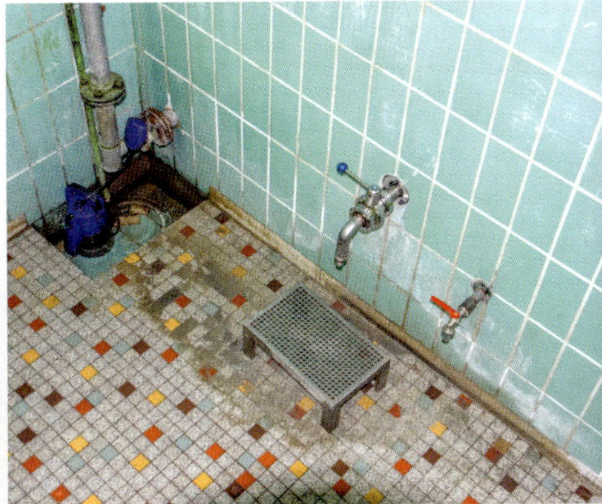

Infotafel am Brunnenhaus und Heilwasserentnahme aus zwei schlichten Wasserhähnen.

Nahrung vertragen haben. Sie starb am 4. November 1884 im 63. Lebensjahr und die Quelle geriet wieder in Vergessenheit. Erst in den 60er Jahren des letzten Jahrhunderts ließ eine Urlauberfamilie, die von der wundersamen Geschichte hörte, das Wasseruntersuchen. In der Folgezeit wurde das Quellwasser zum Heilwasser erklärt, die Quelle wurde gefasst und ein Quellenhaus errichtet. Die Sankt-Rupertus-Quelle galt nun als die eigentliche Quelle der „Wasser Mari", da sie einige Jahre dort nebenan im Nagelschmiedhaus in der Lederstube lebte. Ihre Kindheit und auch die letzten Lebensjahre wohnte Maria Furtner 200 m entfernt in dem etwas oberhalb gelegenen Bauernhof von Weizenreit. Von dort liegt die Weizenreiter Quelle 100 m entfernt – im selben Hang, dessen Wasser wohl auch die Sankt-Rupertus-Quelle speist.

Zur Sankt-Rupertus-Quelle pilgern seitdem viele „Heilwassergläubige", um ihr Lebenselexier abzufüllen. Beim nahe gelegenen Bauernhof Lederstube, der das Brunnenhaus pflegt und am Grundstück auch einen Wohnmobilstellplatz betreibt, ist ein Obulus zur Wasserentnahme zu entrichten. Man erblickt hier auch die etwas oberhalb des Hanges am Waldrand gelegene Weizenreiter Quelle durch das große weiße Kreuz, das den Quellort markiert. Während das Brunnenhaus, direkt an der Ebnater Ache gelegen, schlicht gestaltet ist und nur an den Wänden Infos zur Geschichte der Quelle und der „Wasser-Mari" bietet, empfiehlt sich unbedingt ein Besuch der eigentlichen Ursprungsquelle bei Weizenreit (siehe Tour 52).

Bei der Sankt-Rupertus-Quelle ist der Kult um das Heilwasser spürbar kommerzialisiert worden. Auch ein Mineralwasser-Abfüller (St. Leonhars-Vertrieb / siehe Tour 50) hat die Bedeutung der Quellen entdeckt und will dort eine neue Quelle zur Vermarktung erschließen.

Es gibt keinen Hinweis auf einen Quellgeist oder gar Opfergaben. Am Frasdorfer Friedhof befindet sich ein Grabdenkmal für Anna Maria Furtner mit dem Hinweis auf ihr wundersames Leben als Wassertrinkerin.

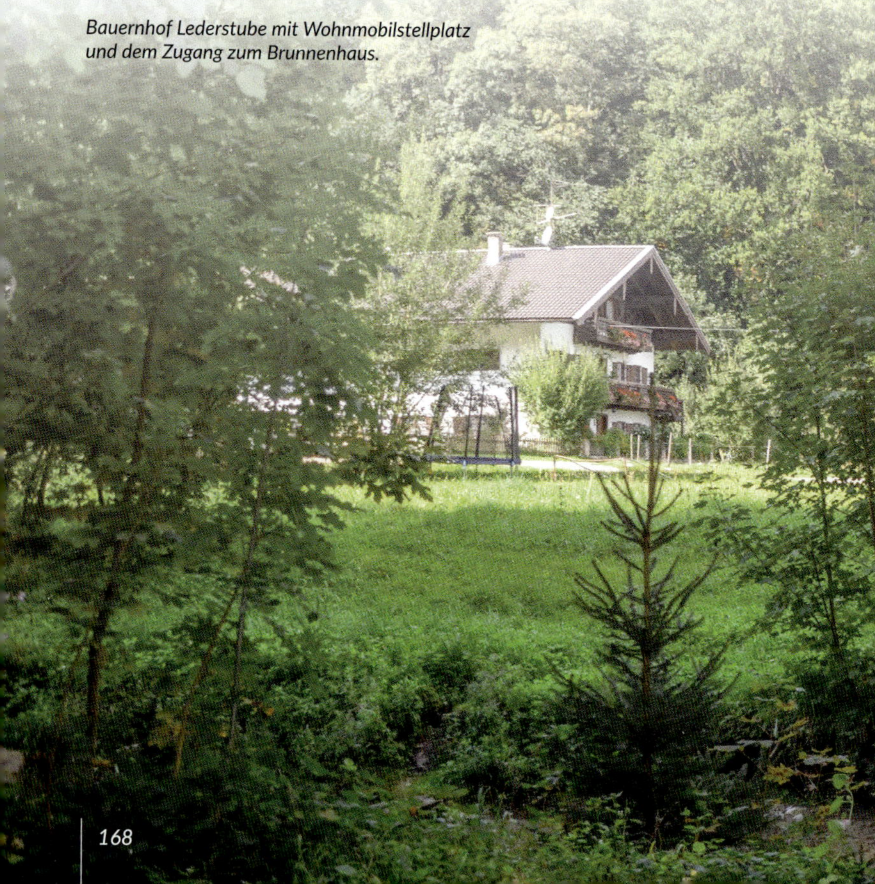

Bauernhof Lederstube mit Wohnmobilstellplatz und dem Zugang zum Brunnenhaus.

Zugang: Beim Bauernhof Lederstube links der Beschilderung zur Sankt-Rupertus-Quelle folgen und am großen Wiesenparkplatz (= Wohnmobilstellplatz) parken. Auf der anderen Seite der Ebnater Ache ist das Brunnenhaus zu sehen, das über eine Holzbrücke zu erreichen ist. Im Brunnenhaus führt eine Treppe hinunter zur Quellfassung. Nach der Wasserentnahme ist am Bauernhaus eine Gebühr zu entrichten.

Ausgangsort	Parkplatz / Wohnmobilstellplatz am Bauernhof Lederstube *Lederstube 3, 83112 Frasdorf (Wasserentnahme ist gebührenpflichtig!)*
Hinweg	--
Jahreszeit	ganzjährig
Gelände	leicht
Gasthaus	Landgasthof Karner
Sage	Die Wassertrinkerin von Frasdorf

SCAN ME

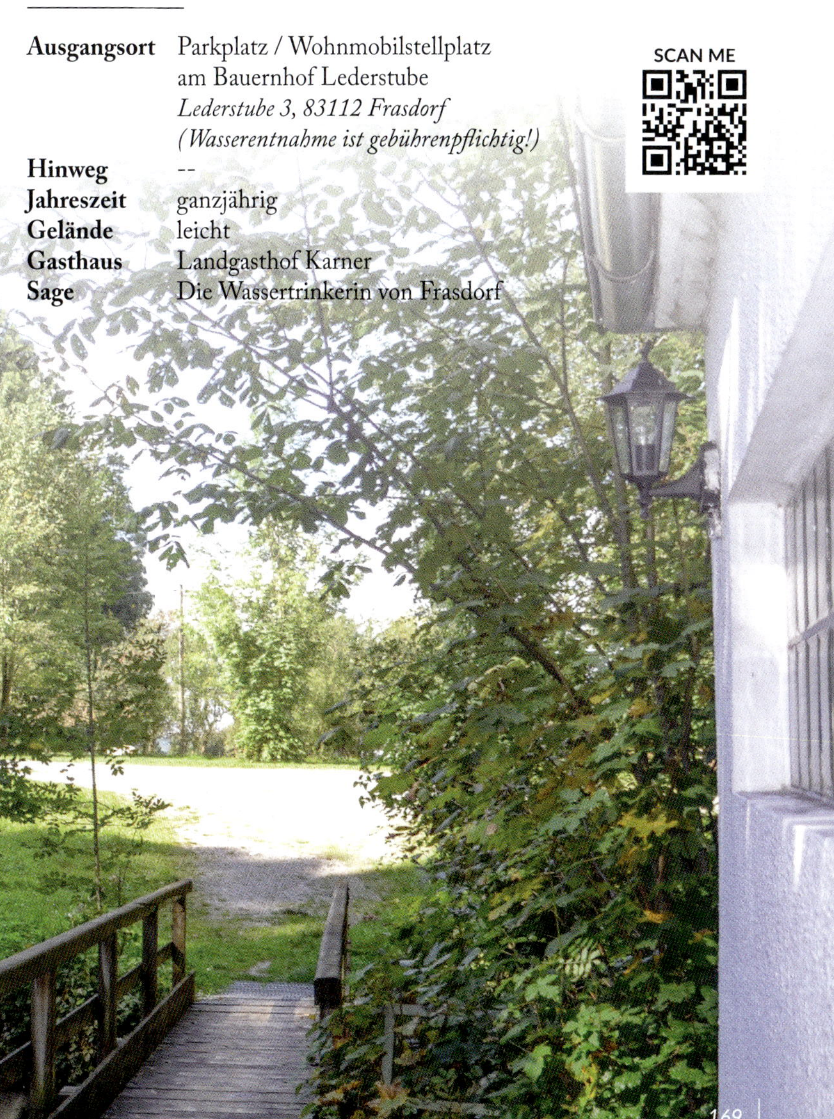

Der Autor

Rainer Limpöck wurde 1959 in Bad Reichenhall geboren und lebt bis heute im Berchtesgadener Land.

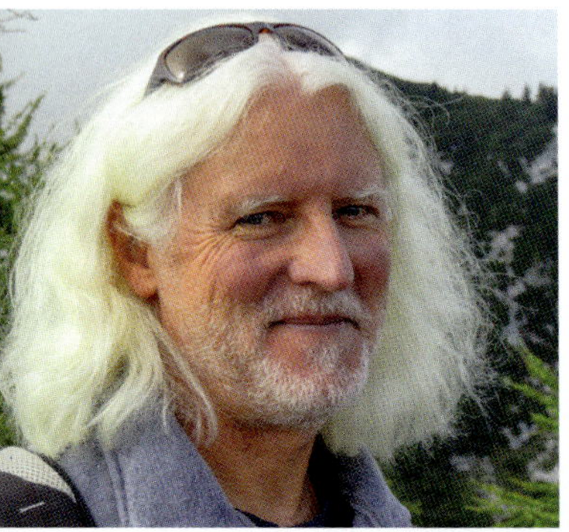

Als Diplom Sozialpädagoge ist er seit 35 Jahren in der Erwachsenenbildung tätig. In seiner Kindheit begeisterten ihn die zahlreichen Sagen aus seiner Heimat und insbesondere die Mythen des Untersbergs mit den Untersbergmandln, dem Kaiser Karl und den Wildfrauen. Eltern und Großeltern machten ihn mit der umliegenden Bergwelt vertraut, in der er mit seiner Familie auch heute immer wieder anzutreffen ist.

Vor vielen Jahren bekam er schließlich einen energetisch-geomantischen Bezug zur beseelten Natur. Als schamanisch Tätiger erschloss sich ihm die Mythenwelt als Zugang zu einer Anderswelt, die mit den normalen Sinnen nicht erfahrbar ist.

Er entdeckte Kraftorte und Kultplätze der Frühgeschichte, begann zusammen mit seiner Frau diese zu bereisen, zu dokumentieren und archivieren; zunächst im Internet *(www.alpenschamanismus.de, www.kraftort.org und www.untersberg.org)* und seit 2009 in seinen im österreichischen Pichler-Verlag erschienenen Büchern „Die Zauberkraft der Berge“ und „Mythos Untersberg“ im Jahre 2011.
2012 begann die Zusammenarbeit mit dem Berchtesgadener Plenk Verlag, in dem „Magisches Berchtesgadener Land“ und „Magisches Salzburger Land (Teil 1 und 2)“ erschien sowie 2013 „Hoch und Heilig – Begegnungen von Menschen und Geistern am Untersberg“ und 2019 „Mythos Untersberg – Die 12 Mysterien des Wunderberges“. Es entstand somit eine Art spirituelle Enzyklopädie der Regionen rund um den Untersberg, die durch weitere Wanderführer ergänzt wird. 2016 erschien im Hamburger Tredition Verlag „Der Untersbergcode“.

In seiner idealistischen, ganzheitlichen, spirituell-ökologischen Arbeit vermittelt er insbesondere durch Vorträge und alpenschamanische Angebote eine neue Sichtweise der Heimat und der Natur. Die Landschaftsmythologie und die integrative Heimatforschung sind für ihn damit auch zu Triebfedern geworden, immer neue Aspekte in Brauchtum und Religion zu finden. Ein sanfter Tourismus, der sowohl Einheimische als auch Gäste zu ihren spirituellen Wurzeln zurück führt, ist für ihn eine Herausforderung und Aufgabe geworden.

Mit dem vorliegenden Wanderführer erschließt er dem Leser eine Welt voller Magie und Mystik des Chiemgaus und Rupertiwinkels, dessen Energiezentren am und rund um den Chiemsee zu finden sind und von den vom Untersberg ausgehenden Erdenergielinien und Seelenwegen geprägt sind.

Im Buch werden Kulte und Rituale beschrieben sowie Tipps dazu gegeben, die einen praktischen Zugang zur Anderswelt vermitteln. Die Orte werden in einem metaphysischen, kosmischen Zusammenhang gestellt und sind nach Schwierigkeitsgrad/Erreichbarkeit gekennzeichnet.

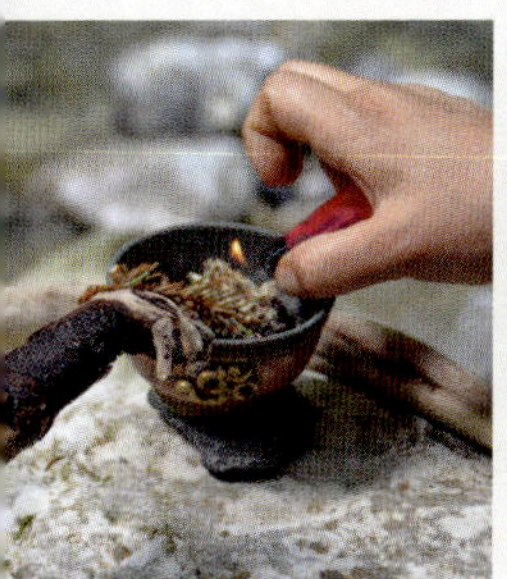
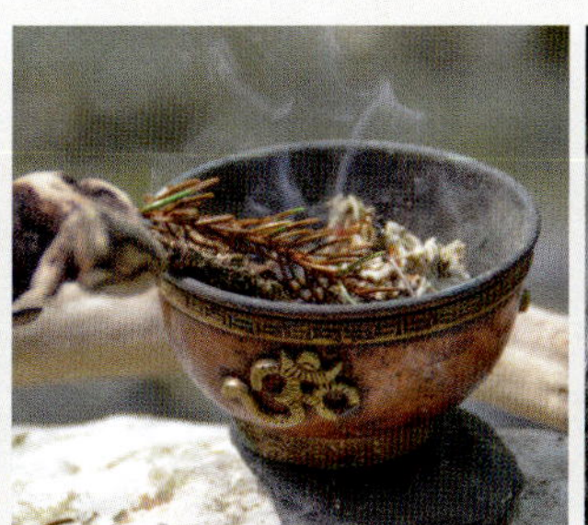
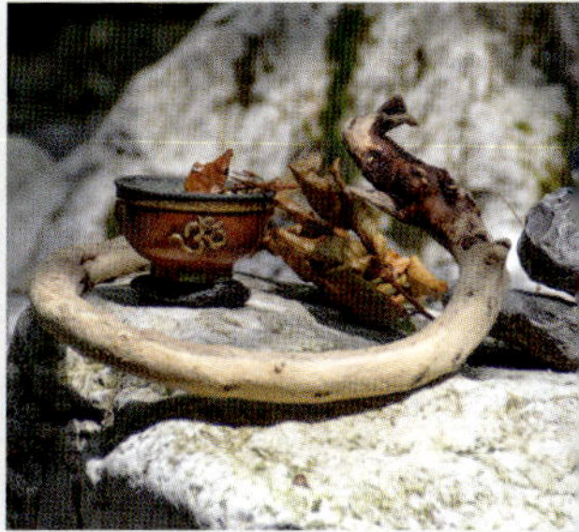

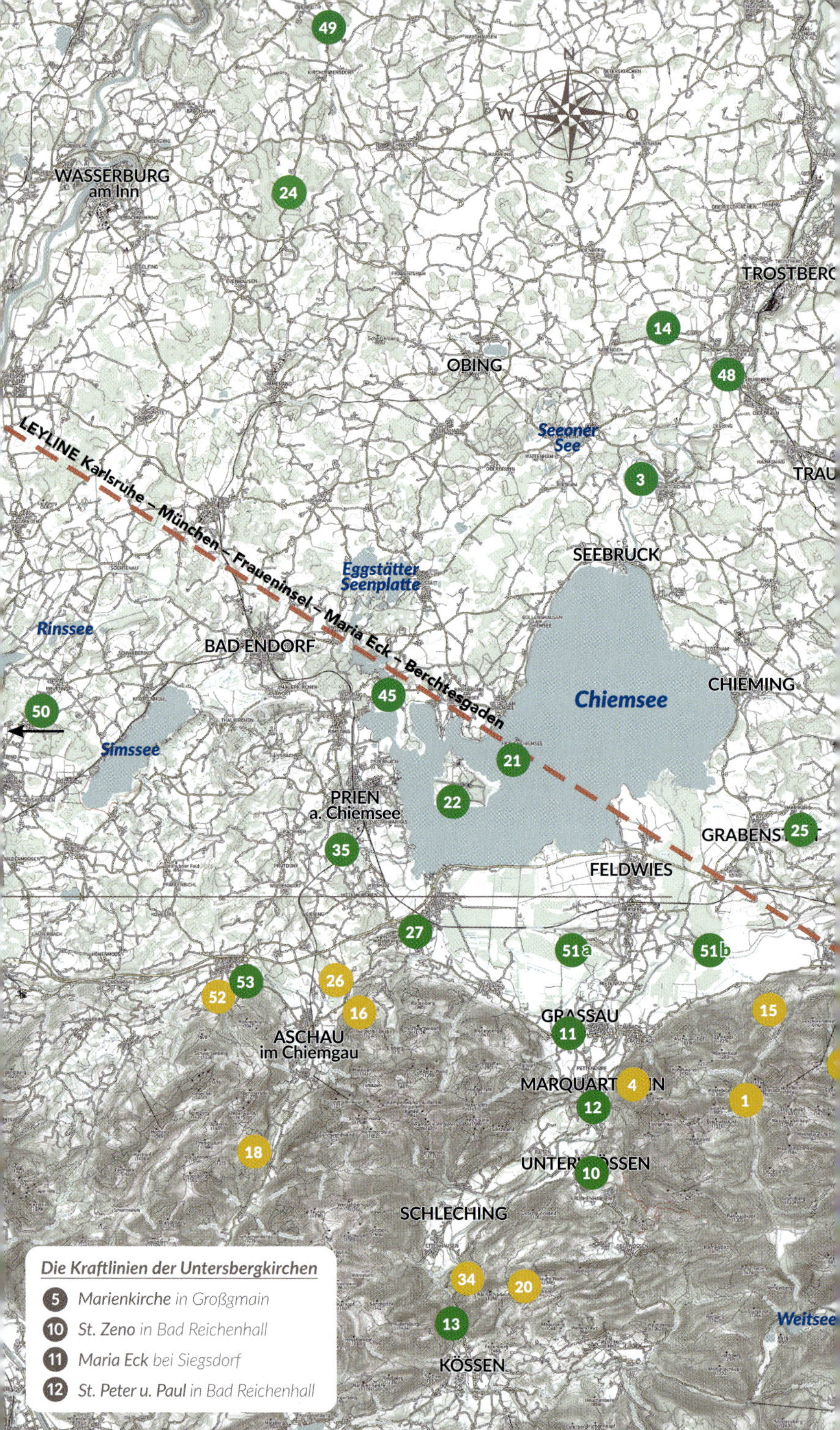

WASSERBURG am Inn
TROSTBERG
OBING
Seeoner See
TRAU
SEEBRUCK
Eggstätter Seenplatte
LEYLINE Karlsruhe – München – Fraueninsel – Maria Eck – Berchtesgaden
Rinssee
BAD ENDORF
CHIEMING
Chiemsee
Simssee
PRIEN a. Chiemsee
GRABENSTÄTT
FELDWIES
GRASSAU
ASCHAU im Chiemgau
MARQUARTSTEIN
UNTERWÖSSEN
SCHLECHING
Weitsee
KÖSSEN
Die Kraftlinien der Untersbergkirchen
5 Marienkirche in Großgmain
10 St. Zeno in Bad Reichenhall
11 Maria Eck bei Siegsdorf
12 St. Peter u. Paul in Bad Reichenhall

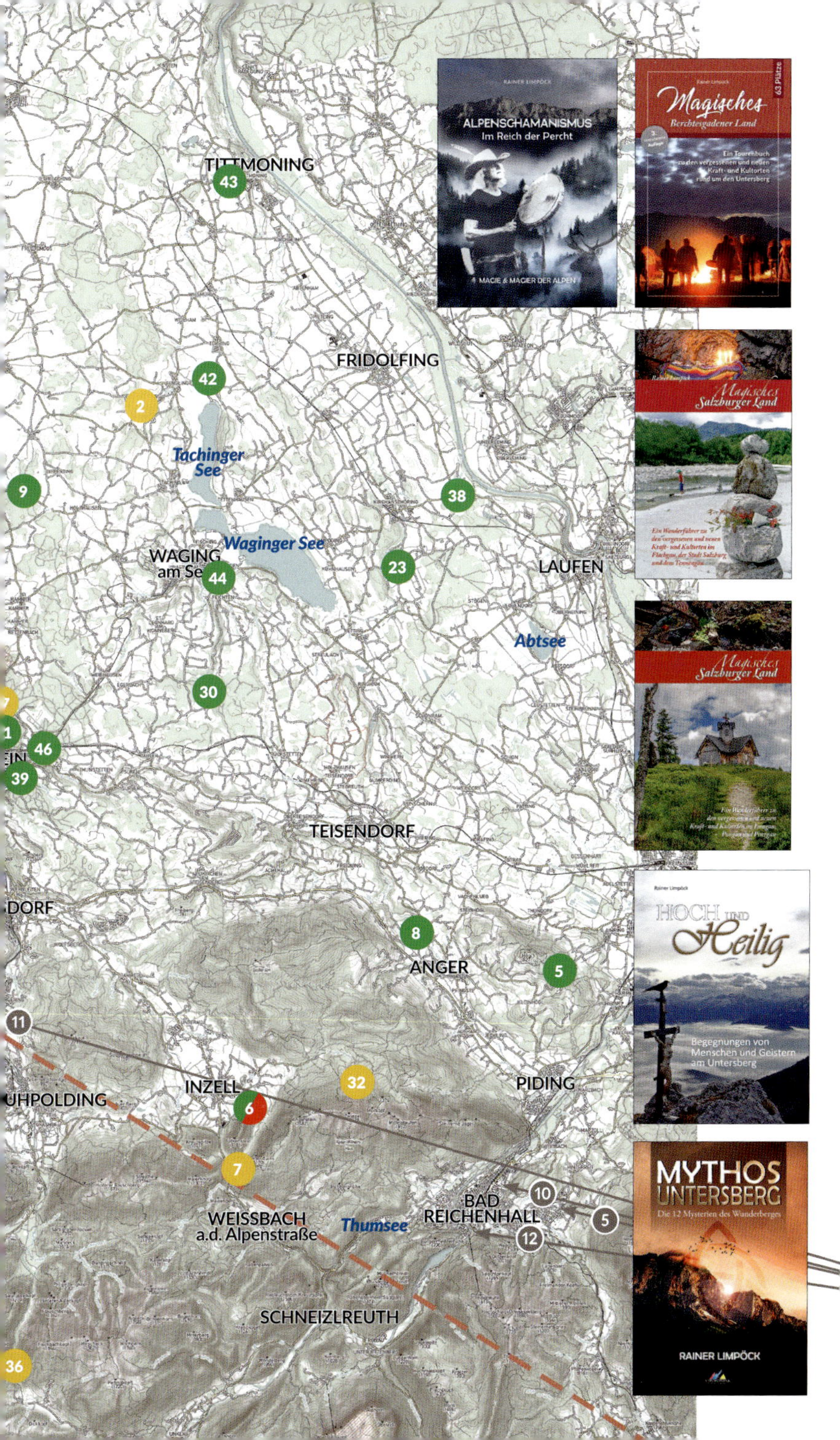
TITTMONING
FRIDOLFING
Tachinger See
Waginger See
WAGING am See
LAUFEN
Abtsee
TEISENDORF
ANGER
PIDING
INZELL
WEISSBACH a.d. Alpenstraße
Thumsee
BAD REICHENHALL
SCHNEIZLREUTH
ALPENSCHAMANISMUS
Im Reich der Percht
MAGIE & MAGIER DER ALPEN
Magisches
Berchtesgadener Land
Magisches
Salzburger Land
Magisches
Salzburger Land
HOCH UND Heilig
Begegnungen von Menschen und Geistern am Untersberg
MYTHOS UNTERSBERG
Die 12 Mysterien des Wunderberges
RAINER LIMPÖCK

Stichwortregister

Impressum

Herausgeber	Plenk MEDIA und Verlag GmbH & Co. KG www.plenk-verlag.com
Lektorat	Brigitte Stangassinger, Bischofswiesen
Gesamtherstellung	plenk.media
Bildnachweis	Martina u. Rainer Limpöck Glanz Franz, S. 41 Chiemgauer Steinkreis Plenk Verlag, S. 44 oben, 129, 130/131, 134 und 147 Innenaufnahmen mit Erlaubnis der jeweiligen Kirchenstiftungen sowie der HA Kunst des Erzbischöflichen Ordinariats München abgedruckt

3. AUFLAGE Sommer 2025 | ISBN 978-3-944501-96-3

Bibliografische Information der Deutschen Bibliothek: Die Deutsche Bibliothek verzeichnet diese Publikation in der Deutschen Nationalbibliografie; detaillierte bibliografische Daten sind im Internet über www.dnb.de abrufbar.

Für den Inhalt der Buches ist ausschließlich der Autor verantwortlich. Die beigefügte Übersichtskarte wurde vom Verlag zur Verfügung gestellt, die Kraftorte und Kraftlinien wurden nach Angaben des Autors eingezeichnet. Der Verlag weist ausdrücklich darauf hin, dass sich ein paar wenige Touren im alpinen Gelände befinden!

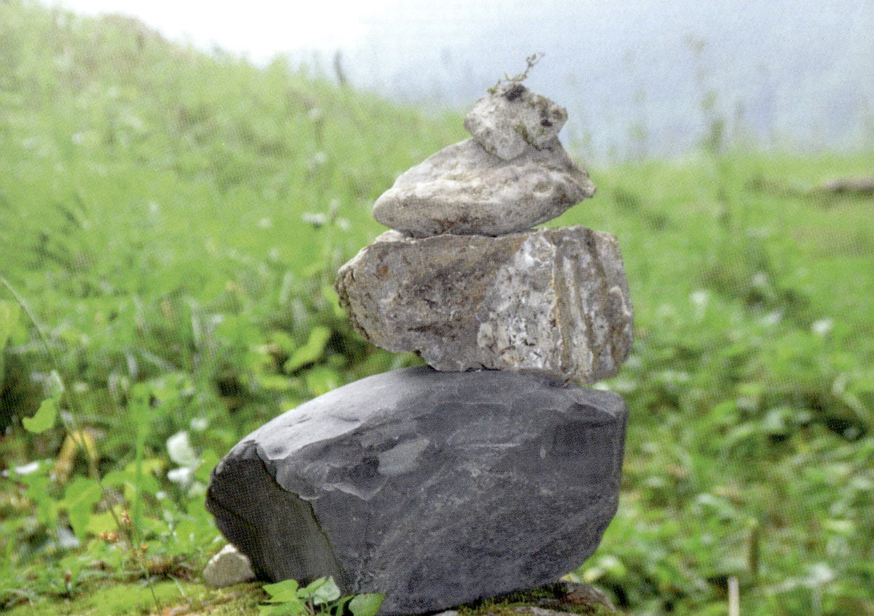